社会的包摂／排除の人類学

開発・難民・福祉

内藤直樹・山北輝裕 編

昭和堂

目次

第II部　難民――グローバリゼーションと国籍

第Ⅲ部　福祉――私たちは「隣りにいる他者」といかに生きるか

序章

「社会的包摂／排除」現象への人類学的アプローチ

内藤直樹

1 包摂と排除の現場

現在、さまざまな現場において、社会的に排除された人びとを包摂するための支援が行われている。「社会的排除」を受けてきたとされるさまざまな人びとが、障害者・高齢者・ホームレス・新しい貧者・移民・難民・先住民……というかたちで主体化され、それぞれの分野に関わる制度のもとで社会的包摂にむけた支援の対象となってきた。本書は、このような「支援の対象」として国家やＮＧＯなどに捕捉されることで産出されるさまざまなタイプの「他者」が生かされる／生きる個別具体的な場に注目する。具体的には難民キャンプ・先住民定住地・障碍者福祉施設・児童福祉施設などの何らかの「全制的施設（total institutions）」（ゴフマン 一九八四）、およびそれに関わる地域社会・市場・制度・組織などが複雑に絡み合うなかで形成される包摂と排除が入り組んだ空間を「アサイラム空間」と名づけ、そうした空間性の多様な相貌および、そうした空間に関わるさまざまな人びととの葛藤や協働のあり方を描き出す。そうすることで、大きくは社会的包摂／排除に関わるものの、それぞれの成立要因が異なるために個別の文脈で議論されてきた多種多様な場所を、共通性をもつ「現場」として捉え直すことが可能となる。

これまで国家は、対象となる人びとを一時的に「全制的施設《アサイラム》」（ゴフマン 一九八四）に隔離し、教育・訓練・治療

などの「対処」をおこなうことで社会的に包摂しようとしてきた。全制的施設とは「多数の類似の境遇にある個々人が、一緒に、相当期間にわたって包括社会から遮断されて、閉鎖的で形式的に管理された日常生活を送る居住と仕事の場所」（ゴフマン 一九八四：v）である。ゴフマン（一九八四：五）は欧米社会に見られる全制的施設を五種類に分類している。①何らかの障害があるため、能力を欠くが無害と感じられる人びとを庇護するために設置される場所（児童養護施設や老人介護施設など）、②自分の意思とは関係なく社会に対して脅威を与えると感じられる人びとを庇護するために設置される場所（ハンセン病療養所や精神病院など）、③社会に対して意図的に危害を加えると感じられる人びとを隔離収容する場所（刑務所・矯正施設・捕虜収容所・強制収容所など）、④労働を効率的におこなうために設置される場所（兵舎や寄宿制学校・船舶・植民地商館など）、⑤世間から隠棲するための場所（僧院や修道院など）。

これらの場所に共通しているのは、「大量の人びとをビューロクラティックに組織して……（中略）……多くの人びとの人間としての要求をまとめて処理すること」（ゴフマン 一九八四：六）にある。だから、それを可能にするために全制的施設を構成する「監督される側（被収容者）と監督する側（職員）の間に根本的裂け目がある」（ゴフマン 一九八四：v。括弧内は筆者が加筆）のだという。そこでは施設職員によって全制的施設の秩序を維持するためにおこなわれる被収容者の「従順性のテスト」や「アイデンティティの剥奪」などのさまざま相互行為の形式を通じて、「自己決定」や「自律」といった近代市民社会が構築した主体の自由が無効化される。こうした過程で、被収容者は全制的施設における公式・非公式のわずかな特権を獲得することに大きな関心を払い、そのことによって自己を再編成しようとする（ゴフマン 一九八四：五一―五二）。このような全制的施設とは、まさに個別の身体の分離・拘束・分類・監視・規律・訓練を通じた「自律的な主体」形成がおこなわれる場である。

本書は、一見すると権力が貫徹しているかに見える状況における私たちの生の可能性を捉えるために、あえて権力が強く作用するさまざまな空間に注目する。さまざまな医療機関、福祉施設や教育機関あるいは難民キャンプや開発モデル村などの目的は、社会的排除を経験してきた人びとの包摂にある。にもかかわらず、「包摂」を目的とした場

が、排除された人びとをそこにとどめおく場に転換しているという指摘が、本書の各章においてなされている。このように「排除」と「包摂」は二項対立的というよりも錯綜しており、何が排除で何が包摂なのかが自明ではない状況にあるといえる。だとすれば、さまざまな文脈における「社会的包摂／排除」をめぐって、いかなる「排除」が、どのように構築されるのかを検討すると同時に、それに対して「排除された者」がいかなる「包摂」の対象として、どのように特定され、それにむけてどのような働きかけが設計・組織化・実行されているか、さらにそれに対して「包摂／排除」された者がいかに応答しながら生の場が構築されているのかを検討することが重要であろう。

そのために、各章で描き出されているさまざまな社会的包摂／排除の現場において、そこに関わるさまざまな「当事者」が公権力や市場と切り結びながらおこなっている、生きる場を創るための営みを比較検討してみると、それぞれの現場における困難に驚くほどの類似性があることがわかるだろう。これらの現場は異なる価値観や人間像が複雑に絡まり合うなかで、さまざまな「当事者」たちが協働や対立をくりひろげる価値の戦場でもある。本書では、そうした「当事者」たちが、公権力や制度、NGOなどの非公式の組織、そして空間を構成する建物やモノなどのさまざまなアクター同士の相互作用のなかから新たな生の場を構築する可能性の一端を示したい。

2　文化相対主義を実践することの困難

読者のなかには、文化人類学という学問が、こうした排除や包摂の現場における人びとの生に焦点をあてることに違和感をおぼえる人もいるかもしれない。というのも文化人類学の講義やテキストでは、みなさんにとって時にはエキゾチックで魅力的な、あるいはとうてい受け入れがたい、いずれにせよ奇異な異文化の慣習や価値観が紹介されているからだ。そうした異文化が、現在ではさまざまな形に変容したり消滅の危機に瀕しているという事例を、目や耳にしたこともあるかもしれない。だが文化人類学の目的は、奇妙でしばしば消滅の危機にある異文化について記述

し、それを理解することだけにあるのではない。異文化と自文化を比較することを通じて、それまで「当たり前」すぎて気にもとめなかった（自）文化を見つめ直すことにある。そうすることで初めて、私たちはそれまで自分が慣れ親しんだ考え方ややり方は、「他にもありうる」さまざまな方法のひとつにすぎなかったということを理解できる。

もともと文化人類学という学問は、西欧諸国が植民地支配を確立した一九世紀に誕生した。非西欧社会が植民化される過程で、自分たちとは異なる言語・技術・暮らし・宗教・世界観などの慣習や価値観をもつ人びとの集団、すなわち「他者」と出会うこととなった。良きにつけ悪しきにつけ、文化人類学の出発点は、西欧の側からの「他者」への関心である。だが、この当時の人類学は、自分たちの文化こそがもっとも進んだ文化であり、非西欧社会の諸文化はそこへの進化の途上にあるということを前提としていた。おそらく現在では、文化人類学を学ぶまでもなく誰でも知っている文化相対主義――諸文化はそれぞれにユニークで豊かな内容を含んでおり、文化間に優劣をつけることはできない――という価値観は、二〇世紀になってようやく登場した。現在ではなかば常識となっている文化相対主義的な価値観を「現場で実践する」ことは、それほど容易くない。なぜなら文化相対主義的な価値観は、エキゾチックで安全な「他者」の存在を許容する現場というよりはむしろ、自分には受け入れがたいが関わらざるをえない「他者」とともに生きるやり方を探る現場においてこそ必要とされているからである。こうした観点から、本書では、開発援助の現場、難民支援の現場、そして社会的包摂の現場という、一見したところ異なる状況ではあるが、現代的な文脈における「他者」との出会いの現場におけるさまざまな試行錯誤をとりあげる。

この本は、「開発」「難民」「福祉」の三つのパートに分かれている。読者のみなさんは、好きなパートから読んでいただいて構わない。そうすることで、それぞれの現場特有の問題について理解することができるだろう。それと同時に、パートを越えて、関心がある章をつまみ食いすることも悪くはない。そうすることで、一見すると関係がないように思える現場の間に意外な共通性があることを見出すことができるかもしれない。いずれにせよ、現代的な状況のなかで生み出されるさまざまな他者との出会いに共通する課題を発見してもらいたい。

3　開発をめぐる他者との出会いの現場

さて、「他者」との共存を探らなければならない現場は、どこにあるのだろうか。たとえば途上国に対する国際協力の現場は、援助を実施する人びとの価値観と援助の受け手となる地域社会における価値観との間の価値の戦場であるともいえる。かつて実施されていたような地域の特性を無視して実施側の価値観を押しつけるような援助のあり方は、現在では厳しく批判されている。たとえば、一九七〇年代にブータン国王が、国の「発展」度合いを計る尺度のひとつである国民総所得に代わり、仏教的な価値観をもとに国民総幸福量の概念を提出したのは示唆的である。発展した状態、あるいは目指すべき社会がどのようなものであるのかは、必ずしもひとつの尺度で計ることはできない。

ここで注意しておきたいのは、途上国の周縁地域で暮らす人びとは、近年になって初めて「発展のあり方」について考えるに至ったわけではないという点である。ケニア北部の乾燥地域で一見すると伝統的な遊牧生活を続けている人びとは、これまで何度も開発援助の対象となってきた。かつての遊牧社会に対する開発政策においては、人びとを町に定住化させて、そこで教育を施し、農業や賃金労働などに従事させることで、自国の経済発展に資するような生産性のある「国民」として生まれ変わらせようとしてきた。こうした介入のなかで遊牧社会の人びとは「自分たちの目指す発展」のあり方を追求し、社会のあり方さえ変えてきた（一章）。現在見ることができる「伝統的」な暮らしも、こうした開発の経験を積み重ねるなかで創られたものなのである。

ケニアがそうであったように、政府が自国の経済発展を考慮しないことはありえない。たとえば近年発展が著しいエチオピア政府は、外資を導入した周縁地域の大規模開発を展開しているが、そこには遊牧民が暮らしてきた。現在、開発による経済発展を目論むエチオピア政府と、遊牧民の伝統的な暮らしを守るために開発を阻止しようとする国際ＮＧＯの間では、「国家全体の開発」か「伝統文化の保全」かという二項対立的な議論が闘わされている（二

章）。しかしながら、そうした議論のなかで、しばしば遊牧民のさまざまな思いや対応はこぼれ落ちてしまう。そもそも遊牧民は、いま初めて国家や外国の人びとと出会ったわけではない。少なくとも過去数百年にわたって、かたちはどうあれ国家と相対してきたのである。そうした歴史をもつ人びとは、現在の国家や多国籍企業そして国際ＮＧＯなどの力が交錯する場で、どのような思いでいかなる対応をとろうとしているのだろうか？

近年では、国家のなかで周縁化された人びとが、自ら声を上げることもある。多くの近代国家において、国内の主流社会と異なる文化をもつ狩猟採集民や遊牧民といった少数民族を一ヵ所に定住させ、そこで主流社会への同化を目指した教育や訓練がおこなわれてきた。そうすることが彼らをより発展した近代的な暮らしに導くと信じられていたためである。だが、北米やオーストラリアを皮切りに、そうした人びとが国際的に連携し、自分たちの権利を主張する「先住民運動」が展開されている。こうした運動の結果、ボツワナでは二〇〇六年に、先住民サンが先住民居住区から「故地」への帰還を認められるという画期的判決がくだされた（三章）。だが、すでに数十年にわたって先住民居住区で暮らしてきた人びとの間には、意識や経済状態などの面でさまざまな格差が存在する。だからこの判決は、近代国家による管理の現場から自由で伝統的な暮らしへの回帰を意味しない。そのようななかで人びとは、どのように新たな暮らしを創り出そうとしているのだろうか？

国内の周縁地域の発展をめぐる他者との共生をめぐる現場は途上国に限らない。オーストラリアは「先住民運動」がはやくから展開されてきた場所である。日本のメディアでもたびたび取り上げられるアボリジニのアートや芸能は、オーストラリア観光の目玉のひとつである。オーストラリア政府による国内のアボリジニ社会に対する同化政策は一九七〇年代まで実施されてきた。だが、新たに設定された先住民居住区において認められる「自治」は事実上の隔離政策としても機能しているという問題もある（四章）。また、これまでの先住民政策の結果として、先住民居住区には貧困や暴力といった問題が存在している。こうした居住区の社会問題に対処するために、アボリジニ自身が「自治」区への政府の介入を求めることもあるのである。私たちが目にするのは「伝統文化の担い手」としてのアボ

リジニである。だがアボリジニ社会が経験した同化政策の歴史のなかで、現在ではさまざまな経済状況や価値観をもつ人びとが存在し、決して一枚岩とはいえないのである。

4　グローバルな他者との出会いの現場

グローバル化のなかで、ヒト・モノ・カネが国境を越える移動を国家が管理することが、ますます困難になりつつある。そのなかで移民労働者やディアスポラ（故地を離れた離散民）といった他者と新たな関係が生み出されることがある。だが、そうした人びとは、しばしば経済的・社会的・政治的に困難な状況に追いやられ、スラムやゲットーあるいは難民キャンプなどの国家による秩序が及ばない場所に閉じ込められているという。

読者のなかに難民という存在を知らない人は少ないだろうし、逆に募金をはじめ何らかのかたちで難民支援に関わっている人も多いだろう。だが難民を実際に受け入れたりするかたちで支援する現場において、いかなる問題が存在しているか想像できる人は少ないかもしれない。難民は現在の日本社会では遠い他者かもしれないが、世界には三千万人以上の人がＵＮＨＣＲ（国連高等難民弁務官事務所）の庇護下にある（UNHCR 2013）。また現在の日本においては難民支援のあり方を再考する時期にある。このような難民支援をめぐる現場において、どのような出会いがあるのだろうか。

「難民」とは、さまざまな理由によって国籍国に居住することができないと同時に、受入国や国際援助機関による庇護の対象にある人びとである。多くの難民が生活する収容施設は、難民が再び国籍国に包摂されるまでの仮の場所であると同時に、彼らを受入国から排除する場所でもある。このような包摂と排除が錯綜する場のなかで、アンゴラ難民が繰り出す公式・非公式の実践は、難民とザンビアのホスト（受入）社会を再編しつつある（五章）。こうした難民とホスト社会の出会いによって生み出されたさまざまな関係性や新たな実践を活かした支援のあり方は、いかに可

能なのだろうか。

すべての難民が収容施設で暮らしているわけではない。国境線が陸地にある地域の場合、人びとは歴史的に交流があった集団や個人を頼りに避難をし、そこで人道支援に頼ることなく自立した生活を営むことも珍しくない。このような自主的定着難民は、受入国や地域に包摂された「難民の成功例」として理解されてきた。しかしながらアンゴラからザンビアの地域社会に避難した自主的定着難民の包摂過程を見ると、不利な土地利用に甘んじているなど、地域社会から排除されている側面もある（六章）。だが人びとは新たな農法や商いを創出することで、地域社会への「包摂」を果たしていた。

日本も一九八〇年代以降、約一万人の「インドシナ難民」を受け入れてきた。インドシナ難民の受け入れにあたって、日本政府は、定住促進センターにおける日本語教育や生活訓練、その後の就職・住所の斡旋といった制度的支援をうけて日本に「定住」する体制をとった。だが日本社会という新たな環境において「自分たちの暮らし」を新たに創り上げるための葛藤は、制度的支援の後も継続される（七章）。人びとは、「ラオスの味」に欠かせない香草というごく些細ではあるが食という生活の根本をまもるために、新たな流通ネットワークを創出していた。

日本の難民受入政策は大きな転換点にある。日本政府は二〇一〇年から三年間にわたりビルマ（ミャンマー）のカレン難民を受け入れることを決定した。この制度においては、ビルマという国籍国での居場所を失った難民は、日本への「定住者」として新たな国籍を獲得できる。だが不十分な支援制度とそれに対するメディアによる批判のなかで、難民の包摂を目指したさまざまな組織や団体の活動が逆に排除を生み出していた（八章）。私たちは、こうした他者を包摂しようとする際に、つい「彼ら」の方ばかりに気をとられてしまう。だが他者の包摂に関わる問題は、他者というよりも受け入れる私たちの社会の問題にほかならない。

5 「隣りにいる他者」との出会いの現場

さて、読者のみなさんにとって遠くの世界における包摂の問題から出発し、難民というグローバルな他者の包摂の問題を経るなかで、「包摂」をめぐる私たちの自身の社会のあり方に向き合う必要があることがわかってきた。

そもそも社会的排除という概念は、これまで単に静態的な経済的・物質的状態として捉えられてきた「貧困」という概念を社会的・経済的・政治的な観点から再定義したものである。そのことによって、不利な状態の累積や社会的なつながりの断絶といった、貧困を構成する動的・多元的な側面を明らかにすることが可能となった。こうした「貧困」の再発見は、それまでの福祉や開発政策における対症療法的な「貧困対策」を、教育や職業訓練による雇用拡大などを通じた「社会的包摂」へと大きく転換させた。

だが、社会的排除論の展開とともに、これまで国民国家が支援すべき社会問題として考えられてきた貧困という現象が「個人の自由な選択の結果」と考えられる傾向もひろがっている。そのようにして貧困という現象が個人の自由意思の問題に還元された社会においては、もはや社会問題という概念自体が、これまでのようには成立しがたくなる。また、そもそも包摂／排除という概念そのものが、論理的には包摂される内側と外側という境界線の存在を前提としているために、社会的包摂にむけた実践と社会的排除はひとつのコインの両面の関係にある（杉田 二〇〇五）。したがって、今日の社会的排除論の課題は、この概念にもとづき展開する近年の社会的包摂にむけた公式・非公式の支援が内包するさらなる排除の側面に向き合いつつ、困難な状況にある人びとの存在を承認し、ともに支援する社会をいかに構想できるかという点にある。

一九九〇年代以降の東京では、それまで日雇労働市場に吸収されていた人びとが失業し、「野宿者」として路上にあふれ出すこととなった。このように野宿者が路上という公共空間を占拠している状態を解消することを目的とし

て、野宿者の自立支援事業が実施されることとなった。だが、社会的に排除されてきた人びととの「包摂」をうたう施設は、野宿者の一時的な失業状態を解消するものの、不安定就労状況のなかで野宿者が孤独に生きるサイクルを創り出している（九章）。こうした「路上に留まる人びと」が生活の拠点を再構築するためには、私たちは彼らとどのように向き合うことができるのだろうか。

「路上に留まる人びと」と向き合うのは、公務員やNPO関係者のような専門家だけではなく、一般市民も含まれる。路上を「不法占拠」せざるをえない野宿者たちは、地域住民にとって厄介であると同時に避けがたい他者でもある。それゆえに、制度的な包摂とは異なる日常的な水準でのさまざまなコミュニケーションが偶発的に発生する可能性がある（一〇章）。制度的包摂では回収できないような包摂にむけたかすかな可能性は、このように同じ場所に生きるが故に偶発的に発生してしまう関係性のなかにかすかに見出されるのかもしれない。

近年の日本における精神保健福祉政策の転換のなかで、重度の精神障害をもつ人びとが地域社会において自律的に生活することを支援する制度が整備された。だが社会復帰施設での就労支援の現場では、意思をもつ、合理的な人間像が求められているために、言語操作能力が低下したり、情緒記憶操作が難しい人びとは排除される傾向にある。だが、あるグループホームでは、幻覚や妄想体験を他者と積極的に共有することを通じて、相互理解が可能なある種のコミュニティが形成されている（一一章）。近年、障害者の社会参加が叫ばれるものの、私たちは長きにわたって隔離収容政策が前提とされてきた社会に生きている。そのような私たちが、彼らと「ともに生きる」ために学ぶ必要があるのは、彼ら自身の生きる術なのかもしれない。

では、日本社会における隔離収容政策はいかに展開され、そのなかで障害をもつ人びとはどのように暮らしてきたのだろうか。日本においてハンセン病を患う人びとは、隔離収容施設において過酷な生活を強いられてきた。そこで人びとは施設の外に脱出することとは別のやり方で、管理の場〈アサイラム〉を、同時に不可侵の場〈アジール〉に転換していた（一二章）。「監視社会」化といわれるように、現代では統治の技法や情報技術の進展とともに、私たち

は権力による介入から逃れえないのかもしれない。だからこそ、その外側に脱出するのとは別のやり方を編み出してきた人びととの実践から私たちは多くを学ぶことができる。

本書は国立民族学博物館における試行的プロジェクト若手研究者による共同研究「〈アサイラム空間〉の人類学——社会的包摂をめぐる開発と福祉パラダイムを再考する」での研究成果にもとづいている。この研究会は、アサイラム空間という、いわば壁のない全制的施設に関わるさまざまな人びとの生のあり方について比較検討することを合い言葉にしていた。このアサイラム空間という、耳慣れないアイデアをもちいて、包摂と排除に関わる多様な現場を比較検討することの意義については、終章にくわしい。

6 他でもありうる生き方にむけて

世界地図を見れば、現在までに南極大陸を除く陸地のほぼすべてが国家という統治機構に属していることは一目瞭然である。それぞれの国家は、自国の人びとに対してさまざまな行政サービスを提供している。道路や電線などのインフラ設備、警察や軍隊などによる治安維持、学校教育、保健医療……。さらに近年の国家情報・通信技術の発展とともに、ヒト・モノ・情報が地域や国家をも越えて激しく移動している。また、国家が十分な行政サービスを提供できない場合には、開発・援助や人道支援に見られるように、他国や国連などに属する組織やＮＧＯなどによって提供されることもある。

このように、これまで文化人類学者がフィールドワークをおこなってきた諸文化を、国家やグローバルな諸力との関連のなかで考えなければならない事態について、どのように考えればよいのだろうか？　個別の社会が培ってきたユニークな文化の破壊と嘆くか、あるいは新たな文化の創造ともてはやすか、それは各人の考え方や状況によるだろう。ただ、現在の世界に生きるさまざまな人びとは、私たちと同様に国家やグローバルな諸力と向き合いながら、自

分たちの生活を創り出そうとしていることは間違いない。

このように文化を、国家やグローバルな諸力との関連性のなかで理解するためのひとつの切り口として、本書は「社会的排除」およびそれへの対処策としての「社会的包摂」をめぐる社会問題に注目する。すでに述べたように、この概念は「貧困」問題などとうの昔に解決済みと思われていた欧米を中心とする先進国で進行していた「新しい貧困」問題への対処のこころみのなかで生み出された。その後、この概念は途上国の開発援助の文脈などにも援用されるなど、グローバルに展開している。だが、それぞれの現場において何が解決すべき「排除」として認識され、どのような状態があるべき「包摂」された状態なのかについて、統一的な見解は存在しない。たとえば日本国内における貧困対策や障害者福祉の文脈での「排除」とは何で、「包摂」とは何なのか？　そして途上国の貧困問題の解決を目指した開発・援助の文脈、あるいは祖国を追われた難民に対する支援の現場における「社会的排除」とは、どのようなものなのだろうか？　本書の副題となっている開発・難民・福祉という、一見したところまったく異なるように見える領域に共通しているのは、国家そして国際機関やＮＧＯなどの国家以外のアクターが重要な役割を果たしているという点である。人びとは、これらのアクターとどのように関わりながら自分たちの生き方を創り出そうとしているのだろうか？　また、しばしば私たち自身がこれらのアクターによる支援の対象となることも、あるいは支援する側にたつこともあるだろう。そうしたときに自分たちがおかれている状況やこれからの歩み方について、「他でもありうる」さまざまな方法や考え方を知っておくこと。それこそが現代のさまざまな人びとが直面する「社会的排除」という大きな問題に対して文化人類学が可能な貢献のひとつであろう。

本書は国家や市場、そしてテクノロジーに親和的な生権力が世界を覆い尽くしたかに見える状況における私たちの生の可能性を捉えるために、生権力が強く作用するなかである種の「包摂／排除」現象が具現化するさまざまな空間に注目する。たとえば現在では古典的な全制的施設に入所することが、そのまま人間性の喪失を意味するわけではない。むしろ、さまざまな医療機関、福祉施設や教育機関あるいは難民キャンプや開発モデル村などの目的は、さまざ

まな困難を経験する人びとの人間性の回復にあるといってもよいだろう。にもかかわらず「包摂」を目的とした場が、排除された人びとをそこにとどめおく場に転換しているという指摘が、さまざまな文脈でなされている。各章において説明されているように、日本においては、障害者のノーマライゼーションをうたう一連の制度改革が地域社会において孤立した人びとを生み出したり、児童福祉施設がさらなる支援対象者を創り出す可能性がある排除の場となっていたり、行政による就労支援がホームレスの選別とさらなる排除を創り出していることも指摘されている。途上国においても、国家と国民の関係のズレである難民を支援する制度や体制が機能不全をおこし、難民状態が長期化していることが指摘されている。あるいは近年の旧植民国家で隆盛する先住民運動の成果として取り戻された土地が、「先住民」として生きることを希求する人びとを閉じ込める空間になっている可能性がある。

すなわち「排除」と「包摂」が非常に多様なかたちで現れており、何が排除で、何が包摂なのかが自明ではない状況にあるといえる。むしろ「排除」と「包摂」とは相互に絡み合いながら展開している。だとすれば、さまざまな文脈における「社会的包摂／排除」をめぐって、いかなる「排除」がどのように構築されるのかを検討すると同時に、それに対して「排除された者」がいかなる「包摂」の対象として、どのように特定され、それにむけてどのような働きかけが設計・組織化・実行されているか、さらにそれに対して「包摂／排除」された者がいかに応答しながら生の場が構築されているのかを検討することが重要であろう。

参考文献

ゴッフマン、E　一九八四『アサイラム――施設被収容者の日常世界（ゴッフマンの社会学三）』石黒毅訳、誠信書房。

杉田敦　二〇〇五『境界線の政治学』岩波書店。

UNHCR 2013. *UNHCR Global Trends 2012: Displacement The New 21st Century Challenge*. UNHCR.

第Ⅰ部

開発

「弱者」がつくられるフィールド

第Ⅰ部は、本書がテーマとする国家やグローバルな力から一見したところ遠い場所を対象にしている。そこにはアフリカの遊牧民、ブッシュマン、アボリジニといった、日本でもおなじみの「部族」が暮らしている。バラエティ番組などで紹介されるように、彼らは国家やグローバルな介入とは縁遠い生活を送っているイメージがあるかもしれない。だが、そうした「伝統的」な暮らしに分け入ると、そこには別の風景が見えてくることがある。ここでは途上国や先進国の周縁地域に生きる人びとが、それぞれの地域において国家やグローバルな力といかに向き合いながら自分たちの生き方を模索してきたのかについて考えたい。

たとえば私が一九九九年から現地調査をおこなってきたケニアでは、二〇〇七年一二月二七日におこなわれた総選挙の後に大規模な暴動が発生し、多数の死者や国内避難民を出すにいたった。総選挙では、大統領選候補者の民族的な帰属が政治的争点になっていた。選挙直前の首都ナイロビ市は、連日おこなわれる大小の政治集会、デモ行進、街宣カーなどで騒然としていた。二〇〇七年一二月二〇日、私はナイロビ市の選挙運動から逃げるように、ケニア北部の乾燥地で生活するマサイ系言語を話す遊牧民アリアールの集落での調査を再開した。この集落は、ガソリンを入手可能な最後の町から一〇〇km以上離れた遠隔地に位置しており、人びとはラクダとウシの乳に依存した自給的な生活を営んでいる。

集落に着いた夜のことだ。搾乳を終えた家畜のため息が聞こえる暗闇のなか、人びとと再会を喜び合っていると、風に乗って場違いなポップ音楽が聞こえてくる。「ここに車で来る人間なんて私ぐらいのはずだ

が?」と思いながら、音のする方向を見ると、遠くに車の灯火が光っていた。しばらくすると賑やかな音楽を大音量で鳴らしたトラックが到着した。大統領選と同時におこなわれる、この地域の国会議員選の候補者が、乾期の水不足に悩む遊牧民に水を差し入れにきたのだ。水ために注がれる水、灯火の輝き、音楽、タバコやビールの差し入れ……。「お祭り」のような盛り上がりは深夜まで続いた。しかしトラックが去った後、集落の人びとは醒めた様子で「これっぽっちの水が何になるっていうんだ!?」と言いながら、早々に眠りについていた。

このような「砂漠の街宣カー」は昼夜を問わず遊牧民の集落をまわり、ナイロビ市さながらの選挙運動をおこなっていた。それは、田舎町のガソリンを使い尽くすほどだった。選挙運動員は人びとの歓心を買うべく、水や食料、お金などの「差入れ」を提供していた。つい最近まで、この地域の人びとは選挙に関心をもっていなかった。そのため「差入れ」の量で選挙の趨勢が決まるようなところがあったという。なぜなら、選挙人登録すらされていない人びとが多かったし、たとえ投票しても、選ばれた国会議員や大統領が地域のために何かしてくれることは――選挙時の「差入れ」を除けば――なかったからである。いいかえればケニア北部の遊牧民は「国家の外側」に位置づけられてきた。

しかし近年のケニアでは、こうした「国家の外側」に対しても、地域の国会議員を介して、インフラや行政サービスが提供されるようになってきた。たとえば遊牧民の集落付近では、人びとが国会議員に陳情することで、年中涸れない深井戸が掘削されたり、学校や診療所などが建設されたりしている。こうした変化を目の当たりにした人びとは「誰が『私たちの声』を聞いてくれるのか」といった観点から投票をおこなうようになってきている。もはや選挙は「お祭り」ではない。政治に参加し、国家と交渉しながら自分たちの生活を守り、変えていくための手段なのである。このように周辺地域の人びとも「国家」や開発プロジェクトと向き合いながら自らの暮らしを創り出そうとしている。だが、そうした営みは今になって始まったことで

はない。人びとは一九世紀以降の植民地統治期あるいはそれ以前からすでに、「国家」による統治の対象となってきた。

二〇〇八年のケニアで発生した選挙後の暴力事件のように、途上国の多くが、独立以降に多くの紛争や内戦を経験している。たとえばサハラ以南アフリカでは、冷戦構造が終結した一九九〇年代以降、多くの内戦や紛争が発生している。このような紛争、内戦あるいは虐殺などの暴力現象を見るかぎり、「人種」のように生物学的なものであるかのように語られる差異、あるいは「民族」や「宗教」などの文化的な差異は非常に本質的であり、それを異にする人びと同士は決してわかりあえないかのようである。

しかしながら近年の文化人類学は、そのような文化本質主義的な理解のあり方を「文化的語り口（culture talk）」として批判している。「文化的語り口」とは、近代市民社会に属する人びとから、遅れた部族主義にとらわれ「近代化する能力がない人びと」や、テロを実行し「近代化に抵抗する人びと」を分離する。そのうえで国際社会が前者に対して強引な開発的介入を、後者に対して軍事的介入を正統化するための論理となっているという（マムダニ 二〇〇五：一九―二一）。こうしたまなざしのもとでおこなわれる開発援助は、最貧国における経済的再配分の公正化を目的としておこなわれるが、その過程で地域社会が育んできた文化や価値観を「遅れたもの」として抑圧し、援助者側の「近代的」な価値観を押しつける可能性がある。そうではなく地域社会に生きる多様な人びとの文化や価値観をふまえた「発展」のありかたを考えることが重要であろう。

では、地域社会の「発展」に国家やグローバルな力がどのように関わり、人びとはいかに応えているのだろうか。地域社会の「発展」にはさまざまな人びとや団体が関わっている。たとえば政治家や行政官、あるいは二国間援助組織や国際援助組織、国際NGO、ローカルNGO、多国籍企業そして地域社会……。さまざまな関与者の価値観や思惑が交錯する。さらに地域社会も、「伝統」的な価値観を重んじるといった一枚岩

の存在ではなく、そこにはさまざまな立場の人びとがいる。なかには「先住民運動」のように国際社会に対して自ら声を上げる人びとすら存在する。「発展」が問題になる場とは、さまざまなレベルの多様な関与者による価値観や思惑、利害が交錯する現場である。そこで争われているのは、「伝統」か「発展」かといった二者択一的な問題ではない。むしろそのように単純化されたまなざしは、地域社会において繰り広げられる、それぞれの「発展」をめぐる営みを覆い隠してしまう。そこでは、「発展」とはいったい何なのか？ということが常に問われている。つまり「発展」とは、自明のものではない。だが、それは国家の周縁地域に限ったことではない。エネルギー問題や貧困対策などを振り返るまでもなく、私たちの生活においても常に突きつけられている問いなのである。

（内藤直樹）

参考文献

マムダニ、マフムード　二〇〇五『アメリカン・ジハード――連鎖するテロのルーツ』越智道雄訳、岩波書店。

第1章 ケニア牧畜民の伝統社会は開発から逃れられるか

内藤直樹

1 「発展」を嫌う人びと

二〇〇五年の夏、私はケニア北部の乾燥地域に暮らす遊牧民アリアールのM集落を再訪していた。この集落はケニアでもっとも低開発の県に位置しているうえに、一番近い町からも四〇キロ以上離れている。集落の人びとは、ウシ・ラクダ・小家畜（ヤギ・ヒツジ）に依存した自給的な牧畜生活を営んでいる。朝日が昇ると家畜が鳴き始め、その声で目が覚める。女性や子どもは朝食のミルクティーに入れる小家畜の乳を搾る。その後、未婚の若者たちに導かれて、家畜の群れが土煙を立てながら日帰り放牧に出発する。家畜と若者がいなくなった集落はやや静かになり、女性は水汲みや洗濯などの家事を、男性は木陰で談笑したり昼寝をしたりして日中をすごす。そして夕刻になり、遠くの原野に家畜が立てる土煙が見えるころになると、村に残っていた長老（既婚男性）たちが村の外に家畜を出迎えるのである。こうして家畜の動きとともに過ぎてゆく日々のなか、合計で三年近くの年月を過ごしてきた。

久しぶりに訪れた集落では、キリスト教系の援助団体によって、初めての小学校と教会の建設が進んでいた。これまで集落の子どもたちの多くは学校に行かず、家畜の放牧の担い手として働いてきた。学校に行く一部の子どもたちは、町にある寄宿制の学校に行くしかなく、彼らは夏休みやクリスマス休暇のときにしか集落に戻ることができな

写真1－1　ミッション・タウンの風景

かった。町から遠く離れた自分たちの集落に小学校ができる。それは幼い子どもをもつ若い親たちが待ち望んでいたことであった。だが小学校の建設は、集落の将来像をめぐって思わぬ葛藤を生み出した。小学校の建設に反対する古参の長老たちと、賛成派の若手の長老たちとのあいだで、建設の是非をめぐる議論が巻き起こり、集落が分裂してしまったのである。古参の長老たちにとって、小学校建設の何が問題なのだろうか。もう七〇歳になる集落の長老は、小学校の建設現場付近に積み重ねられた建築資材のトタン板を指さしながら次のように言った。

「ここにトタン板があるだろう？　昔、この集落の人たちは町の発展（*maendeleo*）を嫌ってこの場所に来た。我々は家畜の人なんだ。だけどこのトタン板は『家畜がここを離れる』と言っている。もしトタン板がこの集落にやって来れば、家畜はよい生き方を見失うだろう。子どもたちは町にある寄宿制の学校に行かせよう。そしてこの土地に家畜を与えよう」

つまり、この集落を創った人びとは、そもそも町の「発展」を嫌ったために、現在のような遠隔地に移住したというのである。私はこのときまで、こうした集落の創設をめぐる詳しい経緯を知らなかったため、非常に驚いたことを覚えている。つまり、一見すると伝統的な姿を色濃く残すこの集落は、じつは牧畜民が町に定住化することを目指していた過去の発展

へのアンチテーゼとして形成されたものだったのである。では古参の長老たちが嫌う町の発展とは、いったいどのようなものだったのだろうか。そしてどのような過去の経験によって、彼らはそれを回避しようと思うにいたったのだろうか。

2　異文化間の交渉・葛藤の場としての開発

開発と文化

現在では、この地球上のどこに行こうが、およそ人間が暮らしているところであれば、開発を企図したさまざまな支援活動がおこなわれている。開発の定義にはさまざまなものがあるが、現地の人びとが価値あるものと考える事柄を改善する「改良」、改良を現地の人びとが自身の手でおこなう力をつける「エンパワーメント」、そしてそのような自分たちの将来についての決定プロセスに社会の多様なメンバーが関与する「参加」がキーワードとなる（ノラン二〇〇七：二一）。すなわち開発とは、その根本において改善すべき「価値あるもの」とは何か、そのことを通じて自分たちが目指すべき生活のあり方はいかなるものかという文化的価値の問題に大きく関わっている。

しばしば開発は国家や国際機関あるいはNGOなどの、地域社会の外部からもたらされる。それは現地の人びとが重要だと考えている文化的価値とのあいだに葛藤を生じさせることがあるかもしれない。とはいえ、開発をおこなう側が、価値あるものと見なす事柄も、組織の性質や目的、あるいは組織内のポジションなどによって異なっており、一枚岩ではない。また、冒頭に紹介した牧畜民の集落での小学校建設の例が示すように、現地の人びとの側も全員が同じ事柄を価値あるものと考えているわけではない。すなわち開発とは、開発をおこなう側とおこなわれる側に属するさまざまな人びと同士が、価値あるものと考えている事柄は何かということをめぐって葛藤と交渉を繰り広げる、異文化間の出会いの場なのである。

このような開発現象にともなう文化間の葛藤のありようを理解し、より地域の人びとの立場に立った支援を実現するために、人類学は一定の役割を果たしてきた。たとえば人類学的な人間理解の特徴のひとつとして、医療、教育、生業、儀礼、社会、経済、政治などの人間社会の特定の領域で起こる事柄を、他の領域との関連性のなかで捉える全体論的なアプローチがある。

たとえばオーストラリア先住民に対して、宣教師が、それまで使用されていた石斧にかわる「より効率的な」鉄斧を紹介したが、生産性は向上しなかった。なぜなら道具の使用がもたらした余暇時間は、近代人が前提とする労働集約という方向に向かわず、睡眠にあてられたからである。それどころか、安易に入手可能な鉄斧の普及によって、石斧の制作や貸し借りをめぐって維持されてきた広範な人間関係や世界観が意味をもたなくなり、社会─文化的な弱体化が急速に進行したという（Sharp 1952）。この社会では石斧は、生業の道具であるだけでなく、社会、経済、儀礼的諸関係を結びつけ調整する媒体だったのである。

この例が物語るように、人類学は、たとえば医療支援が、あるいは水資源開発が、開発の対象となる社会の文脈のなかで、いかなる領域にどのような影響を与えうるのかについて考えることの重要性（全体論）と、それを明らかにする手段（フィールドワーク）を提供するといった貢献が可能である。

このように人類学的な知見や方法論を開発領域に応用する研究者や実務家は、近年増加する傾向にあるが、すべての人類学者が開発への直接的貢献をおこなっているわけではない。しかしながら現代のとくに途上国における地域社会を対象にフィールドワークをおこなう人類学者は、たとえ開発現象に研究上の焦点をあてておらずとも、調査地域で見聞した現実を、それまでにおこなわれてきた開発プロジェクトとの関連性のなかで考えなければならない状況にあることが多い。

開発の場でのフィールドワーク

たとえば現代アフリカの農村は、開発プロジェクトとのファーストコンタクトの場ではない。文化人類学者の石井洋子は、ケニアのギクユ人農村社会における開発現象に焦点をあてた研究をおこない、ギクユの人びとがイギリスによる植民地化以降に経験した複数の開発プロジェクトとの関わりのなかで、在来の発展観や政治組織を再編しつつ、独自の発展のあり方を模索する実践を活写している（石井 二〇〇七）。また湖中真哉は、ケニアの牧畜民サンブルが開発に対していかに創造的な対応をしたのかを民族誌として描き出し、開発プロジェクトという外発的要因への地域住民の「在来の対応知」、すなわち開発援助を契機に既存の社会・経済・文化システムがある種の自律性をもって再編される過程を理解することの重要性を指摘している（湖中 二〇〇五）。

すなわち現代の地域社会を対象とした調査をおこなうフィールドワーカーが対峙するのは、複数の開発プロジェクトをすでに経験してきた人びとが、いま別のプロジェクトを経験している現場である。そうしたなかで、人びとは開発プロジェクトとどのように付き合いながら、どのように自分たちの将来像を展望し、生活を創り上げているのだろうか。

この章では、開発プロジェクトを媒介として、グローバルな価値や技術・知識、制度などが地域社会に導入されることをきっかけに、①それらが在来の知識や制度に即してさまざまに解釈・利用されたり、②逆に既存の知識や制度のあり方が変わるという経験を繰り返す過程で、③開発や発展に対する独自の認識、態度や対処の枠組みが生成するプロセスを「開発の経験」と措定し、そのダイナミクスを記述する。そして、長期にわたってローカルなフィールドで調査を継続してきた人類学者の視点から、そこで生成・展開しているさまざまな出来事を、過去および現在の開発プロジェクトとの関係において理解する可能性とその限界を示す。その際、複数の開発プロジェクトの「意図しない効果」、すなわちそれらが地域社会にもたらすインパクトの広がりや連続性に注目する。このインパクトには短期的

なものと中長期的なものがある。ここでいう短期的なインパクトとは、ある開発プロジェクトの実施中の地域社会の対応であり、中・長期的なインパクトとは、その開発プロジェクトが終了して以降の地域社会の対応である。

開発プロジェクトの短期的なインパクトと中・長期的なインパクトを明らかにするために、本章では、一九七〇年代に大規模な牧畜開発プロジェクトを経験したケニアの北部地域を対象に考える。牧畜民の一集落の歴史を、ライフヒストリーを分析して再構成し、牧畜開発プロジェクトとの関わりのなかに位置づける。

3 伝統的な地域社会での調査？

牧畜民アリアール

私が調査対象としてきた地域はつよく乾燥しており、ラクダ牧畜民レンディーレとウシ牧畜民サンブル、そして両民族の混成集団アリアールが暮らしている。このうちアリアールは、サンブルとレンディーレが共生的関係の歴史を積み重ねるなかで形成された集団であり、両民族のあいだでウシ‐ラクダ複合経済を採用している。アリアールは「サンブルとレンディーレのあいだのどこか」(Spencer 1973) に存在するゆるやかな文化共同体であり、明確なメンバーシップや境界をもたない集団である。

アリアールでは、サンブル語とレンディーレ語の両方が話されている。しかし近年、アリアールもレンディーレも、地理的に市場に近く市場経済により統合されたサンブル経済に接触するにつれて、言語や服装、飼養家畜といった面でサンブル文化を受容しつつある。人びとは、同じ父系親族単位で構成する集落を拠点にした移動性の高い遊牧的な牧畜を営んでいる。飼育している家畜種はラクダ、ウシ、小家畜である。アリアールはどちらかといえば増加率の高い小家畜の飼育を中心にして、それをサンブルやレンディーレのウシやラクダと交換することで、家畜頭数を速いペースで増加させている (Fratkin 1991)。アリアールの人びとは必要に応じてサンブル側の人脈をたよったり、レ

ンディーレ側の人脈をたよったりもする。

調査地を決める旅

写真１－２　集落の日常風景。ラクダの去勢をしている

私は一九九九年より、どの町からももっとも遠くに位置するアリアールの一集落に入り込み、そこで他民族との共生関係が伝統的な遊牧生活の維持にどのように寄与しているかについて調査を開始した。干ばつが頻発する環境のなかで生活するために、人びとが創り出してきた遊牧の知識や技術、そして限られた水や放牧地などの資源を他民族と分かち合うための作法などについての調査をおこなってきた。この集落で調査をおこなうことを決めたのは、この付近の牧畜集落のなかでも伝統的な遊牧生活の色合いをもっとも色濃く残していたためである。

ケニアの国内事情すらろくに知らない私であったが、遊牧民を対象にした人類学的な研究をおこなうことを目的に一九九九年八月に指導教員の太田至先生をはじめとするベテラン研究者とともに調査地を探す旅に出発した。東アフリカでも指折りの大都会ナイロビの風景から、次第にビルやスーパーマーケットがなくなり、木の数まで減っていき、いつのまにかテレビでおなじみのサバンナの風景になっていた。そのとき、ついにアフリカに来たという興奮とともに、こんなところでこれから六ヵ月間も暮らしていけるのだろうかという不安も覚えた。人類学的な参与観察の伝統によれば、調査者は二年程度、調査地で人びとと生活をともにすることを通じ

て「現地人の視点」を習得しながら、地域文化を総体的に理解するものとされてきた。私もまた、アフリカの乾燥地における生態と文化に関心をもつ人類学者のタマゴとして、これから長いフィールド調査に入ろうとしていた。

ナイロビを出て数日、いよいよ調査地を探すためにアリアールが分布する地域に車を進めることとなった。幹線道路をはずれ、私にはわだちにしか見えない「道」を進むと、ときおり牧畜民の集落が見えてくる。そのたびに車を止め、集落の状況を見聞する。何しろ私がこの先少なくとも六ヵ月、そしてその後二年間を過ごす場所を決めるのだから、くれぐれも慎重に選びたいところである。内心では、どの集落を見ても、こんなところでやっていけるのだろうか⁉ と怯えていた。その日の夕刻、バイオ山という大きな山の麓にひろがる大きな集落群にたどり着いたとき、太田先生以下、私以外の同行者全員が「ここがいいな!」と言った。このとき、私の調査地は決まった。なぜならこの集落は規模が大きいだけでなく、牧畜生活に強く依存する伝統的な暮らしを残しているように見えたからである。

新米フィールドワーカーの苦悩

この集落はどの町からも離れた遠隔地に位置している(図1-1)。人口は四一三人(二〇〇二年現在)であり、人びとはウシ・ラクダ・小家畜(ヤギ・ヒツジ)を飼養する伝統的な生業牧畜に従事している。ここで私は牧畜に関わるさまざまな文化的慣習や社会組織についての人類学的調査をすることになっていたのだが、実際に調査らしいことができるようになるまでには、現地語をある程度理解し、アリアールの社会生活の作法を理解できるようになるまでの数ヵ月を要した。

東アフリカ牧畜民研究者のあいだでは、「調査初心者は、ねだられるようになって初めて一人前である」という格言がある。いま思えば、私がまだ現地語を十分に表現し理解する自信がなかった時期、私はアリアールの人びとに正しくねだられていなかった。アリアールやレンディーレがよくいう格言「ねだらない者はアホである」のように、ねだり方やねだられたときの対処法を知らない私は「まともな人間」として扱われていなかった。それは人びとが助け

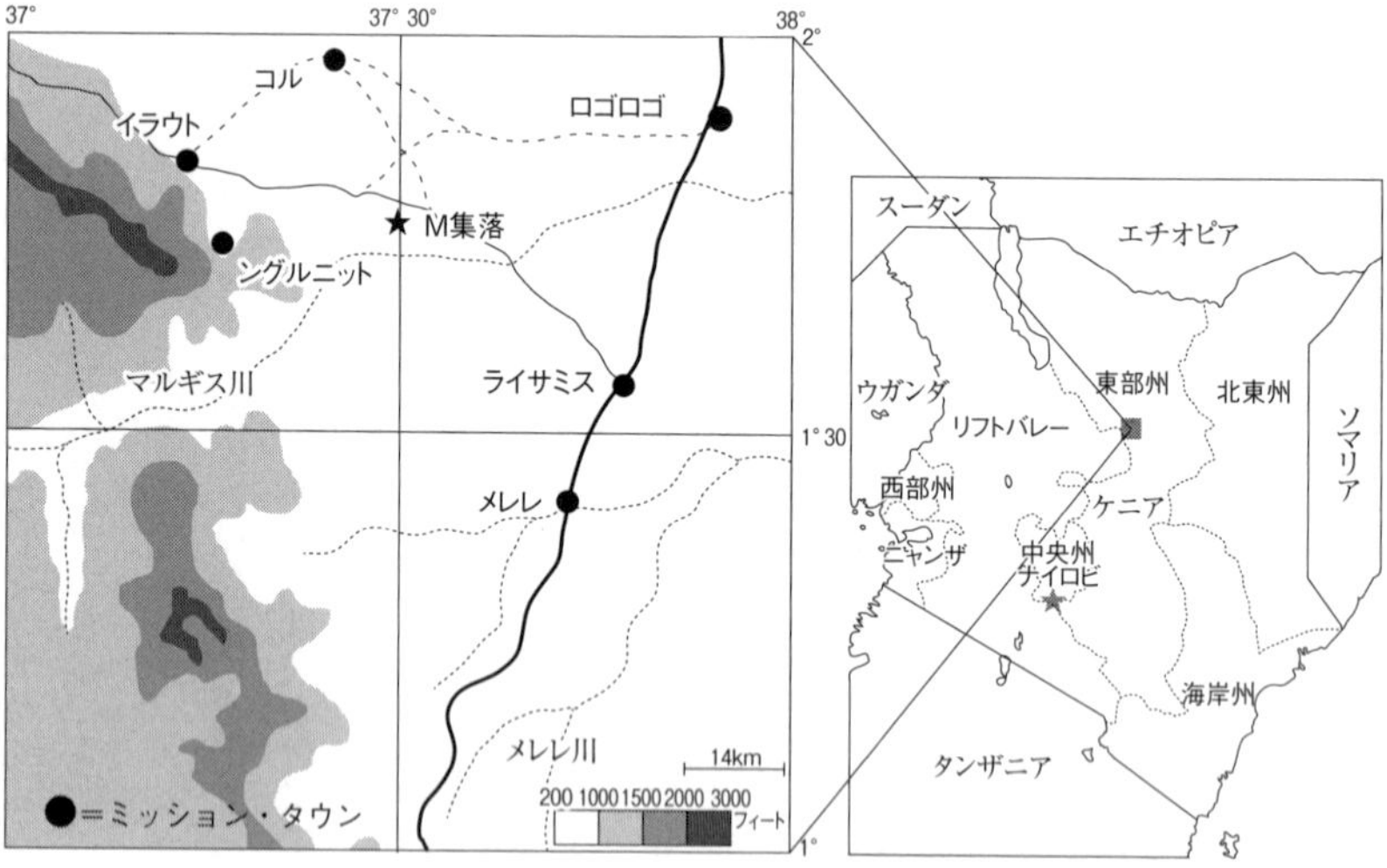

図1－1　M集落とミッション・タウンの位置

合いながら生活を成り立たせている世界のなかに、私がまだ入り込んでいなかったことを意味する。

アリアールはサンブル語とレンディーレ語を話すのだが、私はより話者の多いサンブル語を学習することにした。サンブル語で「私にくれ」を意味する言葉は *njooki* である。調査の初期、まだ顔もろくに覚えていない長老たちが、私が暮らしている小屋を次々と無遠慮に訪ねてきては「噛みタバコをくれ」「電池をくれ」などと要求する。私はたまたま寄宿制の高校から集落に帰省していたジョンの実家に居候して暮らしていたのだが、家にはそうした無遠慮な訪問者を遮る手段がなかった。まず牧畜民の家にはドアがない。そして長老が他の世帯を訪問することに理由はとくに必要とされないため、家人がそれを咎めることもなかった。

佐藤（一九九二）は、調査開始初期に発生したレンディーレのねだりへの対処策として「私は持っていない」という言明がしばしば有効であったと記述している（佐藤 一九九二）。私もそれを実践したのだが、いまから思えばそれはねだる側にしてみれば、きわめて理不尽な言い訳であったようだ。なぜなら私はねだりを「うまく断る」術を持っていなかったからだ。そのため訪れた長老と私は互いに不快な思いをしながら不毛なやりとりを続けるしかなかった。「噛みタバコをくれ」「私は持っていない」「電池を

くれ」「私は持っていない」、いくつかの品目についてそうしたやりとりが続いた後、長老は不信と不満がこもった一瞥を与えつつ黙って小屋を出て行く。「彼らに用があるのは私の持ち物だけだ」。私はそんなことを考えながら苦悩の日々を過ごしていた。

そんな私にとって家の外は恐怖の空間であった。家のなかがプライバシーの「聖域」ではなかったことが示すように、一般論として、牧畜社会には我々が属する近代社会におけるプライバシーを守ろうとする観念が希薄である。いくら家のなかに閉じこもっていても、トイレに行きたくなることもある。「原野に行く」というトイレの隠語を家人に言って、人目につかぬように足早に集落の外に向かう。しかしながら集落の家は数メートルおきに配置されているし、家の脇の日陰には必ず家主の婦人が座っている。彼女たちは私を見ると必ず声をかける。まずうんざりするくらい長い挨拶のやりとりを強要され、間違えるとからかわれる。それが済むと、まるで幼い子どもにするように今どこに行こうとしているのか詰問され、ときには「なんでこんな困難な場所で暮らすのか？　さては何の苦労もない白人の地の暮らしに飽きて、わざわざ原住民の苦しみを求めてきたのだな？」「金が湧く井戸がある白人の土地からやってきた人間なのになぜいつも『ない』ばかり言うのか」などと訝しがられ、そして最後はお定まりの「xをくれ」である。そこで私がお決まりの「私は持っていない」を繰り返すと、やりとりは相手の「行け！」という言葉で終了してしまう。

だが日常生活の様子を細かく観察できるようになってくると、幼い子どもたちが砂糖や塩といったちょっとした品物を隣家にねだるメッセンジャーとして家に遣わされていることも見えてきた。また、若い牧童が、自分が世話する家畜や気に入った家畜を親などにねだることも一般的である。このように人びとは常にねだりあっているし、それゆえライフコースのなかで次第に「ねだる主体」へと成長していく。彼らの格言にあるように、人生はねだりなのである。いいかえれば、ねだりやそれへの対処のしかたを習得することこそ、この社会での生き方を学ぶ過程の第一歩なのである。

東アフリカ牧畜民のねだりとは、一言でいえばねだる者が抱える問題に対する関与の要請である。だから「ない」と断ることは強い拒絶のメッセージを発してしまう。とはいえ、このようなねだり文化において、ねだられたモノを「今ここで」与える必要もない。たとえばある長老は、かつてある客人に対してウシを与えることを承諾した。だが、それは家畜キャンプにいるため、今ここにいないウシである。だから雨期に雨が降ってウシが戻ってきたら、また来なさいということとなった。その客人は雨が降ると長老のもとにやってくる。だがそのウシはたまたま集落にいなかったり、今はちょっと生活が苦しいからという理由で、いまだに客人の手に渡っていない。すなわちアリアールのねだりはもらうための交渉と、それを手に入れるための交渉の二段階で構成されている。そしてもらったものを手に入れることは、もらうことの何倍も難しい。いま私にもあげると言ってからもう七年越しの食器、八年越しの双眼鏡、五年越しの鞄などがある。人びとはあのときのあれはどうなった？と詰問するが、なに、私が渡したい気分と状況になったときに渡せばよいのである。当時の私はアリアールの文化的文脈におけるねだりを理解していなかったため、社会生活を営めず、参与観察がうまくいかないという苦悩を抱えていたのである。

開発の最先端だった！

この集落には、一九九九年にドイツ技術協力公社（GTZ）によって建設された雨水の貯水槽を除けば、コンクリートの建造物がなく、ほとんど開発が入っていないように見えた。しかしながら、開発があまり入っていない地域という当初の見通しは、その後の調査で完全に覆された。まず文献調査から、この地域は一九七〇年代に実施されたユネスコによる乾燥地総合プロジェクト（Integrated Project for Arid Lands：IPAL）という大規模な牧畜開発プロジェクトの拠点となったことがわかってきた。IPALは一九七〇年代にUNEP（国連環境計画）によって議論されたサヘル地域の「砂漠化」という、地球環境問題への対処を目指して組織されたプロジェクトである。IPALは砂漠化の理由が牧畜民の過放牧にあると考えた。というのも、家畜を増やすことが生活の糧であるだけでなく人生の

美徳そのものである牧畜民は、脆弱な乾燥地の環境収容力（Carrying Capacity）を越えるまでに家畜を増加させるため、乾燥地の環境を破壊してしまうというのである。こうした前提にもとづき一九七六年から一九八三年までのあいだに牧畜民レンディーレとアリアールを対象に、環境教育と家畜市場の誘致および定住化の促進を通じて、牧畜民の家畜数を減少させることを試みた。しかしながら、この地域で実施された開発プロジェクトへの牧畜民の対処戦略に焦点をあててきた文化人類学者フラトキンは、ＩＰＡＬプロジェクトによってもアリアールやレンディーレの家畜売却に対するモチベーションは上昇せず、放牧圧を低下させるという当初の目的は達成できなかったと評価している（Fratkin 1991）。

そして、人びとから集落の歴史についての聞取調査をおこなうなかで、この集落が一九八三年に創設された新しいコミュニティであることもわかってきた。さらに二〇〇二年に集落の人びとが属する父系出自集団を調査した結果、この集落はマソラ・クランのクラン集落を標榜しているにもかかわらず、七八％の世帯はそれ以外のクランや他民族出身者によって構成されていることも明らかになった。

この集落周辺は、以前より牧畜民によって豊かな放牧地のひとつとして認識されていたが、近くに安定した水場がないために、あまり利用されていなかった。ところがＩＰＡＬが終了した一九八三年に、ＩＰＡＬの拠点がおかれていたングルニット町のアリアールの集落のひとつが分裂し、集落の創始者たちがこの地に移住してきたというのである。冒頭の長老が語っていた「この集落の人たちは町の発展を嫌ってこの場所に来た」というのは、このことだったのである。

4　人びとが語る開発の経験

ここからは集落の古老たちの語りをもとに、アリアールの一集落の歴史とＩＰＡＬプロジェクトとの関連性を示すことで、アリアールの人びとにとってこの開発プロジェクトの経験がいかなるものであったのかを見てみよう。この

写真１－３　教会と学校の建設風景

地域には「ミッション・タウン」（Fratkin 1991）と呼ばれる町が複数存在している（図１－１）。こうした町は、一九六〇～七〇年代にこの地域の牧畜社会への開発援助の主体であったカソリック・ミッションの拠点として発展した。つよく乾燥し生産性が低いケニアの北部地域は、植民地期から独立以降のケニアにおいて周縁化され続けてきた。そしてミッション・タウンを媒介とした国際社会からの支援が、周縁化のなかで滞りがちであった国家からのサービスを代行して続けてきた。その結果、牧畜民が、干ばつの際に水場や放牧地を求めて移動することをやめ、ミッション・タウンでの食糧援助や現金稼得活動などに依存し始めている状況が報告されている（Falkenstein 1995）。さらに現在では、ミッション・タウンでのサービスが、牧畜民の干ばつへの対処戦略のなかに組み込まれているため、もはやこうした都市との共生関係なくして牧畜民の生活を維持することは困難な状況である（Frankin & Roth 2005）。その一方、ミッション・タウン付近では牧畜民の人口や家畜数が増加し、とくに一九七〇年代は過放牧による環境破壊が深刻化していた。集落の創始者たちは、この当時彼らが居住していた一九八〇年前後のングルニット町付近の様子について次のように語っている。

「私たちは町を望まなかった。家畜の仕事ができる場所に行くことを望んだ」
「町から水がなくなった。だから我々は逃げ出した」

これらの語りは、ミッション・タウンのひとつとして牧畜民が定住する町として発展しつつあったングルニット町周辺が、人口増加と過放牧による環境破壊によって牧畜を継続するためには不向きな環境になりつつあったこと、そしてそのことに対して不満をもつ人びとが存在していたことを示している。この種の現象がすべてのミッション・タウン周辺で起こっていたことが、聞き取りによってわかっている。このようななかで牧畜を継続したいという潜在的ニーズを現実化したのが、集落創始者のひとりN氏である。彼は一九七〇年代にングルニット町でIPAL研究員に雇用され、獣医学的な実験のために数十頭のラクダ群を飼育する作業に従事していた。そしてN氏は研究員から賃金および実験用家畜群が産出する乳製品や幼獣を所有する権利を与えられていた。

「私たちはユネスコに雇われていた。私たちはユネスコのラクダを飼っていた」
「その後、私たちはングルニットの集落を離れ、低地平原に移住した。そのときに私たちを運んだのはユネスコ研究員の車だった」

ところが、この雇用は、N氏が暮らしていたングルニット町のクラン集落の他の住民とのあいだに経済的格差を生み出し、激しい妬みの対象となった。N氏はこのコンフリクトに関しては多くを語らない。とはいえ上記の語りは、N氏らが妬みによるコンフリクトを経験した結果、IPAL研究員からの支援をもとにングルニット町から現在の集落の位置に移住したことを意味している。またN氏は以前より、プロジェクト研究員から贈与された家畜群を飼育するためには、過放牧が進行していたングルニット町周辺ではなく、より良好な放牧環境に移住する必要があると考え

ていた。当時の集落付近は良好な放牧地であったが、水資源が不足していた。それでもN氏らがこの場所に移住したのは、集落周辺で水源を見つけるまでのあいだ、IPALから得たラクダを使役したり、研究員が私的に提供した車を使ってングルニットから生活用水を確保できたためである。

ここで、IPALという開発プロジェクトが集落の人びとに与えたインパクトについてまとめよう。開発援助の拠点として発展してきたミッション・タウンの人口は、IPALの実施以前から増加しており、過放牧による環境悪化が問題化していた。IPALの目的はこの過放牧による砂漠化への対処であり、牧畜民の定住化による家畜数の減少を狙っていた。しかしながらIPALは過放牧の原因を牧畜文化に措定したうえでプロジェクトを計画・実施したため、多くの成果を生み出すことはなかった。

そのようななかで、IPALの拠点となったングルニット町の発展とともに一部の牧畜民のあいだで高まった良好な放牧地の開拓というニーズや、IPAL研究員が牧畜民を雇用することで生じたコンフリクト、および公私にわたる支援といったものが偶然に結びつくこととなった。こうしてはじめて、ングルニット町周辺で暮らすアリアールの一部が遠隔地での専業牧畜に回帰することが可能になったと考えられる。すなわち現在の集落は、遠隔地で専業牧畜に従事する集落には違いないのだが、それは伝統的な慣習をそのまま残しているというよりも、IPALという開発プロジェクトを経験した町の牧畜民による再帰的な実践として理解すべきものだったのである。

5　開発の経験のなかで生み出される「発展」像

再牧畜コミュニティ

次に、IPAL終了後の一九八三年以降のM集落の歴史をなぞることで、ひとつの開発プロジェクトの経験が、人びとの「発展」像にいかなる影響をもたらすのか見てみよう。創設時の集落は、ングルニットから移住したN氏の世

帯を中心とする親族・友人からなる、わずか六世帯によって構成されていた（図1－2）。その後、さまざまなミッション・タウン周辺の放牧環境の悪化にともなう、生業牧畜への回帰というニーズの受け皿として、M集落はミッション・タウンから移住してくるアリアールやレンディーレを受け入れ、拡大してきた。クラン集落を標榜するM集落の構成がさまざまなクランや民族からなっているのは、このためなのである。

多クラン・多民族からなるM集落の異種混淆性は、牧畜生産における基本単位にも見出すことができる。アリアールやレンディーレの牧畜生産における基本的な協力単位「協同放牧グループ（所帯）」（Sato 1980; Fratkin 1986）は、近しい父系親族と父系クランのメンバーによって構成される。しかしながら、M集落の協同放牧グループにおいては、姻族や友人関係といった、個人が新たに構築した社会関係が重要な役割を果たしている（表1－1）。このようにM集落の人びとは、親族や民族を超えて他者と連帯するさまざまなしくみを創出することで、専業牧畜への回帰を目指して町からやってくる人びとを巻き込んで再牧畜コミュニティを構築したのである。

コミュニティの分裂

このように拡大を続けたM集落の歴史は、一九九九年以降、水資源開発や学校建設などの新たな開発援助の対象となったことで新たな局面に突入した。GTZによる飲用と家畜用の天水タンクを皮切りに、小学校、教会などが建設された。実際、それにより集落が長年苦しんできた乾期の水不足の問題は緩和し、子どもたちの就学率も大幅に向上した。しかしながら、これらのプロジェクトが導入された同じ時期に、M集落は複数回にわたって分裂し、八つの小集落の複合体へと変化した（二〇一〇年一月現在）。冒頭に登場した長老のような、反開発派が、集落への学校建設を拒んだためである。

もちろん、こうした古参の長老たちとは異なり、開発プロジェクトを歓迎する人びとも多い。そして実際のところ、集落の分裂は集落を構成する複雑な民族や親族関係をめぐる政治的対立など、さまざまな要因からなっている。

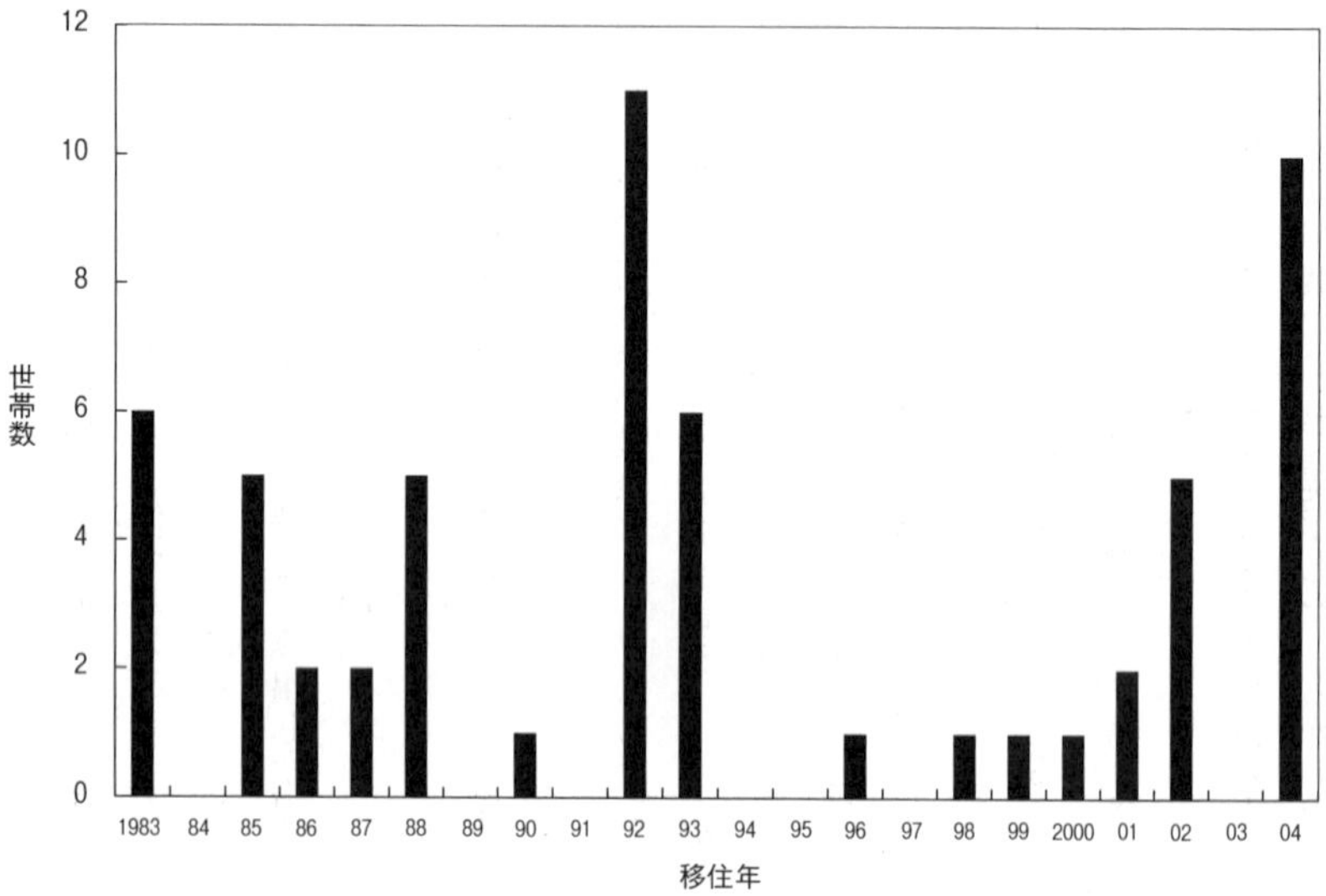

図1－2　M集落住民の移住年

表1－1　協同放牧グループの構成

世帯間の関係	協同放牧グループを構成する世帯数		
	レンゲマ集落（2002）	アリアール（1977）	レンディーレ（2000）
父系親族1	6 （8.2％）	4（14.3％）	12 （23％）
クラン2	0 （0％）	12（42.9％）	24 （45％）
姻族	28（38.4％）	4（14.3％）	16 （30％）
友人関係3	38（52.1％）	8（28.6％）	0 （0％）
単独	1 （1.4％）	0 （0％）	1 （2％）
合計	73 （100％）	28 （100％）	53 （100％）
平均世帯数	5.4	4.6	5.3

注）1．長老、独立モラン、父子、同母兄弟、異母兄弟、父系オジ－オイ、父系イトコ。
2．同一リネージ、サブクラン員、クラン員。
3．父系親族関係にも姻族関係にもない関係。
4．Fratkin（1980）をもとに作成。
5．Sun（2000）をもとに作成。

とはいえ集落分裂の背景として一貫しているのは、集落がかつてのミッション・タウンのようになっていくことの是非、すなわち水タンクや学校などに依存する生活がもたらす牧畜的な移動性の減少の是非をめぐる対立であった。すでに述べたように、M集落に居住する人びとの多くは開発プロジェクトによって創り出されたミッション・タウンでの生活を嫌ってこの地にやってきた。にもかかわらず、いままさにこの地が新たなミッション・タウンになろうとしている。たびかさなる集落の分裂を生み出した原因は、過去の開発プロジェクトへの再帰的な実践として形成された集落の人びとが、いま経験している開発プロジェクトに対して見せる態度の差異にあるのである。

6 「開発の経験」を理解することの意義

前節において、M集落の歴史を、IPALというかつて実施された開発プロジェクトとの関連性のなかで再構成した。こうすることで、過去の開発プロジェクトがもたらした町周辺の人口増加にともなう過放牧と、IPALプロジェクトがもたらした住民間のコンフリクトとの偶然の結びつきが、町に住む牧畜民の自発的な再牧畜化という再帰的な実践をもたらしたことが理解できた。そして約二五年間にわたり、M集落はミッション・タウンから再び牧畜を始めるためにやってくる人びとを受け入れ続けた。その過程で通常のレンディーレやアリアールの集落とは異なる「よそ者」を包摂する新たなシステムを構築したのである。このようにIPALプロジェクト終了後の中長期的なインパクトという視点でM集落の現状を検討することで、再牧畜コミュニティとして発展を続けてきたM集落を対象にした近年の開発プロジェクトが、開発と牧畜的な移動性をめぐる住民間の思惑の違いから新たなコンフリクトを生み出していることが明らかになった。

IPALは、これまでのような家畜への過剰な依存から脱却し、町周辺での定住時代の新たなライフスタイルを模索することを「発展」として提示した。しかしながらM集落の人びとは、開発プロジェクトが提示した発展像に対し

て、原野での牧畜生活をベースにした別の発展のあり方を選択した。そして人びとは開発プロジェクトがもたらしたさまざまな機会や資源を活用しながら、他民族を受け入れる独自の社会システムすら創出し、自分たちの発展のかたちを創り上げてきたのである。ところが現地調査を開始して数年間というもの、私はミッション・タウンからもっとも離れた地域で生業牧畜に特化しているM集落を「伝統的なコミュニティ」として捉えてきた。しかしながら聞取調査を通じて人びとの開発の経験を調査することで、そこにまったく異なる理解が立ち現れたのである。

このように開発の経験を理解することとは、プロジェクトの受益者が、プロジェクトが提示する発展像に対して自分たちの発展のあり方を再帰的に示しつつ、社会や文化のあり方を改良してゆく動的な過程を理解することにほかならない。そして、こうして得られた理解は、その地域社会固有の特性を考慮した開発政策を計画・立案をする際に重要な役割を果たし、さらに開発プロジェクトと地域社会との関係をトップダウン的なものから水平的なものにずらす可能性をも秘めている。だが、現地に長期滞在するフィールドワーカーが開発の経験の時空間的な広がりを把握する能力には限界がある。私の調査経験が示すように、フィールドで生起するさまざまな事象と開発プロジェクトとの関係をどこまで把握できるかについては、常に疑問符がつく。それゆえ本事例は、開発プロジェクトのインパクトはオープン・エンドの原理にたたなければ理解しえないことを示している。現代アフリカ農村というフィールドにおいては、過去の開発現象と現在進行中の開発現象とがさまざまなかたちで結びついた新たな実践が展開している可能性がある。フィールドワークという方法論を活用することで、このような新たな実践の可能性をいかに捉え、それをどのように開発実践にフィードバックしうるかについて、今後さらに検討する必要があるだろう。

また、この事例は〈最後の秘境〉であるかのようにも見える途上国の農村が、大規模な開発プロジェクトへの再帰的な展開として形成されていたという、新米フィール

写真1－4　完成した小学校に通う子どもたち

ドワーカーの遅すぎた発見を示した失敗談でもある。だがこの失敗談はアサイラム空間という概念をもちだすある種の面白さを示している。それは国家やグローバルな力とは無縁な日常生活が繰り広げられているように見える場が、見方を変えることでさまざまな力が作用する場に転換する可能性への気づきである。何気ない日常生活をとりまく場をふりかえれば、そこには別の景色が広がっているかもしれない。

参考文献

石井洋子　二〇〇七『開発フロンティアの民族誌――東アフリカ・潅漑計画のなかに生きる人びと』御茶の水書房。

湖中真哉　二〇〇六『牧畜二重経済の人類学――ケニア・サンブルの民族誌的研究』世界思想社。

佐藤　俊　一九九二『レンディーレ――北ケニアの遊牧民』弘文堂。

ノラン、リオール　二〇〇七『開発人類学――基本と実践』関根久雄・玉置泰明・鈴木紀・角田宇子訳、古今書院。

Falkenstein M. 1995. Concepts of ethnicity and inter-ethnic migration among the Ariaal of Kenya. *Zeitschrift für Ethnologie* 120: 201–225.

Fratkin, E. 1986. Stability and resilience in East African pastoralism: The Ariaal and Rendille of northern Kenya. *Human Ecology* 14(3): 269–286.

Fratkin, E. 1991. *Surviving Drought and Development in Africa's Arid Lands: Ariaal Pastoralists of Kenya.* Massachusetts: Allyn and Bacon.

Fratkin, E. & E. A. Roth　2005. *As Pastoralists Settle: Social, Health, and Economic Consequences of Pastoral Sedentarization in Marsabit District, Kenya.* New York: Kluwer Academic/Plenum Publishers.

Sato, S. 1980. Pastoral movements and the subsistence unit of the Rendille of northern Kenya: With special reference to camel economy. *Senri Ethnologial Studies* 6: 1–78.

Sharp, L. 1952. Steel Axes for Stone-Age Australians. In Elward H. Spicer（eds.）, *Human Problems in Technological Change.* New York, Russell Stage Foundation pp.69–72.

Sun, X. 2005. Dynamics of continuity and change in pastoral subsistence among the Rendille in Northern Kenya: With special reference to livestock management and responses to socio-economic change. *African Study Monographs, Supplementary Issue* 31: 1–94.

第2章

エチオピア牧畜民に大規模開発は何をもたらすのか

佐川　徹

1　大規模開発をめぐる対立の構図

経済成長と周縁の牧畜民

エチオピアの故メレス・ゼナウィ首相は[*1]、二〇一一年一月二五日に同国南西部の町ジンカを訪れた。この年で一三回目を迎えた「エチオピア牧畜民の日」に出席するためである。ジンカを県庁所在地とするサウスオモ県には、人口数千人から数万人の牧畜集団が多く分布している。会場にあふれかえった聴衆の前で、首相は次のような演説をおこなった。「牧畜民はこれまで後進的な地域に暮らしてきた。今後五年間でダムが完成し大規模な灌漑農業も開始されるので、牧畜民は開発の恩恵を受ける。我々は牧畜民に近代的な生活を送ってほしい。牧畜民を研究者の古代生活研究の対象にとどめることは許されない[*2]」。演説会場にいた私の友人によると、「牧畜民に開発がもたらされる」という言葉を首相が発するたびに聴衆は歓声を上げた。もっとも、聴衆の大多数は町の住民で、村に暮らす牧畜民はごく少数だった。その少数の彼らは、政府の指示で町に連れてこられた人びとであった。

この演説に先立つこと約一年、米国の高名な雑誌『ナショナル・ジオグラフィック』の二〇一〇年三月号は、サウスオモ県に焦点を当てた特集記事を掲載している。記事はこの地域を「アフリカ最後のフロンティア」として位置づ

け、これまで伝統を守り続けてきた住民が、外部世界からの急速な影響の拡大にともなう社会変容に直面してとまどう姿を描いている。この記事が掲載されたのとほぼ同じころから、先住民の権利保護を目的として活動する国際NGOサバイバル・インターナショナルのウェブページに、サウスオモ県に暮らす人びとが「世界で危機的状況にある部族」のひとつとして登場し、開発事業により失われつつあるとされる彼らの伝統的な服飾や儀礼の写真が掲載されている。

私がサウスオモ県の最南部、ケニアや南スーダンとの国境地域に暮らすダサネッチの人びとを最初に訪問したのは二〇〇一年である。首都から車で三日かけてようやく彼らの小さな町にたどりつき、ほっとして車を降りると、ぎらぎらの太陽に迎えられてめまいを感じたことは、いまでもよく覚えている。その当時、東アフリカでアクセスがもっとも困難だともいわれたこの地域が、外部世界から注目されることはほとんどなかった。そのサウスオモ県が、二〇〇〇年代の終わりになって国内外から大きな注目を集め始めた。エチオピア政府の威信をかけた巨大な開発事業がこの地で始まったからである。オモ川上流部でのアフリカ最大規模となるギベ第三ダムの建設[*3]、多国籍企業による原油採掘、そして県内の十数ヵ所で進行中の商業農場の整備である（写真2－1）。

二一世紀に入り「成長するアフリカ」への関心が高まっているが、エチオピアの急速な経済発展にも目を見張るものがある。二〇一一年一月六日発行の『ザ・エコノミスト』誌によると、エチオピアは二〇〇一～二〇一〇年に世界で五番目に経済成長率が高かった国であり、二〇一一～二〇一五年の成長率予測では中国、インドに次ぐ三番手の位置を占めている。[*4] 水力発電や原油生産により増大する国内の電力需要をまかない、余剰分は近隣諸国へ輸出すること、農場を建設して砂糖などの国内自給を高めつつ、外国からの直接投資も増大させることは、さらなる経済成長のために必要なのだと政府要人は語る。それに対して、おもに欧米のNGOやマスメディアは、これらの事業が国内の周縁部に暮らす牧畜民の生活を破壊するものだと批判する。メレス首相による「牧畜民を研究者の古代生活研究の対象にとどめることは許されない」という演説は、この批判への対抗心を剥き出しにしながら発せられた言葉なのである。

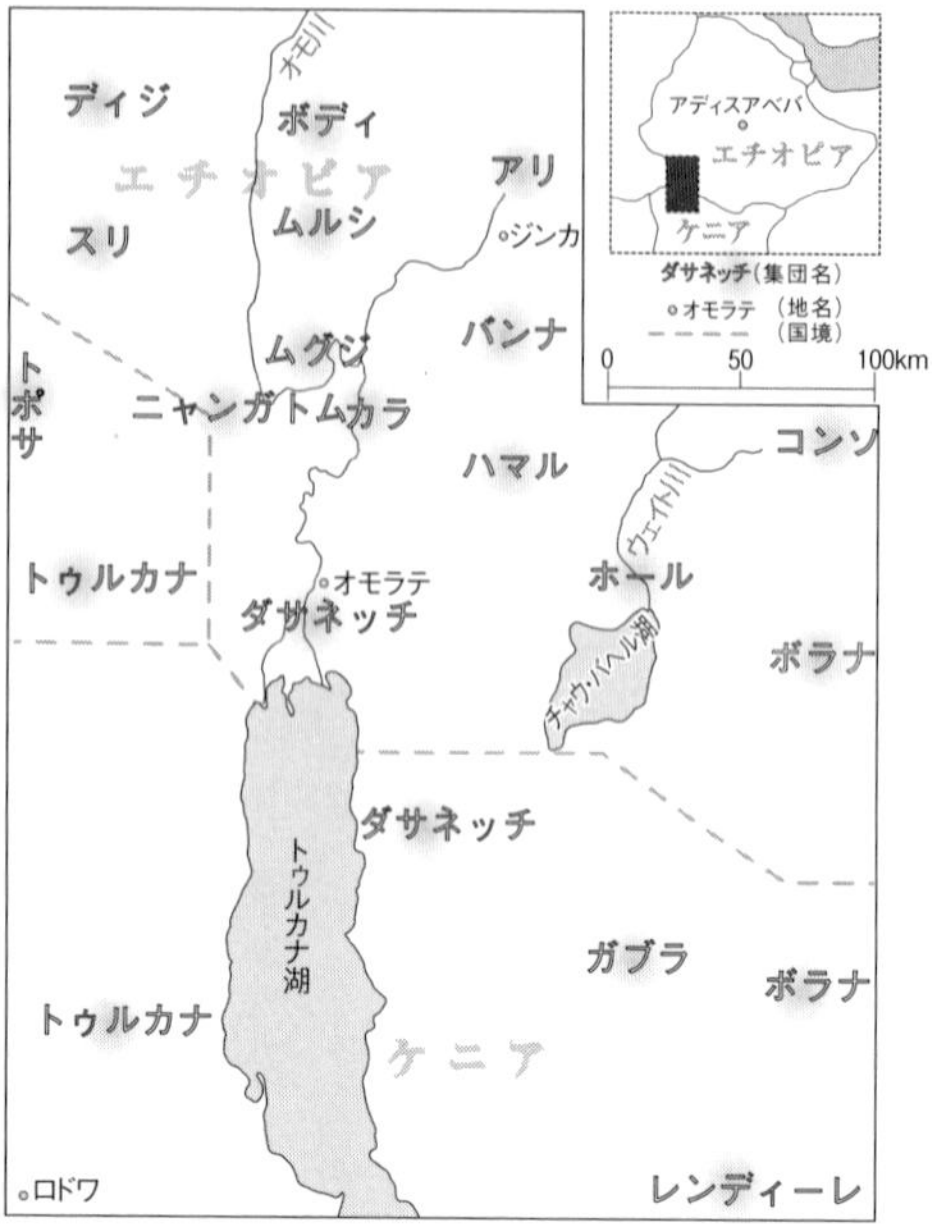

図 2－1　サウスオモ県および周辺の地図

写真 2－1　インド資本が農場建設のために切り開いた土地。獲得面積は 1 万 ha に及ぶ

地域の歴史性と人びとの多様性

上記の二つの立場は正反対のものに映るが、議論の前提としてある考えを共有している。これまで外部から閉ざされてきたサウスオモ県とそこに住む牧畜民が、二一世紀に入ってようやく外部世界と接触し、開発の対象としてクローズアップされているという考えである。この前提にもとづくことで、これまで見捨てられてきた地域を開発をとおして主流社会へ包摂することが求められているのか、それともその開発こそが連綿と受け継がれてきた伝統的な生活から人びとを排除してしまうのか、という議論の対立が成立する。この対立を前にすると、私たちは「開発の促進か伝統や文化の保護か」という二者択一的な選択を迫られているかのような印象を受ける。

しかし、この対立構図には二つの問題がある。まず、この地域の牧畜民は外部から閉ざされた生活を送ってきたわけではない。ジェームス・ファーガソン（Ferguson 1990）によれば、開発事業を進める側は、開発の対象地域を「外部から孤立した遅れた地域」として描く傾向があるという。そのようなイメージに依拠することで、実際には政府や企業、NGOの利害関係が絡んだ事業の政治性を脱色化し、「遅れた地域」を発展させるための中立的な存在として自分たちを位置づけることができるからである。この対象地域の描き方は、サウスオモ県の開発を進める側だけではなく、開発に反対する側も共有しているわけである。だが実際には牧畜民は、一九世紀末から近代国家と接触する過程で、政治的・経済的・文化的な排除を被り続けてきた。地域の「後進的な」状況やその「フロンティア」ぶりが際立っているように映るとすれば、それはこの歴史の所産である。

もうひとつの問題は、いったん上記の対立構図に依拠すると、開発の対象とされている牧畜民の多様な声が聞こえてこなくなってしまうことである。政府は、開発事業に賛同する人たちを動員して首相の演説会場へ連れてくる。欧米のメディアは、開発がもたらす負の要素を数えあげながら悲観的な将来の展望を語る人たちの声ばかりを報じる。一九七〇年代から開発の分野では、地域住民に開発事業の構想・実施過程へ積極的に関与してもらう「参加型開発」

の必要性が唱えられてきた（チェンバース 二〇〇〇）。権威主義的な統治を近年とみにつよめているエチオピア政府であっても、事業の妥当性を証明するために地域住民が開発を支持する姿を示す必要があるし、反対派は地域住民の本当の意見は自分たちこそが拾い上げているのだと主張する。外部の組織が地域住民の「真なる声」の奪い合いに従事しているのである。しかし、開発の影響を受け始めているダサネッチの人びとが、賛成であれ反対であれ、そのように歯切れよく開発への評価を下している場面を私はあまり目にしたことがない。

開発の内容自体の善し悪しを問う前に、その対象地域がいかなる歴史的な過程を経て形成されてきたのかを問うことは重要である。地域に住む人びとが今日の開発事業にいかなる考えを抱き対応を取るのかは、この歴史につよく依存するからである。同時に、似通った歴史的経験を経てきた人たちであっても、現在その人がおかれている立場や状況によって、開発への評価や位置取りは多様なものとなることが予想される。開発事業が地域社会にもたらす影響の幅を予測するためには、まずこの多様な声に耳を傾ける必要がある。以上の問題意識にもとづいて、本章ではエチオピアの牧畜民と近代国家の関係の歴史を概観したあとで、現在進行中の開発事業に対する人びとの接し方を見ていくことにしよう。

2 牧畜民と近代国家の関係史

牧畜民への文化的蔑視

東アフリカに広がる乾燥地域には、家畜につよく依存した生活を営む多くの牧畜集団が分布している。エチオピアの国土は日本の約三倍であるが、その約六一％が牧畜地域に分類される。牧畜地域とは、高度一五〇〇メートル以下、年間降水量四〇〇〜七〇〇ミリで、家畜飼養に強く依存した生活を送る人びとが多く暮らす地域である。この地域には、二九の民族集団に属する一二〇〇〜一五〇〇万人が生活している。[*5] エチオピアの二〇一〇年時点の人口は約

七七〇〇万人であるから、国民の一五〜二〇％が牧畜と関連した暮らしを営んでいることになる。

人口的にも領域的にも無視できない規模を占める牧畜民は、しかし近代国家のなかで周縁的な立場に置かれ続けてきた。彼らの多くは、南部の乾燥した低地地域、とくに隣国との国境付近に暮らしている。一方、エチオピアの北部には高地地域が広がっており、おもに農耕に依存した生活が営まれている。この高地には、一千年以上にわたりキリスト教に帰依した王国が存在してきた。近代国家エチオピアの中心を占めてきたのはこの北部の人びとである。

北部の高地人は、南部の牧畜民を文化的に蔑視してきた。そのことは、高地人が牧畜民を指すときにもちいる「ゼラン」と「シャンキラ」という二つの言葉によく示されている。前者には「あてもなくさまよい続ける人たち」、後者には「肌が黒く野蛮な人たち」という含意がある。牧畜民は家畜とともに居住地を移動する生活を営むが、無秩序に移動しているわけではなく、環境を効率的に利用するために気候の変化に応じて一定のパターンで居を移している。しかし、一ヵ所に定着して農耕を営む生活を送る人には、牧畜民の移動生活は不安定で遅れたものに映るし、自分たちの土地を脅かしかねない危険な存在にも感じられる。ただし、この蔑視を遊動牧畜と定住農耕という生活様式の本質的なちがいに還元して説明することは誤りだろう。高地の人びとが牧畜民と接触する歴史的過程で、このネガティヴなイメージが形成され強化されてきたと考えるべきである。

牧畜民の周縁化

一九世紀末、エチオピア北部の王国は南部へむけて領域拡張をおこない、多くの牧畜社会を軍事征服した。[*6] 当時は西洋列強がアフリカの植民地化を活発に進めた時代だった。エチオピアは一八九六年に、同国北部アドワでの戦いでイタリア軍を破り、とりあえずその難を逃れたものの、今度は南方のケニアやウガンダの植民地化を進めていたイギリスによる北進の脅威に直面した。これに対して、エチオピア政府は首都アディスアベバからできるかぎり離れた南側にイギリスとの国境を設けるために、牧畜民が暮らす低地地域を領域内に組み込み、イギリスに対する緩衝地帯と

したのである。

国家としてのエチオピアはこの領域拡張により独立を保ったが、征服された牧畜民にとっては災厄の始まりだった。牧畜民の生活向上に資する政策がほとんど実施されてこなかっただけではなく、一九五五年の改定憲法一三〇条ではすべての放牧地が「無主地」、つまり所有者のいない土地として国有化された。一九五〇年代以降、エチオピア全土で牧畜民が利用していた土地のうち、約二六〇万ヘクタールが農場や自然公園へ転用されたといわれる。一九七四年に王制は打倒されて軍事主義政権が形成されたが、牧畜社会に対する国家の基本姿勢は変わらなかった。この時代にサウスオモ県にも大規模な商業農場が二つ整備されている。

一九九一年の現政権への移行は、この反・牧畜民的な政策姿勢からの転機となる可能性があった。新政権が制定した一九九五年憲法第四〇条第五項には、「エチオピアの牧畜民は、自らの土地から追い出されない権利だけではなく、放牧や耕作のために土地を自由に扱う権利を有する」と記されている。一九九八年には、牧畜地域の開発を目的として活動するローカルNGOによりエチオピア牧畜フォーラム（Pastoral Forum Ethiopia）が結成された。この組織が開催してきた「牧畜開発会議」の論集を見ると、地域開発を実施する際には、これまで「遅れた」生活とみなされてきた牧畜を、まず合理的な生活様式として尊重する必要があることが強調されている。一九九九年には、牧畜民の権利向上を目的とした啓蒙活動をおこなう日として、毎年一月二五日が「エチオピア牧畜民の日」に制定された。

しかし、二〇〇〇年代に入るとこの流れは反転し、牧畜民が得たはずの権利は貧困削減と経済成長の名のもとに無効化されていく。「牧畜民の日」に、「牧畜の発展」ではなく「大規模農場の建設をとおした発展」を説く首相の演説は、その象徴である。政策文書を見ても、二〇〇〇〜二〇〇四年の『五年次開発プラン』では牧畜民の「遊動的な生活を少しずつ弱める」必要性が指摘され、二〇〇三年の『農村開発戦略』では、牧畜地域の発展のために「灌漑の開発に基盤をおいた定住化」が必要だと記されている。

牧畜民に定住化や農耕化を迫る政策の実施は、エチオピアにかぎられたことではない。領域内で均質的な統治を目

指す近代国家は、国家が定めた空間的境界を横断して遊動生活を営む牧畜民のような存在を、自らの統治原理を脅かす「敵」とみなし、開発事業をとおしてその定住化を強制してきた（Scott 1998）。二〇〇六年五月からエチオピア中部の牧畜地域で進められている灌漑農業事業の責任者は、この事業が「コミュニティへ自らの精神の一式を変える技術を与える」ものであり、「他の牧畜地域のモデルになるもの」だと述べている（*Addis Fortune* 25 January, 2010）。定住化と農耕化は、「遅れた野蛮な」牧畜民の思考様式そのものを変化させ、近代国家の統治原理に従わせるための手段なのである。

以上から、今日のサウスオモ県での開発事業は、近代国家による牧畜社会の周縁化の歴史の連続線上に位置づけて理解する必要があることがわかる。首相が演説で述べていたように、今日の開発を正当化する根拠は、「後進的な」ゼランやシャンキラを「近代化」させる点におかれている。だが、そもそも牧畜民が暮らす地域は、近代国家との接触の過程で国境付近の辺境部に位置させられることになり、北部に住む人からすれば、自分たちの土地からもっとも遠いところにある地域、そしてインフラ整備などの点ではたしかに「遅れた」地域となったのである。また政府らによる土地のはく奪は、牧畜民の利用可能な土地を減少させ、隣接集団間の対立をつよめ、軍事衝突も発生させた。このことが、北部の人の牧畜民に対する「野蛮」イメージを高めることに貢献した。北部中心の国家が、自分たちの都合で牧畜民を領域内に組みこみ、その後に排除を進めた結果として、「遅れた野蛮な」存在がつくりだされたのである。そして、この地域に新たな経済的可能性を見出した今日、今度は自分たちがつくりだした「遅れた野蛮な」牧畜民に、大規模開発をとおした「古代生活からの脱却」を呼びかけている。

3　開発事業への対応

開発ラッシュ

では、地域の人びとは大規模開発が進む現場でいかなる対応をとっているのだろうか。まず、人口五万人ほどのダサネッチに影響を与えつつある開発事業をまとめておこう。オモ川上流部でのダム建設は二〇〇六年に開始された。ダサネッチが暮らすオモ川下流部では、上流部での降水を受けて毎年川が氾濫する。この氾濫が肥沃な土壌をもたらし、放牧や農耕に適した豊かな土地をつくりだしてきた。二〇一三年にダムが完成して水量が減ると、氾濫が起こらなくなり、下流部に暮らす人たちの生業に決定的な打撃を与えるといわれている。

農場開発については、二〇〇七年にイタリア企業が三万ヘクタールを入手してゴムなどの栽培を始め、二〇一一年にはインド企業が一万ヘクタールを取得して耕作へむけた準備を進めている。規模は数千ヘクタール単位であるが、二〇〇九年からは国内資本も参入している。二〇一二年現在で六つの農場の契約が終わり、うち二つがすでにトウモロコシや綿花を栽培している。いずれも政権の中枢を占める北部の民族集団ティグレの資本である。さらに、政府による一・五万ヘクタールの国営サトウキビ農場が準備中である。すべての農場は、そこを放牧地や居住地として利用していたダサネッチを半強制的に移住させて整備されたものである。最後に、二〇一三年から多国籍企業による本格的な原油採掘が始まる予定で、その対象地域の利用が禁止され始めている。

町の人びと

ダサネッチのなかで開発事業にもっとも近い位置にあるのが、数十人ほどのローカルエリートと呼べる存在、つまり政府の役職に就く政治家や役人である。彼らは、村に住むダサネッチと中央政府や企業との媒介者として事業をこの地にもたらす。その多くは、高校や専門学校を終えてまもない二〇〜三〇代の男性である。ダサネッチで学校教育

が広がり始めたのは現政権成立後のことであり、中学校以上を卒業しているのは全人口の一%にも満たない。私は二〇〇一年に最初の調査をおこなった際、県庁所在地ジンカの町にある高校で学生と交流を深めたが、そのときの学生がいま地方政府の主要職を占めている。

彼らに、なぜ人びとの生活に深刻な影響を与えかねない事業を展開するのかと尋ねると、決まり文句のように返ってくるのは「上層部がそう言うから仕方がない」という答えである。郡政府の男性は「県政府がそう言うから」、県政府の男性は「連邦政府がそう言うから」、連邦政府の国会議員は「メレス首相がそう言うから」と答えた。そもそも、彼らは開発事業を肯定的に語ることが多い。かつて郡政府の長を務め、ダサネッチでもっともつよい政治的影響力を有するとされる三〇代の男性と話していたときのことである。私が冒頭に記したメレス首相による演説に批判的に触れると、彼はやや冗談めかしながらも「メレスを悪く言うおまえとはもう話さない」と述べ、「先進国はエチオピアの開発を妨害し、我々が自ら発展する機会を奪おうとしている」と語った。これは、アディスアベバなどで高地の人びとと話しているときに頻出する語り口と同じである。

ただし、ローカルエリートはこの高地での支配的な考えを単純に内面化しているわけではない。彼らはこれまで実務をこなすなかで、ダサネッチの利益を主張しても国家上層部にまったく聞き入れられないという経験を重ねてきた。エチオピアの全人口のわずか〇・〇〇〇七%を占めるに過ぎない辺境の牧畜集団に、政治的な交渉力はない。「上層部がそう言うから仕方がない」のは、今回の開発事業に限られたことではなかった。ローカルエリートは、現在の開発事業が成功して主流社会への包摂が進み、ダサネッチが国民経済のなかで重要な位置を占めることになれば、自分たちの利益を主張するための発言力も得られていくだろうという楽観的な展望を抱きながら、事業を積極的に評価している。

開発事業に肯定的な評価をくだす別の一群は、中学校程度は卒業したが定職に就けず町で暮らしていた数十人の若者である。彼らの多くは、開発事業を新たな雇用機会を創出するものとして歓迎している。原油採掘の作業員として

雇用された二人の私の友人は、上司である中国人の行動様式の粗暴さなどを酒の肴にしながら、現在の仕事が体力的にはややきついが高い給料をもらえる好ましいものだと話した。一度高地の町で学生生活を経験してきた若者の多くは、村での厳しい牧畜生活にはもう戻れないと述べる。その一方で、高地の冷涼な気候は体に合わないし、高地では周囲の人から蔑視されている感覚をもつときもあるため、ダサネッチの町で働くのが一番なのだという。彼らのなかには、原油採掘会社に雇用される以前は紛争解決や人権擁護のために活動するNGOで働いていたものもいる。開発を進める政府や企業とそれに反対するNGOは国際的な議論の場で対立しているが、町に住むダサネッチにとっては、両者は「地元の町での仕事」を提供し、働く選択肢を増やしてくれる点で同一の存在なのである。

村の人びと

このように町の人びとは、開発事業を、周縁化された地域に変化をもたらす契機として肯定的に評価する傾向がつよい。だが、町に暮らすダサネッチは全人口の三％程度にすぎない。では、人口の大多数を占める村の人びとは事業をどう評価しているのだろうか。自分の利用している土地を奪われたり生業基盤を喪失したりしかねない彼らは、開発事業につよく反対しているという事態がまずは推測できよう。だが、彼らは一丸となってそのような立場をとっているわけではない。

とくに農場開発に関しては、コミュニティ内で対応が大きくわかれている。開発を進める農場主側と親密な関係を築いているのは長老である。農場開発が始まる過程はどの農場でもほぼ同じである。開発予定地の近くにある大きな木陰に周辺住民を集めて、政府や企業が大量の肉や酒を人びとにふるまう。そこで、ダサネッチの伝統的会合の形式を取り入れた演説会が開かれ、強力な呪術的力を有する長老が農場予定地を祝福して、政府や企業へその土地を譲るよう、ほかのダサネッチに語りかける。東アフリカの牧畜社会は、伝統的に男性年長者がつよい権威を有する社会であったとされる。開発を進める側は地域の「伝統的権威」たる長老を自分たちの側へ引き込むことで、自らの事業が

写真２－２　農場主が飼養する家畜の囲いをつくるダサネッチの女性たち

「参加型」であることを示そうとしている。

この動きに反発しているのは二〇～三〇代の男性の若者であり、その理由は三つにまとめられる。第一にこれまで放牧地や居住地として利用していた土地がなんの補償もないままに奪われてしまったこと、第二に政府と企業、長老のみで土地移譲を決定し、自分たちがそのプロセスから排除されたこと、第三に農場側に協力した長老が、現金や物品の見返りを得ていること。二〇〇九年に稼働を始めたひとつの農場では、その周辺に暮らしていた若者が農場や長老と関わりをもつこと自体を嫌い、別の地域に大挙して移動していった。若者の怒りのつよさがうかがえよう。

ただし強調しておく必要があるのは、事業に反対している若者がほかのダサネッチにも同じ立場を貫くよう強制してはいないことである。家畜を失い貧困化した数十人の若者は農場で雇用されている（写真２－２）。彼らは賃金を貯めて家畜を購入し、牧畜生活に復帰していくための一過程として農場での仕事を位置づけている。彼らも農場に対する不満を述べるが、それは農場の建設自体ではなく、雇用条件や高地から来た農場の上級職者による差別的なふるまいに向けられている。また、農場建設につよく反対している若者男性の妻は、穀物や材木を売るために農場を訪問することがある。彼女たちは、以前は徒歩で二時間かかる町まで重い荷をもっていく必要があったが、村の近

くにできた農場が物資を購入してくれるようになったため、現金の獲得が容易になったという。さらに、町に住み事業を推進するローカルエリートは、村で農場に反対している若者とほぼ同年代であり、子どものころから互いによく知った仲である。

農場建設に反対している若者に、農場に依存した生活を送り始めている人や町に住む同年代の男性に対する意見を聞くと、しばしば「彼らの胃はちがう。彼らの胃が決めたのだから、私が言うことは何もない」という言葉が返ってくる。「胃」とは当人の感情や考えを表現するときにしばしば用いられる語である（佐川 二〇一一）。ダサネッチによれば各人は異なる胃をもっており、各人の胃のちがいを相互に尊重することが社会生活において何より重要である。相互の「胃が決めた」内容をそのときに尊重し相手との人間関係を保つことで、将来的に別の事案で協力する可能性も残されるからである。

この態度を考えれば、先述した農場周辺からの若者の集団移動も、長老に対する単なる対立関係の表明以上の意味を有していると考えるべきであろう。遊動的な生活を送る人にとって、移動は人間関係の対立が尖鋭化することを防止するための重要な対処法でもある（Baxter 1972）。若者は、長老ととりあえず物理的距離をとって接触を回避することで、それ以上の関係の悪化を防ぎ、将来の関係の修復可能性を保っている。

このように、ダサネッチでは開発事業に熱狂的に賛同したり、逆に開発事業がもたらす将来を憂い悲嘆にくれている人はほとんど見かけない。また、町に住む人と村に住む人、年長者と若者、男性と女性、家畜を持つ人と持たない人といった各人の立場に即して開発に対する意見がわかれながらも、その意見をほかの人に押しつけようとはしていない。

この人びとの対応は、彼らの歴史経験から導き出されたものである。これまでダサネッチの地でも、少数ながら政府らによる開発事業が実施されてきたが、開始後しばらくすると成果を上げないままに撤退することがくりかえされてきた。村に住むダサネッチは、賛成であれ反対であれ開発事業に一致団結して対応することに、現時点ではつよい

関心を抱いていない。[*7] むしろ人びとは、突然やってきていつ去っていくのかわからない外部からの事業へ過剰に反応することで、コミュニティ内部の人間関係に取り返しのつかない分断と排除を招かないよう、細心の注意を払っている。

4 開発と伝統の対立を超えて

今日のサウスオモ県での開発事業は、現在までのところ中央政府によって上から一方的に構想・実施されており、地域住民に対する十分な補償や利益供与もなされていない。国際NGOらによる批判は、その苦境を自ら外部に訴える術をもたない構造的に周縁化された牧畜民の現状を、世界に伝える働きを果たす点で決定的に重要である。それと同時に、開発事業に反対する人の声のみを地域の「真の声」であるかのように扱うこれらの組織の傾向には、注意を払う必要もある。本章で示してきたように、地域社会には開発をめぐる多様な声があり、そのどれが「真の声」なのかを決定することはむずかしい。

ダサネッチの人びとは、ローカルエリートも含めて、自分たちが歴史的に被ってきた経験から中央政府に対する不信感を共有しているし、今日の開発事業に対する評価を、自分たちの周縁的な立場と関連づけておこなっている。ただし、そのことはすべてのダサネッチが開発事業に否定的な評価をくだすことを意味しない。教育を受けた町の人びとは、開発事業を、ダサネッチが周縁的な立場から脱却して主流社会でより高い地位を得ていくための契機になりうるものとして期待を寄せている。村に住む人びとは、過去の事業と同じく今回の開発事業の持続性に疑問を抱き、とりあえず各人それぞれの考えを相互に受け入れて、様子を見ようとしている。

国際NGOらによる批判に関して注意すべきもうひとつの点は、その批判がエチオピアの多数派を占める高地の人びとに、前節でも触れた「先進国はエチオピアの開発を妨害し、我々が自ら発展する機会を奪おうとしている」とい

う反発意識を生じさせ、結果として「開発の促進か伝統や文化の保護か」という二者択一的な議論の枠組みをつくりだしてしまっている点である。この枠組みに依拠して、実際に開発の影響を被っている人びとからは乖離した場で推進派と反対派が議論をヒートアップさせることで、地域の人びとの開発事業に対する多様な対応や思いはますます忘れられていく。

エチオピアの名門アディスアベバ大学を卒業した、高地出身の知識エリートと話していたときのことである。私がサウスオモ県での開発事業に対する恨み節のような言辞を重ねていると、彼は「開発はどこの国も経験してきた。日本もそうだろう。大切なのは事業をやめさせることではなくて、それがもたらす地域社会への否定的な影響を最小限にするための方策を考えることだ」と述べた。これは、私が高地の都市部で接したエチオピア人にかなりの程度共有されていた認識である。そこに、現在の開発事業ありきの立場を見出し批判することは容易であるが、国内の多数派を占める彼らがより適切な「古代生活からの脱却」のあり方を議論することで、はじめて牧畜民を対象とした開発政策の変更に道が開かれることもたしかである。伝統と文化の喪失を嘆くばかりの均質的な牧畜民像ではなく、高地の人と同じように自らの歴史経験と各人の立場に依拠して開発事業への多様な対処をとる人びとの姿を示し、一人一人の牧畜民が共感可能な存在であると印象づけることが、国内の多数派が牧畜地域の現状に目を向けるより積極的な契機になるはずである。

注

＊1　メレス首相は二〇一二年八月二〇日に死去した。
＊2　http://www.mursi.org/pdf/Meles%20Jinka%20speech.pdf（二〇一一年一〇月一〇日アクセス）
＊3　ギベ第三ダムの建設問題は、「砂漠の湖、隣国が脅かす」というタイトルで二〇一二年六月一〇日の朝日新聞朝刊一面にも取り上げられた。

＊4　http://www.economist.com/node/17853324?story_id=17853324（二〇一一年二月一〇日アクセス）

＊5　http://www.pfe-ethiopia.org/about.html（二〇一〇年二月二二日アクセス）

＊6　以下に記す牧畜民と近代国家の関係史や次節に記す開発事業の展開と農場建設にともなう社会変容については、佐川（二〇一〇）でよりくわしく論じた。

＊7　近年では、大規模開発事業への反対運動を組織するアクターとしてローカルＮＧＯが重要な役割を果たすことが多い。しかしエチオピアでは、二〇〇九の布告（Charities and Societies Proclamation）によりＮＧＯ活動に対してきびしい制約が課されているため、ダムや石油、農場の開発政策への反対運動を進めるローカルＮＧＯは存在しない。

参考文献

佐川徹　二〇一〇『大規模開発プロジェクトと周縁社会――エチオピア西南部のダム／農場建設と地域住民の初期対応』京都大学東南アジア研究所。

佐川徹　二〇一一『暴力と歓待の民族誌――東アフリカ牧畜社会の戦争と平和』昭和堂。

チェンバース、Ｒ　二〇〇〇『参加型開発と国際協力――変わるのはわたしたち』野田直人・白鳥清志監訳、明石書店。

Baxter, P. T. W. 1972. Absence makes the heart grow fonder. In M. Gluckman（ed.）, *The Allocation of Responsibility*. Manchester: Manchester University Press, pp.163–191.

Ferguson, J. 1990. *The Anti-Politics Machine:'Development', Depoliticization, and Bureaucratic Power in Lesotho*. Minneapolis: University of Minnesota Press.

Scott, J. C. 1998. *Seeing Like a State: How Certain Schemes to Improve the Human Condition Have Failed*. New Haven: Yale University Press.

第3章 ボツワナの狩猟採集民は「先住民」になることで何を得たのか

丸山淳子

1 「先住民の勝利」

南部アフリカにカラハリ砂漠と呼ばれる場所がある。地平線まで見通せるほどまったいらな大地を一面、白い砂が覆う。砂漠とはいえ、風にそよぐ背丈の高い草が生え、ところどころにアカシアが木陰をつくっている。そのなかを、スティンボックと呼ばれる小型のレイヨウが跳ねていく。都市部からも幹線道路からも遠く離れたこのカラハリで、長いあいだ暮らしていたのがサン（ブッシュマン）の人びとだ。彼らは野生動物を弓矢で狩り、野生の木の実やスイカを採集し、季節の移り変わりとともに、居住地を移動させながら生活してきた。

そんな「砂漠に暮らす狩猟採集民」の最近の様子が、日本のニュースに登場したことがある。二〇〇六年一二月のことだった。「ボツワナの先住民が政府によって近代的な暮らしを強制されたと訴えていた裁判で、地元の裁判所は昔ながらの狩猟採集生活をする権利を認める判決を言い渡した」と報じたテレビニュース[*1]は、その判決に喜ぶサンの姿を映し出した。砂漠でひっそりと暮らしているかに考えられていたサンは、いまや国家からも国際社会からも強い影響を直接的に受けるようになり、彼らの動向は、世界の注目を集めるようになった。

この「ニュース」の舞台は、ボツワナの中央部、カラハリ砂漠のなかでも、もっとも「奥地」にあたるセントラ

ル・カラハリ地域であった。ここでは一九九七年に、サンを故地から立ち退かせて、より都市部に近く、またインフラが整備された再定住地に移住させるという開発計画が実施された。それによって、野生動物を保護するとともに、サンに「近代的な暮らし」をさせようとしたのである。こうした半ば強制的な立ち退きは、サンの歴史のなかでは、残念ながら、「よくあること」だった。南部アフリカに最も早くから住んでいたとされるサンは、この地に移り住んできたバントゥ系の農牧民やヨーロッパ系の植民者らの都合によって、生活の場を次々と奪われてきた。しかし、今回の立ち退きについては、その後の展開が、これまでの「よくあること」とは異なっていた。諸外国のNGOが、サンは独自の文化を維持する権利をもつ「先住民」であるとして、この開発計画や立ち退きに異議を唱えたのである。そして、さまざまな支援を重ね、資金を調達し、ついには、弁護士をつけ、法廷闘争にもちこむにいたった。

その判決の日、ボツワナのテレビ局は、一部始終を、朝からずっと中継していた。判決文は長く、「立ち退きは違憲であった」という最終判決が下されたときには、夕方になっていた。ボツワナの首都で一日中、そのテレビ中継を見ていた私は、裁判所の椅子に座る人びとのなかに、よく見知った顔をいくつか見つけた。その顔に、判決とともに、いっせいに安堵の笑みが浮かんだ。翌日のボツワナの新聞はすべて、この判決をトップ記事で扱い、世界のメディアも「先住民の勝利」と報じた。

判決の次の日、私は再定住地のひとつ、コエンシャケネへと向かった。二〇〇〇年からここで調査を続けてきた私は、裁判所には行かなかった人びとがこの判決をどのようにとらえているのか、とても気になっていた。コエンシャケネで出迎えてくれた人びとは、メディアの「先住民の勝利」を讃える空気とは一転、拍子抜けするほど静かだった。彼らは、判決後の展開に期待をしつつも、むしろ口にし始めていたのは、判決が残した課題の方であった。

これまで多くの国家は、狩猟や採集によって生活を成り立たせてきた人びとに対して、「近代的な暮らし」に移行させることを進めてきた。しかし最近では、彼らには、「先住民」として、その「伝統的な暮らし」を維持する権利があるという考え方が、国際的に力を増している。こうした新しい動向は、何を成し遂げ、何を課題として残してい

るのだろうか。本論では、この問題を、セントラル・カラハリ地域のサンを事例に検討していく。

2 狩猟採集社会と国家をめぐる国際的動向

狩猟採集社会と国家

狩猟採集社会は、砂漠から熱帯雨林、極北にいたるまで、地球上のあらゆる地域において、それぞれの自然環境に適応した生活を営んできた。野生の動植物を狩猟採集し、食物や生活用具として利用するというのは、人類がもっとも長いあいだ営んできた生活様式であるが、現在、あるいは比較的最近までこの生活を続けてきた狩猟採集社会の数はけっして多くない。

狩猟採集を営む人びとは、植民地化以降、近代的な国民国家が世界を覆い尽くすようになっていく過程で、自分たちとは異なる民族や集団が主流を成す国家のなかで生活するようになった。現在では、いずれの狩猟採集社会も、それぞれの国家のなかで、数のうえでも、政治経済的にも、マイノリティとなり、もっとも周辺化された立場におかれている。

狩猟採集社会には、いくつかの共通した特徴があることが知られている。たとえば、多くの場合、野生動物や植物の生育状況に合わせて、人びとも遊動生活をおくる。特定の土地に定住するのではなく、季節に応じて移動しながら広大な土地を利用してきたのである。また移動にあわせて、家族や親族関係でつながる小規模かつ流動的な居住集団を形成し、離合集散を繰り返してきた。所有物は少ないが、得られた食物は広く分配され、階層的な社会組織や地位はつくらないなど「平等主義的」な社会だともいわれる。

こうした特徴は、近代的な国家の政府や主流社会にとっては、「やっかいなもの」であった。まず、狩猟採集という生業形態は、人類進化における初期段階を連想させ、狩猟採集社会は「遅れた社会」や「未開社会」などと見なさ

れた。また狩猟採集は「土地に対する投資」のない活動とされ、野性の動植物に頼った生活は、改善すべき「貧困状況」ととらえられた。そしてそのために利用されてきた広大な土地は、国家経済の発展に資する農牧業や市場経済化に貢献していないことを理由に「空いている土地」に等しいと考えられるようになったのである。さらに、遊動的な生活様式は、特定の領域をもつ国家の国民として彼らを捕捉し、管理するには不都合の多いものとして認識されるようにもなった。

このような「遅れた、生産性の低い、管理しにくい人びと」を抱えることになった国家は、この「問題」に対処すべく、さまざまな政策をとってきた。初期の植民者は、もっとも暴力的な場合は殺戮という手段をとることもあったが、やがてそれぞれの地域に樹立された政府は、このような人びとを主流社会へ同化させ、「狩猟採集民状態」から脱出させることによって、国民として包摂しようと試みるようになる。

その試みのために、もっとも頻繁に採用された具体的な方策は、狩猟採集民を集住、定住させ、まとめて管理することであった。保護区、定住地、居留地、再定住地などの名で知られる場が、狩猟採集民が利用してきた土地のごく一部、あるいはそこから離れた地域に設けられ、そこに集められた人びとに対して、その国家にふさわしい国民や、経済発展に貢献する生産者にすべく、管理、教育、訓練がなされたのである。こうした政策によって、彼らが「貧困状況」から抜け出し、より発展した「近代的な暮らし」をおくることが可能になると期待された。

このような同化主義的で後見主義的な政策は、狩猟採集社会に対する統治の方法として、世界各地でもっとも典型的に見られ、また長く続いたものであった。ところが一九八〇年代ごろから、こうした統治のあり方に対する抵抗運動が、グローバルかつ大規模に展開されるようになる。狩猟採集社会のように、主流社会と異なる文化をもっていることが理由で周辺化されてきたさまざまな少数民族や集団が、「先住民（Indigenous Peoples）」として地域をこえて連帯し、彼らと国家の関係について再考を迫るようになったのである（Niezen 2003）。

「先住民」運動のグローバルな展開

「先住民」運動は、もともと北米やオーストラリア、ニュージーランドなどのイギリス系植民国家において、植民者よりも先にその土地に住んでいた人びとが「先住民」として自主決定の権利を要求したことによって始まった。代表的な「先住民」としてはオーストラリアのアボリジニやカナダのイヌイットなど狩猟採集を営んできた人びとがよく知られるが、農牧業などを営みながらも、彼らと同様に植民者に抑圧されてきた人びともこの運動に加わった。

一九六〇年代ごろから、これらの「先住民」の国際的な組織化が進み、「先住民」支援を目的とする大手の国際NGOなども立ち上げられるようになった。グローバルなレベルでの共鳴や連携は、一九七〇年代後半になると、イギリス系植民国家において、実を結び始めた。それまで主流社会に同化させることを基本方針としてきた各国の「先住民」政策が、彼らの自律化、権限承認の方向へと大きく舵を切り始めたのである。こうして定住地などに収容され、一方的に統治される存在でしかなかった「先住民」が、自らの生活や文化のあり方について自主決定する権利を、少しずつ取り戻すようになっていった（窪田 二〇〇九）。

グローバルな連帯はまた、国際社会に「先住民」の問題に目を向けさせる力にもなった。とくに一九八〇年代に入ると、国際機関において「先住民」についての議論と法整備が進み、各国の政策にも影響を与えるようになる。まず一九八二年、国際連合に世界各地の「先住民」が集って議論をする場として先住民作業部会が立ち上げられ、「先住民の権利に関する国連宣言」の起草が始まった。このことは、他の国際機関にも影響を与えることになった。一九八九年には、国際労働機関（ＩＬＯ）が「先住民」に関する最新の人権基準といわれるＩＬＯ第一六九号条約を採択した。この条約には「先住民」が「独自の文化や生活様式を維持しながら、他の人びとと同じ諸権利を享受できる」という規定が盛り込まれた。また同年、世界銀行が出した「環境アセスメントに関する業務指令」においても、開発を進める際には、「先住民」の意向に配慮することが重要であると明示された。

国連が「世界の先住民の国際年」に定めた一九九三年と翌年からの「世界の先住民の国際の一〇年」には、ますます「先住民」問題が国際社会における重要な課題として認識されるようになった。その過程で、「先住民」の適用範囲も大きく拡大していった。それまで「先住民」の存在自体が論じられてこなかったアジアやアフリカなどにおいても、狩猟採集民などの少数民族や集団が、すでに「先住民」と呼ばれていた人びとと同様の経験をしていることに目が向けられるようになったのである。その結果、こうした地域でも、「先住民」の組織化やＮＧＯの設立が相次ぎ、国際的な支援を受けるようになっていった。そして、二〇〇七年、ついに「先住民の権利に関する国連宣言」に一四三ヵ国が賛成し、採択された。こうして、同化主義的な統治方法に代わって「先住民には独自の文化や生活様式を維持する基本的な権利がある」という考え方が、広く国際的に支持を得るようになってきたのである。

「先住民」運動が切り開くもの

「先住民」運動は、国家や主流社会の都合を優先して「先住民」を包摂／排除しようとしてきた国家の統治のあり方に挑戦を続けてきた。そして、その独自の文化を理由に国内で周辺化されてきた人びとに関して、次のような新しいあり方を提示し始めている。

まず一点目として、「先住民」の諸要素として先着、被支配、文化的独自性、自己アイデンティティなどがあることが国際的に合意されると同時に、統治する側が、これらを基準として誰を「先住民」とするかが一方的に決定されることがないように慎重な議論が重ねられた。その結果、多くの国際機関やＮＧＯで「先住民」の適用範囲や定義をあらかじめ限定することを避け、それ自体を「先住民」自ら決定するという方針が採用されたことは、大きな進展であった。これは、これまで統治の対象として一方的に定義され、範疇化され続けてきた人びとが、ようやく自己アイデンティティに沿った自主決定権を獲得できる可能性が開かれたことを意味した。[*2]

二点目に注目すべきことは、それぞれの国家のなかで「声なき民」であった人びとが、似たような歴史的経験を共

有しているという点において、所属する国家をこえて「先住民」という共通のアイデンティティをもち、国際的に通用する政治力を獲得するようになったことである。今日では、情報技術の発達やＮＧＯの誕生といった新しい動きにも後押しされ、「先住民」はグローバルに連帯し、国際政治の舞台における主要なアクターのひとつとして存在感をあらわすようになってきた。

三点目としてあげられるのが、「先住民」がその国家の「国民」として他の人びとと同じ権利を享受しながらも、主流社会とは異なる文化や社会の独自性を維持し、自主決定することが可能な存在としてとらえなおされた点である。かつて一般的であった「『先住民』を他の『国民』に同化させることが正しい」とする考え方は、明確に覆されたのである。[*3] それは、主流社会とは異なる人びとを同化させ、一元的に包摂するという旧来の国家のあり方から、国家のなかに、その国家と対等な立場をとりうる主権をもったアクターとして「先住民」を包摂するという、新しい国家像を提示するものでもあった。

こうして「先住民」運動がグローバルに展開されることによって、狩猟採集社会をはじめとする国家のなかで周辺に追いやられてきた人びとが、この世界のなかで居場所を確保するための新しい道筋が見つけられつつある。

3　ＣＫＧＲ問題をめぐる「先住民」運動

ＣＫＧＲ問題とは

冒頭で紹介したセントラル・カラハリ地域の立ち退き計画が発表されたのは、「先住民」をめぐる新たな動きが活発化しはじめた一九八〇年代後半のことであった。もともと、この地域は、ボツワナのなかでも少し特異な歴史をもっていた。一九六六年までボツワナを治めていたイギリス保護領政府は、国内の大半のサンを、この国の主流民族であるバントゥ系農牧民ツワナの首長の臣民として見なすか、単にその存在を等閑視していた。しかし、国内のもっ

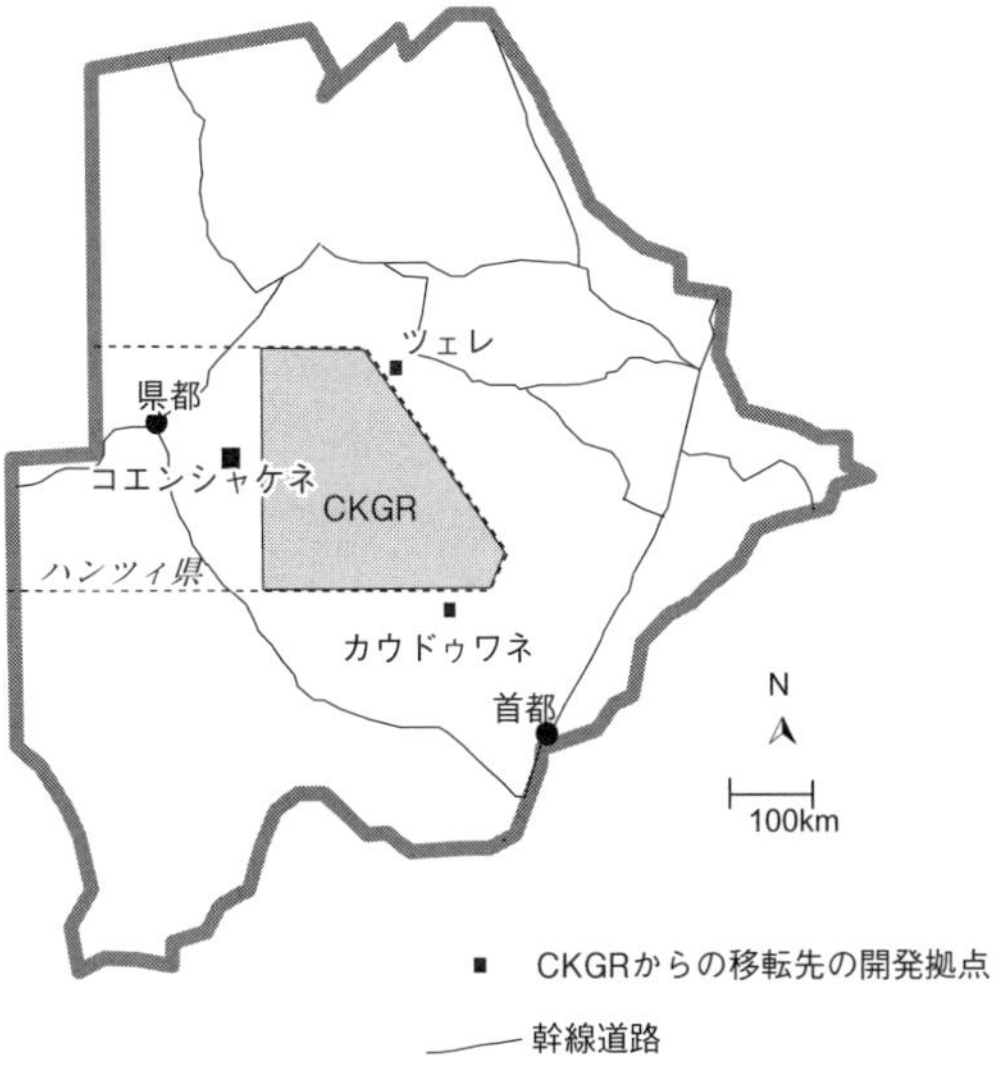

図３－１　調査地周辺図

とも「奥地」であったセントラル・カラハリ地域においては、野生動物とサンの狩猟採集生活を保護することを目的として、五二万平方キロメートルもの面積をもつセントラル・カラハリ動物保護区（ＣＫＧＲ）を設立するという特別な措置をした（図３－１）。

　ところが独立後のボツワナ政府は、サンを特別扱いし狩猟採集民のままにしておこうとすることは植民地主義的だと批判し、サンにも開発の恩恵を受けさせ、彼らを主流社会に統合することを強力に推進した。この方針を具体的に進めたのが、一九七六に開始された「遠隔地開発計画」であった。この計画は、都市部から離れた「遠隔地」に暮らす人びと――その大半はサンであった――を、インフラやサービスの提供が可能な開発拠点に移住、集住させ、「他の国民と同じ生活をさせる」ことを目指した。その結果、二〇〇二年までにつくられた開発拠点は、全国で六四に及んだ。

　ＣＫＧＲも、この計画の対象地域となった。まず一九七九年に、ＣＫＧＲ内に最初の開発拠点が設けられたが、一九八九年には、ＣＫＧＲの野生動物保護と住民の生活改善をさらに進めるために、立ち退き計画が決まった。これに対して、国外に拠点をおく「先住民」支援ＮＧＯが中心となって「先住民が故地を追われる」とした大規模な反対運動が組織された。この動きに呼応して、地元でもサンを「先住民」と表現し、運動を進めるＮＧＯが誕生する。一九九二年には、初めてサンの地域会合が開催され、国をこえてサンの直面する問題解決に取り組むネットワーク型ＮＧＯのＷＩＭＳＡの設立が決まった。ＷＩＭＳＡはその後、ＣＫＧＲ問題に深く関与し、抗議活動を前進させた。

また一九九三年には、国外のNGOから資金や知識を得て、地元のNGOとしてファースト・ピープル・オブ・カラハリ（First Peoples of Kalahari）が立ち上げられ、アドボカシー活動に力を入れるようになった。

このような運動にもかかわらず、一九九七年、CKGR外に再定住地として三つの開発拠点が設けられ、住民移転が開始された。二〇〇二年にCKGR内の政府サービスがすべて停止されると、国内外の「先住民」支援NGOや人権系NGOが「ネゴシエーションチーム」を結成し、政府と交渉を始めた。そして最終的には、土地返還を求めた法廷闘争にいたり、二〇〇六年の「勝訴判決」を得ることになったのである。

二〇〇六年判決がもたらしたもの――「先住民」運動の可能性

二〇〇六年の判決後、CKGRからの再定住地のひとつであるコエンシャケネでは、さっそく数家族が故地へ戻る準備を始めた。まずは数人の男性たちが、様子を見るためにCKGRへ戻り、その後、女性や老人、子どもたちが続いた。その一年半後、二〇〇八年八月に実施した調査では、コエンシャケネからCKGRへ帰った人は、一五〇〜二〇〇人にのぼった。彼らは、立ち退き以前に暮らしていた場所へ戻って、昔ながらの家屋を建て、広大な大地で狩猟と採集を再開した。

サンは、長いあいだ、ツワナを中心として国家形成がなされてきたボツワナにおいて、もっとも周辺化された人びとであった。イギリス保護領政府はCKGRを除く国内の大半の地域では、ツワナの諸首長国の領土を画定したり、国立公園や大農場などを設けることによって、多くのサンから土地をとりあげた。ボツワナ政府も、サンに遠隔地開発計画によって開発拠点を与える一方で、彼らがもともと生活していた土地を、商業牧畜や自然保護、鉱物採掘などに利用することに力を貸してきた。これまでこのような土地収奪を「声なき民」として受け入れざるをえなかったサンが、初めて、最高裁で認められたかたちで故地での生活を取り戻すことができたのである。この点で、二〇〇六年判決は彼らの歴史においても、この国の歴史においても大きな意味をもっていた。

このような展開が可能になった背景には、国際社会において「先住民」がより開かれた概念としてとらえられるようになってきたこと、そして「先住民」のグローバルなネットワークが構築されてきたことの二点が大きく関与していた。まず「先住民」が、イギリス系植民国家だけでなく、アジアやアフリカを含めたさまざまな少数民族を指す、より広い概念として国際的に定着してきたことによって、CKGR問題も「先住民」の問題としてとらえられることになった。多くの国際機関が「先住民」の範囲をあらかじめ定めることなく、またアフリカの「先住民」問題を扱う国際機関の「人および人民の権利に関するアフリカ委員会」でも、「アフリカでは、独立以来、(アフリカの) 支配集団も周辺化された人びとを抑圧してきた。現代アフリカの『先住民』運動が問題にしているのは、今日のアフリカ国家のなかの抑圧である」(ACHPR 2006: 10) として、それまで「先住民」の要件として考えられてきた先着性やヨーロッパ系植民者による支配の有無にこだわらず、ひろく国家による抑圧との関係で「先住民」概念をとらえなおすことを主張してきた。このような流れに後押しを受けて、CKGRのサンも「先住民」として、アフリカ系の政権に対して異議申し立てをすることが可能になったのである。また判決においてもオーストラリアのアボリジニに対するマボ判決[*4]や「先住民」の国際的な定義として知られるコボ定義などが参照されて (Judgment of High Court of Botswana 2006)、サンの先住権が認められることになった。

また、NGOらが中心となって培ってきた「先住民」ネットワークも大きな役割を果した。このネットワークを通じて、「先住民」という概念や運動が「輸入」され、CKGR問題が、他の「先住民」が直面している同様の問題と関連づけられたことが、その解決を前進させた。「先住民」の権利擁護にたずさわる国際機関や大手の国際NGOなど、国外のアクターが強く関与することで、国際的な関心を集め、ボツワナ国内での抑圧に目が向けられたのである。とりわけボツワナ史上最長かつ高額となった裁判は、このネットワークを通じて得られた資金的、技術的支援なしには、不可能であった。

このようにして、二〇〇六年判決は、サンが故地に戻って生活をすることを可能にしただけでなく、アフリカにお

いても「先住民」の権利という考え方が一定の有効性をもつことを示した。主流派であるツワナへの同化を前提とした均質的な国民国家像を覆し、サンを新しいかたちで国家のなかに位置づける可能性をひらいたのである。これは「アフリカの先住民運動史におけるランドマーク」と呼ばれるにふさわしいことであった。

二〇〇六年判決――「先住民」運動の課題

しかし、二〇〇六年判決は単なるハッピーエンドではなかった。コエンシャケネの人びとはこの判決文に「政府はCKGR内に行政サービスを提供する義務はない」という判決が含まれていたこと（Judgment of High Court of Botswana 2006）、そして政府が「提訴者リストに載っていた一八九人に限って帰還を許可する」と発表したこと（Mmegi 2006）を問題視していた。この二つが、なぜ問題だったのか。それを明らかにするために、まず、判決が出された当時のコエンシャケネの生活実態の特徴を明らかにしたい。

一点目の特徴としてあげられるのが、コエンシャケネでは、いわゆる伝統と開発を組み合わせた生活様式が築き上げられていたことであった（丸山 二〇一〇）。遠隔地開発計画は、コエンシャケネへの移転に際して、狩猟採集から賃労働を基盤とした生活へ移行することを強く推奨し、区画化された居住用プロットを手続きの順に与えて、集住と定住をさらに推し進めた。しかし一部の人びとは、再定住地の外側に広がる原野に「マイパー」と呼ばれる居住地を自らひらき（図3－2）、そこで狩猟や採集を続けてもいたのである。そして再定住地とマイパーの居住者は互いにそこで得られるものやサービスを頻繁に分かち合い、また多くの人が、時期に応じて、この二種類の居住地のあいだで引越しを繰り返していた（写真3－1）。

もうひとつの特徴は、コエンシャケネに暮らす人びとのあいだで経済的な格差が生じつつあったという点である（丸山 二〇一〇）。たとえばマイパーのなかには、多数の家畜や広い農地、自動車やロバ車などの移動手段を持つものから、財産と呼べるものをほとんど持たず、簡素な小屋があるだけのものまで、大きな開きがあった。前者のマイ

写真3－1　再定住地とマイパーを行き来しながら育った少女は、片方の手で野生動物の解体を手伝い、もう片方の手には配給された牛乳パックを握っている

パーに住む人びとは、商店を経営したり、家畜や農産物を増産し販売することによって、さらに富を蓄える傾向にもあった。サンの社会は、所有物の格差が小さく、「平等主義的」であることが繰り返し論じられてきた（田中 一九七一）が、三〇年にわたる遠隔地開発計画の進行は、彼らのあいだの「持つもの」と「持たざるもの」の差を顕在化させ、また拡大してきたのである。

しかし、このようなコエシャケネの現状、すなわち、開発計画や政府サービスがすでにサンの生活に重要な一部として組みこまれていたことや、住民のあいだに多様性や経済格差が生じていたことは、彼らが「先住民」としての正統性を主張するうえでは「語るべきではない」事柄とされていた。これには、アフリカで独自に培われてきた「先住民」概念のとらえ方や、グローバルな「先住民」ネットワークの存在が深く関与していた。

まず、先着性やヨーロッパ系植民者との関係を「先住民」の要件としないアフリカでは、それに代わって「先住民」とは独自の文化や土地との特別なつながりをもった人びとであるという共通理解が生じていた。そのため、立ち退き反対運動のキャンペーンのなかでは、サンが「典型的な狩猟採集

民」であり、その文化がツワナ文化とは異なる独自なものであること、長年にわたって土地との特別なつながりをもってきたことが過度に強調され、「伝統的な狩猟採集生活」の回復が目的となってしまった。また裁判の過程では、政府側が「CKGRのサンはすでに伝統的な狩猟採集生活をやめていたので、土地に対する権利はない」と主張する（Sapignoli 2009）など、この理解を逆手にとった議論がなされることさえあった。

さらにこの運動においてはグローバルな「先住民」ネットワークが大きな力をもち、国外に拠点をおくNGOが主たる担い手となって、抗議活動、資金調達などがなされたことも問題をはらんでいた。地元に根づいた運動や機運が醸成される前に、グローバルな動きが先行したために、すでに他地域で練り上げられた「先住民」概念やその運動手法がそのままもちこまれ、運動の意思決定にたずさわったサンは、数人に限られた。その結果、コエンシャケネでの生活実態が運動に反映されにくくなっただけでなく、一連の運動自体が、かえってCKGRのサンを「自ら語ることのできない人びと」へと回収してしまったのである。

こうしたプロセスを経て出された判決は、CKGRを、開発計画からいっさい恩恵を受けない「伝統的な狩猟採集生活」の場として性格づけることになった。それは遠隔地開発計画が、再定住地を「ツワナ的で近代的な生活」の場として設定し、そこに住む人びとに狩猟採集生活を捨てさせ、主流社会への同化を強いたことの裏返しのように、CKGRに戻るサンに「伝統的な生活」を強いる結果を生んだ。そして狩猟採集生活と近代的な生活を織り交ぜて生活を成り立たせてきた人びとに、あらためてそのどちらを選ぶのかという二者択一を迫ることになったのである。さらに、政府がCKGRに帰還できる人を限定したことは、サンのあいだに「帰れる人」と「帰れない人」を隔てる大きな溝をつくる結果となった。これらが、判決後、コエンシャケネの人びとが直面していた課題であった。

二〇〇八年八月の調査では、約一三〇〇人がCKGRに戻ることなく、コエンシャケネでの生活を続けていた。CKGRへの帰還者の大半は、立ち退きがはじまってからもしばらくはCKGR東部に残って生活を続けていた人びとであった。彼らは、「先住民」支援NGOが中心となって起訴の準備をしたときに、まっさきに呼びかけられ、提訴

者として名を連ねた。一方で、立ち退き開始と同時に、CKGR西部からコエンシャケネに移住してきた人びとのほとんどは、NGOとの接点も少なく、提訴者リストにも載っていなかったため、戻ることができなかった。すなわちNGOが中心となって進めた活動に同調し、「先住民」として名乗り上げることができたかどうかによって、判決の意味は大きく異なったのである。

CKGRに戻った人びとのもうひとつの特徴は、経済的に裕福であったという点である。コエンシャケネから数百キロメートルも離れ、政府からのサービスがいっさい提供されないCKGR東部に戻るには、移動手段としても運搬手段としても自動車は欠かせないものだった。帰ることを決めた人びとは、自分の自動車に水や農作物、市販の食品などを積み込んだ。一方こうしたことが可能なだけの経済力のない人が、身ひとつでCKGRの「伝統的な狩猟採集生活」に戻っていくことはなかった。

このようにCKGRに戻った人は、「先住民」運動と同調しつつ、同時に経済力ももっていた、いわば限られた「成功者」たちであった。充分な政治力も経済力もない、サンのなかでも周辺化された人びとが「先住民」としてCKGRに戻ることは叶わなかった。こうした状況は、「先住民」運動が勝ちえた判決と、その判決の適用を限定しようとするボツワナ政府の態度、そしてサン自身が積み重ねてきた日常の実践が、互いに絡み合うことによって生じた。すなわち、この状況を生み出した「敵」が誰なのかを特定すること自体にさえ困難をともなうなかで、現に取り残されたり、排除されたりする人びとが生まれてきた。そしてこの排除が、「先住民」運動への参加／不参加、富の蓄積の有無といった「個人の選択による結果」と見なされるような社会状況がつくりだされたのである。裁判の「勝利」に目を奪われると、こうした現実が見過ごされることになる。

4 場の意味をずらす、境界を揺るがす——サンのもうひとつの試み

判決後に残された課題に対しては、引き続き国際機関やNGOが中心となってさまざまな努力がなされている。たとえば国連の自由規約人権委員会は、すべての人が故地へ帰還する権利を保障されるようにと勧告し（Anaya 2010）、国際的なサポートによって、CKGR内の水の利用権を求めた裁判も実施された[*5]。その一方で、こうした動きとは少し離れたところで、サン自身も、日常生活のなかで、居心地のいい場をつくろうと試行錯誤を続けている。

まずCKGRに戻っていた人びとが、期待されたような「伝統的な狩猟採集生活」を求めたのではなく、自動車を用い、コエンシャケネや町で得た市販の食品や生活用具を持ち込んで故地での生活を再建しようとしたことは、CKGRという場に与えられた性格づけを徐々に変えつつある。二〇一〇年八月の調査では、コエンシャケネからCKGRに戻って生活している人は、おおよそ二〇〇人程度と推察できたが、その大半の人びとがコエンシャケネとCKGRのあいだを頻繁に行き来しながら生活していた。二〇〇九年にCKGRに住んでいた男性は、その暮らしを次のように語った。「数週間に一度は誰かが自動車でコエンシャケネなどの再定住地に出かけていた。そのときには狩で得た毛皮や肉を持参し、人びとに分けたり販売したりする。それから日用品や水を得たり、配給や年金を受け取ったりもする。残してきた家畜の様子を見て、それを売ってCKGRで暮らすための資金を調達することもあった」。

一方で、コエンシャケネに残ったサンも、狩猟採集生活をあきらめたわけではなかった。コエンシャケネでは、法廷闘争のあいだも、病院や学生寮、電柱、携帯電話の電波塔などが次々と設けられ、開発の進んだ「便利」な場所になりつつあった。しかし、それにもかかわらず、マイパーの数が減ることはなく、そればかりか二〇一〇年八月には、マイパー総数四三個、大人の居住者だけで一七四人と、以前よりもさらに数が増加し、再定住地からの距離も拡大していた（図3-2）。

図３－２　マイパーの分布図
注）１．GPS を用いて測定。
注）２．2010年８月には枠外に１つマイパーが存在。

じつは、開発計画のさらなる進行は、その本来の目的とは裏腹に、人びとのマイパーへの引越しを促進していた。開発計画によって得た家畜をさらに増やそうと考えた人は、牧草地を求めて再定住地からより離れた場所にマイパーをつくった。また、ＣＫＧＲへ戻った人と同様に、経済的に豊かになった人びとは自動車を得たことによって、遠方にマイパーを設けることが容易になった。

さらにＣＫＧＲに戻ることが叶わなかった人びとにとっての妥協策としても、マイパーの存在が改めて意味をもつようになっていた。「あきらめて、マイパーで狩りをすることにしたよ」と語る人は多かった。実際、四三個のマイパーのうち、九割にあたる三八のマイパーの主たる居住者は、提訴者として名を連ねなかったＣＫＧＲ西部出身の人びとであった。いずれにしても、マイパーの存在は、この一〇年でコエンシャケネの生活にすっかり定着したことがわかる。

このようにしてサンは、いくつかの場を行き来しながら、ＣＫＧＲを伝統的な狩猟採集生活をしつつも開発計画にアクセスできる場として、同時にコエンシャケネを開発計画を利用しつつも狩猟採集もできる場として作り変えてきたのである。

そのなかで、「帰れる人」と「帰れない人」のあいだの境界も少しずつ揺らぎ始めた。年月が経つにつれて、ＣＫ

写真３－２　四駆自動車は、人も薪もたくさん乗せて、カラハリを駆ける

ＧＲに帰った人びとと、それ以外の人びとのあいだにも、互いに助け合う関係が築かれ始めた。コエンシャケネに残った人びとは、ＣＫＧＲへ戻っていた人びとの家畜の世話をしたり、配給を代理で受け取ったりしながら、ときには彼らといっしょにＣＫＧＲへの短期訪問を果たしたりするようになった。自動車の持ち主は、頻繁にＣＫＧＲとコエンシャケネのあいだを行き来し、移動手段をもたない人たちも乗車させるようになった（写真３－２）。もともとサンのあいだでは親族・姻族関係や共住関係にある人たちとは、頻繁に分配や相互扶助がなされてきたが、このような長年にわたって培われてきた協力関係が、新しいかたちで再強化されたり、更新されるようになったのである。その結果、二〇〇六年以降、一度でもＣＫＧＲを訪問したことのある人の数は、提訴者リストに載っている人数をはるかに越えた。判決後まもなくは、行政官がＣＫＧＲへの人びとの出入りを厳密に管理していたが、それも次第におこなわれなくなり（Saugestad 2006）、提訴者の家族や短期の訪問については黙認されるようになっていた。

このようにしてサンはコエンシャケネとＣＫＧＲをつなぎあわせ、さらにマイパーという生活の場を新たに創り出すことによって、彼らの意に反して規定づけられた場の性格をずらそうと試みている。そして、これまで培ってきた社会関係を基盤としつつ、自動車という新しい移動手段や現場の行政官の「見逃し」などに支えられながら、これ

らの場を頻繁に行き来し、「帰れる人」と「帰れない人」の溝を埋めようともしている。
このようなサンの試みは、NGOが中心となって進めてきた法廷闘争に比べれば、地味で場当たり的に見えるかもしれない。しかしそれが、彼らの生き方を一方的に方向づけようとする大きな力を、少しずつかわすことにつながっている点は、見逃せない。「先住民」概念の登場は、これまで不当に排除されたり、意に沿わぬかたちで包摂されてきた人びとに、新しい道を切り開いた。しかし本論が扱ったCKGRの事例でわかるように、どこでどのような生活をするのか自体を自分たちで自由に決められるようになるという、「先住民」運動が本来目指したはずの執着地点にたどり着くまでには、まだ長い道のりが残されている。そればかりか、ときに「先住民」運動自体が、「先住民」を排除したり、また「伝統的な狩猟採集民」イメージを彼らに押し付けてしまうことに加担してしまうことさえある。それでもなお、この長い道のりを行くのだとすれば、サンがローカルな日常生活のなかで繰り返す試行錯誤に立ち返り、そこから改めてグローバルな運動とつなげていくことが欠かせないはずだ。

注

＊1　二〇〇六年一二月一四日のNHKニュースより。
＊2　とくに「先住民の権利に関する国連宣言」は、「先住民」を無定義にしたことによって、国家政策などから抑圧を受けている集団に「呼びかけ」るものとなり、それに応えた集団が「先住民」へと自己形成することを可能とする、開かれた「先住民」概念を提示した（清水 二〇一二）。
＊3　このことは、ILO一六九号の先行条約であるILO一〇七号が、その同化主義的な性格を理由に改正されたことに顕著に現れている。
＊4　マボ判決とは、一九九二年にオーストラリアの最高裁でアボリジニの先住権を認めた判決で、これを受けて翌年、先住権限法が成立した（窪田 二〇〇九）。
＊5　本論の調査直後二〇一一年九月に、CKGR東部で井戸が採掘され、サンが利用できるようになったことが報じられた（The

New Age 2011）。

参考文献

窪田幸子　二〇〇九「普遍性と差異をめぐるポリティクス――先住民の人類学的研究」窪田幸子・野林厚志編『「先住民」とはだれか』世界思想社、一一一五頁。

清水昭俊　二〇一二「国際法から『先住の民、先住民』へのよびかけ」太田好信編『政治的アイデンティティの人類学』昭和堂、一八八―二一四頁。

田中二郎　一九七一『ブッシュマン』思索社。

丸山淳子　二〇一〇『変化を生きぬくブッシュマン――開発政策と先住民運動のはざまで』世界思想社。

African Commission on Human and Peoples' Rights（ACHPR）2006. *Indigenous Peoples in Africa: The Forgotten Peoples? The African Commission's Work on Indigenous Peoples in Africa*. ACHPR and IWGIA.

Anaya. J. 2010 *The Situation of Indigenous Peoples in Botswana*（UN. doc. A/HRC/15 22/02/2010）.

Judgment of High Court of Botswana 2006. *Roy Sesana and Keiwa Setlhobogwa v The Attorney General, MISCA No52 of 2000.*

Mmegi 2006. *Government Responds to Basarwa*（15 December, 2006）.

Niezen, R. 2003. *The Origins of Indigenism - Human Rights and the Politics of Identity*. Berkeley: University of California Press.

Sapignoli, M. 2009. Indignity and the expert: Negotiating identity in the case of the Central Kalahari Game Reserve. In D. Freeman & D. Napier（eds.）, *Law and Anthropology*. Oxford: Oxford University Press, pp.247–268.

Saugestad, S. 2006. Notes on the Outcome of the ruling in the Central Kalahari Game Reserve Case, Botswana. *Before Farming* 2006/4: 1–3.

The New Age 2011. *Botswana Bushmen Re-open Crucial Water Well*（5 September, 2011）.

第4章 オーストラリア先住民の「暴力」といかにつきあうか

飯嶋秀治

1 読者から観光客へ

「オーストラリア先住民」には「アボリジニ」と「トレス海峡諸島民」とが含まれるが、日本では前者が有名である。

ただ、多くの場合に私が聞くのは、小説『ミュータント・メッセージ』のように、アボリジニのイメージを使ったフィクションであったり、漫画『美味しんぼ』に登場する、観光客に珍しい食物を提供する寡黙な存在だったりする（飯嶋 二〇一四（予定））。するとそこでは、重要な視点が抜け落ちてしまう。それは、実際にオーストラリアに暮らす彼らがどのように、私たちを含んだ世界を見ているのか、という視点である。

近代の文化人類学は「現地人の視点から」見た世界を把握することを任務としてきたが、まさにその視点が抜けてしまうのである。それは他者を「相手の立場で」考える姿勢を軽んじることを意味してしまう。

アボリジニアート

さてそこで、アボリジニの視点に興味をもった読者が身近に接することができるのが、各地方の美術館や博物館に

巡回してくる展覧会というものであろう。

近年では、エミリー・ウングワレーなどの代表的なアボリジニ画家の作品を擁した大規模なアボリジニ・アート展が日本全国を巡回しているので、そうした展覧会を訪れたことがある読者もいよう。それは近代西洋絵画で見られてきた遠近法の写実ではなく、むしろ現代西洋絵画のミニマル・アートに見られるような様式に似て、純粋な色彩の展開のように見えるかもしれない。アボリジニ・アートの展覧会は、日本でもしばしば開催されるようになっており、ときには画家である先住民その人が展覧会場に来ていることもある。

そこからさまざまな刺激を受けて、想像力をかきたてられる鑑賞者もいるだろう。けれども、そうした展覧会で出会う切り取られた「アート」や短い「スピーチ」からでは、彼らが普段生活している姿は見えてこない。やはり「百聞は一見に如かず」の諺通り、オーストラリアに行ってみなければわからない。

アボリジニ・ギャラリー

そこで、思いきってオーストラリアに来たとしよう。実際にオーストラリアに来る日本の若者には、ゴールドコーストの美しい海を見に来たり、日本から一番近い、いわゆる「白人の国」へ英語を学びに来るものが多いのだが、ときには「アボリジニ」の文化を学びに来るものもいる。

ところが、特別州都キャンベラはおろか、シドニーに行っても、メルボルンに行っても、ブリスベンやパースに行っても、アボリジニに出会った覚えがない、という日本人の観光客が多いのである。それもそのはず、オーストラリアの人口にアボリジニが占める割合はわずか三%、しかも最大多数は英語を話すアボリジニである。そのため、一〇〇人のうち三人しかいないという純粋に比率の問題と、ちょっと見ただけではわからないという条件があって、よほど意識していないと記憶に残るような出会いをすることはないのである。

中央砂漠アリス・スプリングス

図４－１　アリス・スプリングスの位置

ならば中央オーストラリアに行ってみよう。そこには「エアーズ・ロック」と呼ばれる世界最大級の一枚岩がある。そのエアーズ・ロックへのツアーの出発点、アリス・スプリングス（以下、固有名を除いてアリスと略）は、オーストラリアの中心にあって、全人口の約二割をアボリジニが占めている。飛行機でアリス・スプリングス空港に着けば、日本でも見たアボリジニ・アートが迎えてくれるし、鉄道でアリス・スプリングス駅に着けば、駅から中心街へ向かう路の両脇にアリスの歴史を書いた看板が並んでいる。そのなかには一〇〇年前に撮影されたアボリジニの写真がある。長距離バスでアリスに向かうなら、ダーウィンから南下するにしろ、アデレードから北上するにしろ、あるいはブリスベンから西進するにしろ、途中でアボリジニと乗り合わせるかもしれない。けれども、それっきりだ。バスに乗っても、彼らは後ろの方に固まって座り、会話するでもない。

そこで、いずれの交通手段で来たにせよ、アリスの中心街に出かけてみる。町を南北に貫く遊歩道には、数多くのアボリジニ・アートのギャラリーが並んでいる。また町の情報センター

写真４－１　観光の街アリス・スプリングスの日曜日の遊歩道。先住民が芝生の上に絵画を広げて親族と会話しながら半日を過ごす

にはアボリジニ・ツアーのチラシが並んでいる。さらに町のあちこちに、確かにそこがアボリジニの聖地であるという「看板」も立っている。けれどもそれらの施設で働く人びとのほとんどは「白人」だ。

では、生きているアボリジニはというと、昼間に目立って見かけるのは、土埃まみれの髪のままで町中をあてどもなくうろついているようなおじさんたちと、ギャラリーの前や芝生の上で小さなキャンバスをいくつも並べているおばさんたちくらいだ。アボリジニ・アートも、売ってはいても、製作しているところはほとんど見かけない。ただ、だんだん慣れてきて夏の夕方から夜にかけて町を歩くようになると、「どこから出てきたのか？」といぶかしく思われるほど、アボリジニの若者たちがシャッターの閉まった中心街を歩く姿に出くわすことがある。また夜に川沿いを歩いていると、闇の中から人の声が聞こえてくる。よく見ると、中心街から少し離れたところでは、あちらこちらに火が灯されているのが見える。

英語が話せれば、白人たちに「何だ、あれ？」と訊くこともあるだろう。よく聞く返事は、「危ないからあっちには行かない方がいい」「酒を飲んでいるアボリジニだ」。こんなことを言う白人もいるかもしれない。「彼らは俺たちの稼いだ税金で酒

を飲んでいるんだ」と。それで、アボリジニたちがオーストラリアの福祉手当を受給して酒を買っているらしいことがわかる。また、別の白人は言うかもしれない。「彼らはオーストラリアの歴史の犠牲者なんだ。悲しいことだ」と。それで、オーストラリアの過去に経緯があって、こうした姿が展開しているらしいことに思いいたる。けれども、酒を飲んで、ときには闇のなかで怒声を上げる姿は、現在の日本ではなかなか見かけないものだ。朝になって地元の新聞を見ると、毎月のように、アボリジニによる飲酒運転や、観光客からの泥棒、中心街の店のガラスや車の破損、暴力沙汰の記事のいずれかが並んでいる。なぜこんな光景が展開しているのか? 福祉手当を受給できているのだから、彼らは制度的には「包摂」されているはずであろう。しかし、この状態は、何か望ましい状態としての「包摂」とは異なっていることを感じずにいられない。

白人の友人たちにアボリジニについてさらにくわしく聞こうとしても、必ずしもくわしく知っているわけではないらしい。アボリジニ信託領なるものがあるらしいが、そこに行くには入域許可証が必要だともいう。そこで、はたと気づくのだ。「現地に来れば、すべてがわかる」わけではない。それどころか、オーストラリアの白人たちのように「現地に長年住んでいても、くわしくわかる」わけではないのだ、と。考えてみれば、それは日本国内の先住民のことでも同じではないか。

2 先住民運動の展開

では、どうすればよいだろう。文化人類学的な「現地人の視点」が知りたいのであれば、それらの書物を紐解くのがよいだろう。アリスにも町立図書館があるが、その最奥部にはアリス・スプリングス・コレクションと名づけられた特別な一画がある。そこはとくにアリスを中心とする中央砂漠地帯に関する書籍を集めた一画で、図書館全体の六分の一程度を占めている。さらにその一画を鍵付きのガラスケースが占め、そのなかには、中央砂漠地帯で現在暮ら

しているアボリジニの約一〇〇年も前の姿が記述された文献が収められている。なかには異性に見せてはいけないことになっている「聖物」の写真や、亡くなった祖先の写真が掲載されていることもあるため、初版本の貴重書籍とともに一般公開対象の書物とは別にされているのである。

運動以前

さて、そうした書物を紐解いてみると、自分が今いるアリスも、以前はアリス・スプリングス（アリスのような泉）などと英語で呼ばれていなかったことがわかる。ここは、アボリジニのなかでもアランタ語を話す民族が住んできた土地であり、アプマラ・ムバントゥア（中央の大地）と呼ばれてきた。そして彼らが、約一〇〇年前には西欧の研究者がこぞって論文を書いていた民族であることを知ることになるだろう。

一八九四年、ホーン科学探検隊が中央砂漠地帯の調査に乗り出したとき、現地にいるアボリジニの言語について、ようやく少しずつ分かり始めてきたころだった。ひとつのルートは、アボリジニに複数の言語があると気づいた研究者が、オーストラリアに点在していた白人のコミュニティに手紙を送り、各地で現地のアボリジニがどのような語彙をもっているのかを収集し始めたことから始まった。もうひとつのルートはより実際的で、ドイツから布教しにきたルター派の宣教師たちが、キリスト教の伝道のために彼らの言語を学び始めたのである。こうして数年後に、当時アリスの電報通信所に住んでいたフランシス・ギレン（彼らと話をできる間柄にあった）と、科学調査隊の隊長だったバルドウィン・スペンサーとで一冊の民族誌を書くことが可能になった。それが『中央オーストラリアにおける原住諸部族』（Spencer & Gillen 1899）であった。

そこでは複数の言語集団が取り上げられているのだが、ギレンが比較的精通していたのがアランタ語であったこともあり、アランタ民族についての記述が多い。それによると、約一〇〇年前の当時、ステップ気候の砂漠地帯に住む彼らは、成人男性を中心として行われる狩猟と、成人女性と子どもたちが中心となる採集を生業として暮らしていた。

彼らは社会を八つの集団に分け、各集団に所属する人間は、ある特定の集団に所属する異性と結婚する取り決めになっていることが報告された。それ以前の先行研究から、この八つの婚姻集団と、彼らが自己紹介する際に言う「私はカンガルーだ」とか「私は芋虫だ」とかいう、動植物の分類は相関していると思われていた。ところがアランタ民族の場合、この二つが相関しないことがわかったのである。では、その「私はカンガルーだ」とか「芋虫だ」と語る一群の人びとが何の機会に可視化するかといえば、儀礼を執り行うときである。

たとえば芋虫の祖先の下に生まれたと語るアランタたちは、あるときになると普段住んでいるキャンプを離れ、芋虫の聖地に集まる。そして、身体を赤・黒・白で塗り、両足にはユーカリの小枝をつけ、両手にもそれらを持って、芋虫の卵の聖地で芋虫の卵の歌を唄い、踊るのである。またしばらく離れた聖地では、今度は芋虫の幼虫が旅するさまを唄い、踊る。さらに次、さらに次と、点々と芋虫の祖先が旅をした土地を訪問し、そこで芋虫の歌を唄うのである。そうして最後の場面では、木の枝を掛けて蛹に見立てた空間に入り、そこを潜り抜ける歌を唄い、また踊る。こうして、芋虫がまた順調に成長してゆくための儀礼を終えるのである。芋虫生まれの者は芋虫の儀礼を、カンガルー生まれの者はカンガルーの儀礼を、ユーカリ生まれの者はユーカリの儀礼をおこなうことで、世界に散在する動植物の一種一種が特定の人間集団と相互に依存しながら維持されてゆく。

彼らの言語がわからなければ、こうした儀礼の行為が何を意味しているのかは不明のままであったであろう。当時ジャワ原人の遺骨が見つかったばかりであったことも手伝って、アランタ民族の詳細な人類学的研究が、人類進化の歴史の秘密を解き明かすだろうと期待された（Stocking Jr. 1995）。しかしこれでは、私の目前に展開する現在のアボリジニの姿とあまりにも落差がある。アランタたちは、いったい、どのような経緯を経て現在の姿に行きついたのであろうか。

じつは、アボリジニと白人との共存は、この最初の民族誌が発表された当時から四半世紀も前に始まっていた。実際、スペンサーがアランタ民族に兄弟として迎え入れられたのは、ギレンがすでに兄弟として迎え入れられていたからでもあった。

社会的排除から格差的共存へ

こうした共存は、現実的な人間関係のなかで実現していった。アリスは当時、そこを「発見した」と思っていた白人の探検家の名前にちなんで「スチュワート」と呼ばれていたが、そこでアランタの人びとが選んだ路のひとつは、周辺の広大な中央砂漠を牧場にしようとする白人の下で、無賃労働者になることだった。また、金やルビーが地下に眠っているという話に釣られてやってきた白人の独身男性の妻になる者もいた。さらに、キリスト教会の設立したコミュニティに集まり、そこで白人宣教師たちとともに生計を立てる作業に従事する者もいた。中央砂漠を気まぐれに訪れる旱魃もこうした動きを促す一因であったが、アランタたちは白人との関係を築くことで、何より小麦や砂糖などの食糧を、また少なくとも脅かされない居住状態を得て、白人社会との共存関係に入っていったのである。

最初の民族誌が発表された当時、オーストラリアはまだ連邦国家として独立しておらず、イギリスの植民地とされていた。当時のオーストラリアは「無主の大陸」とされ、土地の所有者はいないと宣言されていた。そのなかで、アボリジニが何らかのかたちで白人に危害を与えているとわかると、白人の警察官が報復に出ることもあった。その報復は裁判などを経たものではなく、処罰として適正か否かを検証する機構そのものが適用されていなかった。それゆえ当時の共存のあり方は、アボリジニをイギリス帝国の植民地制度の外においた「社会的排除」の状況にあったといえよう。

一九〇一年、オーストラリアが連邦国家としてイギリスから独立した後、スチュワートの町の人口比は圧倒的に白人優位となっていった。そうして共存の均衡が崩れ出したのは、第二次世界大戦のころであった。第二次世界大戦で

は、大日本帝国が植民地化をアジアから太平洋まで広げてきたため、当時アデレードから来ていた鉄道を延長して北のダーウィンまで兵隊を輸送する計画が実行に移された。このときスチュワートの町は兵隊輸送の駐屯地として大きく変化することになる。この時期に撮影された写真のなかに兵隊服を着たアボリジニの姿が残されている。現地からどの程度の採用があったのかは不明であるが、白人人口が圧倒的に優位ななかで彼らの制度にアボリジニが包摂されてゆくのは、このころからであった。スペンサーとギレンの出会いから半世紀経過していた。

戦後、アボリジニの法的位置は依然として連邦国家の制度外におかれながら、同化政策の時代に入った。これは、オーストラリア国家として、アボリジニたちを英語を話すキリスト教社会に同化させようとするものであり、この政策の下で、ほとんど連れ去られるようにして寄宿舎学校に入れられるアボリジニも多くいた。同時に、アボリジニのなかには、すでに白人と結婚しており子どもを白人同様に育てたいという人たちもいれば、そうした政策に面従腹背しつつ他方で自らの言語と伝承を継承しようとする人たちもいた。こうしてアボリジニたちにとって、白人社会との接し方次第で、人生の選択肢が複数化することになっていった。

先住民運動から包摂へ

こうした混交状態が、当時、オーストラリアのあちこちに点在していた。東海岸や南海岸、南西海岸では各州都が発展し、そのなかで英語しか話さないアボリジニも登場した。一方、中央砂漠地帯のアボリジニは、無賃金労働者から福祉手当の現物受給者という地位になっただけで、大小各種の差別が残っていた。母方がアランタ民族出のチャールズ・パーキンスが、アメリカの公民権運動の影響を受け、学生運動を繰り広げ始めたのは、こうした状況のなかである。パーキンスは一九六五年に「フリーダム・ライド」と称して、学生たちとともに一台のバスに乗り、東海岸一帯のアボリジニ差別の酷い地域を周回した。この運動がテレビ局の注目を集め、都市部の視聴者に、オーストラリア各地に残る差別を直視させる役割を果たした（パーキンス 一九八七：七章）。

こうした運動が繰り広げられるなかで、北部準州では一九六七年から、現金受給と最低賃金がアボリジニ労働者にも適用されるようになった。ところが、ここから失業者問題が始まったのである。というのも、それまでは無賃であるがゆえにアボリジニを雇っていた白人牧場主たちが、最低賃金を支払わなければならないのであれば、白人とアボリジニのあいだに生まれた「パート・アボリジニ」の労働者を雇うようになったからである。こうして、アボリジニの季節労働の受け皿となってきた牧場などから「フル・ブラッド」の失業者が大量に出ることになった。

このような逆説的な状況が生まれるなか、一九六九年に、アボリジニにオーストラリア立法権などを承認するか否か国民の総意を問う国民投票がおこなわれた。その結果、アボリジニをオーストラリア連邦国家の例外としないことになった。一九七二年には政権交代に伴いアボリジニの自主決定政策の方針が出て、社会的排除から社会的包摂へと徐々に移行していくことになった。なるほど、こうして見れば、福祉手当を受給する先住民の現状を理解することができる。しかし、この結果がなぜ冒頭のような現状になったのか。一九七〇年代末、アリス周辺に居住していたアボリジニたちは「周辺居住者」と呼ばれていたが、彼らを調査した人類学者コールマンの報告を見てみよう（Collmann 1988）。

アリスの周辺には当時一六もの「タウン・キャンプ」があり、そこに住む周辺居住者たちは、アリス周辺の砂漠地帯に広がる牧場や、キリスト教会のコミュニティに何らかのつながりをもつ者が多かった。彼らは失業すると町に出てきて、酒場で友人関係を形成し、そこから新たな雇用の情報交換をするようになった。彼らは政府から福祉手当を受給していたが、女性は育児手当を受給しているため、より安定している。そのため、これまでとは異なり、男性が女性のもとに住む居住形態が広まっていった。こうした共住で酒場に出かけてゆく行為が、当のアボリジニたちが思いもしなかった結果をもたらした。アルコール依存症の問題である。

こうした社会変化のなかで、もうひとつ別の社会運動が展開し始める。それが土地権の獲得運動である。この運動をアリスで推進したのがアランタ民族出のウェントン・ルブンチャである。戦後のオーストラリアではアボリジニも

他のオーストラリア国民と平等な権利を確保したけれども、「先住民」としての権利を確保したわけではなかった。しかし、もし先住民としての権利を認めるのであれば、これまで白人たちが法的に無主地として扱ってきた土地にも先住民が住んでいたわけで、彼らの土地権を承認しなければならないことになる。こうして、オーストラリア各地で、土地権を獲得する運動が起こった。その結果、一九七六年北部準州で「アボリジニ土地権利法」が成立し、アリスでは中央土地評議会のもと、現在の「アボリジニ信託領」が徐々に認められるようになっていったのであった(Rubuntja 2002)。

アボリジニ信託領が獲得され始めると、先住民たちのなかに、白人社会と距離をとり、かつての自らの居住地に戻る動きが出てきた。中央土地評議会は、これまでのように白人が勝手にアボリジニ信託領に出入りすることを禁止し、先住民である彼らが承認した人間だけが入ってよいようにした。これが現在の「入域許可制度」の起源である。アリスから離れた信託領では、いざというときに装置のそろわない医療や、選択肢の少ない購買物などを補う必要があるが、それは中古のトヨタが賄ってくれた。トヨタ車の導入はその後アボリジニの居住パターンを変えるほどの加勢になった。

こうしたアボリジニ信託領内のコミュニティでは多くの場合、アリスで起こったようなアルコール依存症の問題を自らの社会を破壊するものとして警戒し、自治的に禁酒をおこなった。だが、ここでも失業問題が解決されたわけではない。そこで現金獲得手段として脚光を浴びたのが、儀礼で描いていた装飾をキャンバスに移し替えた「アボリジニ・アート」であった。とくに脚光を浴びたのは、点描を用いてさまざまな模様を描き出すルリチャ民族を中心とするコミュニティ、パプニャから出てきた「ドット・ペインティング」であった。こうして、アボリジニの生業集団のひとつにアートが加わることになったのである。

一九七二年から出されていた自主決定政策の方針は、一九八九年に先住民委員会が形成され、政府からの予算を配分する組織となって、制度化された。

こうした先住民の自律という方針は、オーストラリアの人類学にも大きな影響を及ぼした。先にのべたように、アボリジニ信託領に入るにはコミュニティの入域許可が必要とされるようになり、自由な参与観察も難しくなってくる。そのため、この前後から二つの大きな研究動向が明らかになってきたように思われる。

ひとつは、このころから顕著になってくる人類学という学問自体の歴史研究である。一方で人類学が歴史的に担ってきた植民地主義との関係が批判されると、ある意味で植民地主義的状況の続くオーストラリアでは、過去の人類学者やその他の研究者、宣教師、探検家などが残した書類から歴史を再構築する研究が増えてゆく（マクドナルド 一九九四）。もうひとつは、先住民の自律性を尊重し、彼らの社会状況の支援に沿いながら調査をおこなう方向である。アボリジニが信託領の権利を法廷で主張する際の根拠として親族関係や儀礼の調査成果の必要性が増してくるなかで、彼らの支援者としての人類学的研究が増えてくる（ピーターソン 二〇〇二）。こうした流れのなかでアリスの図書館に「アリス・スプリングス・コレクション」のガラスケースができたのである。

だがこうして、アボリジニ信託領が認められ、先住民の自律性が大きく認められるようになると、逆に、前述したような社会問題も先住民の自治領域ということになってゆく。すなわち、根本的な失業問題、その大きな要因となっている就学率の低さからくる英語習得・識字習得問題、アルコール依存問題、そこに絡んでくる犯罪、平均寿命の低さなどの諸問題である。こうした問題が、かつてのコミュニティの環境で生じていたのであれば、コミュニティの自治の範囲内といえただろう。しかし、すでに半世紀前から生態環境が変化し、狩猟採集のみで現在の人口を維持することはできないといわれている。また、貨幣経済が浸透するなか、安定した福祉手当を得られる女性が優位になり、

男女の関係に変化が生じている。これにアルコール依存問題が絡み、身体的な力にものをいわせて問題を起こす男性が跡を絶たない。それでコミュニティにいづらくなったとしても、自動車で遠くの都市に移動してしまえるという環境においては、問題の解決がより難しくなってくる。いわば、自律の環境が整うなかで、別の生存学習が適応性をもつものとして発達してくる余地ができてきたのだ。そのひとつと思われるのが、先住民の「暴力」問題なのである。

3 包摂／排除のせめぎあい

さて、先住民の暴力問題は、こうした経緯を経て複雑化を極めている。中央砂漠地帯でのアボリジニの飲酒問題は一九五〇年代にまで遡ることができるが、その契機のひとつは、六〇年代の失業化と、それに伴う飲酒文化の蔓延にあったといえよう。先に紹介したタウン・キャンプの研究は、そのころから暴力問題が露見してきたことを伝えている。アリスは観光を主収入とする町である。しかし、こうしたアルコール依存症のアボリジニが、町のあちこちで喧嘩や事件を起こしていたのでは、観光客が安心していられないというイメージを形成してしまうだろう。かといって、他方では、先住民の自律を承認してきた経緯があるので、かつてのような強圧的な社会的排除は不可能である。

そこで北部準州ではひとつの解決案として、一九八一年に通称「二キロ法」と呼ばれる条例を施行した。これは、酒屋で購入した酒を、その酒屋を中心に半径二キロ以内の公共の場所で飲んではならない、という条例である。条例であるから、これは誰にでも適用されるものである。しかしながら、その町に住まいのある人間が、キャンプやピクニックのような機会は別として、公の場所、たとえば公園や路上で酒盛りなどするだろうか。いるとすれば、それは、その町に住む場所がない人間にほかならないだろう。その蓋然性が高いのが、アボリジニ信託領から、つてを辿ってタウン・キャンプなどに来ている先住民たちなのでである。この条例が可決された後、警察はこの条例にもとづいて違法者を取り締まることが可能になった。

さらにアリスでは、一九九二年に町役場から通称「野宿禁止令」と呼ばれる条例が施行され、アリス内での野宿やゴミ捨てが禁止されるようになった。だがこれも、前述の二キロ法と同じく、白人のホームレスを見かけることが稀なアリスでは、実質上の取締対象は先住民になっている。

加えて二〇〇二年になると、やはりアリスの町役場から通称「安酒禁止令」と呼ばれる条例が施行され、取り引きできる酒の容量や取引時間が制限されるようになった。こうすることで酒を購入する飲酒耽溺者を細かくチェックし、かつ、昼の明るいうちから酒を飲む姿が人びとの眼に触れることを回避しようと狙ったものと思われる。

こうして、私たちが冒頭で見たような、アリスの風景ができあがってくるのである。社会的には制度内に包摂されて福祉手当を特定の曜日に受給している。なので、町の中心街には手当を受給しに来るアボリジニや、町やその周辺のタウン・キャンプかその先に広がるアボリジニ信託領から出てきた先住民が「アボリジニ・アート」を売る姿を見かける。また夕方から夜になると、警察の眼が届かないことから町の周辺の水無川で野宿するアボリジニたちの飲酒と、ときには喧嘩の怒声が聞こえる。アボリジニ信託領に中学校以上の教育施設がないことや、あったとしても学校をドロップアウトして、アリスの周辺のタウン・キャンプに集中する若者たちが街を徘徊する。もちろん多くの「まとも」な大人たちもいる。彼らはただ単に、昼間は通常の会社や先住民関連組織で働いているため観光客の眼につきにくいのである。こうした複雑な状況において、それぞれの立場のアボリジニたちは、外部から来た日本人観光客が酔っ払いの先住民を見る眼差しを、どのように見ているのだろう。

さらにいえば、彼らの「喧嘩」でさえも、それを「暴力」と認識しているのは白人の新聞記者とその読者たちであり、彼らの社会のなかに入りその細かな文脈が見えてくると、彼らなりの理由が見えてくることもある。それゆえ、この「暴力」表象には注意が必要なのである。一方で、先住民の外部からの観察が、生活の仕組みを知らないがゆえに社会的制裁を「暴力」と見させてしまう余地がある。他方で、彼らのなかの強者が制裁だと認識していたとしても、アボリジニの家族内でも穏当な範囲を超えていると認められ、承認され難い場合もある（飯嶋 二〇〇七）。さら

に、当事者による認識の問題は別にしても、研究者たちからは、過去と比較して諍いが増えていることを示唆する複数の声が上がっている。「複雑を極めている」といったのは、この内部での「制裁」という認識と、外部からの「暴力」表象という両極のあいだで、個々の事例を判断しなければならないためである。

こうして現実の町が受け容れられる先住民の包摂／排除がせめぎあってきたところで境界をめぐり、二〇〇七年、北部準州の先住民居住区を対象にした政策を始めると宣言された。それが現在まで形を変えつつ議論の的になっている「北部準州緊急対応」、またの名を「介入政策」である（塩原 二〇一三）。

北部準州緊急対応／介入政策

北部準州緊急対応／介入政策の契機はひとつのテレビ番組から始まった。それは、北部準州の先住民のあいだで、児童性虐待がおこなわれていることを告発するものだった。児童性虐待というかたちをとらなくとも、「暴力」の増加を訴える報告書はその約一〇年前からあった。けれどもそれは先住民文化に親しんでいる研究者による専門家内の、成人間の暴力の告発であったことから、あまり注目を浴びてこなかった。ところが、児童の性虐待となると話は別であるし、かつ媒体がテレビであったことから、一気に人びとの注目を引いたのである。

そこで北部準州では政府が公式に調査をおこなったが、直接的な証拠は数少なく、多くは過去の報告書からの引用となり、「もし本当にそうしたことがあった場合に備えて」いくつかの提案をおこなうにとどまるという性格のものであった。ところがそこに、次期選挙を控えたジョン・ハワード首相が眼をつけ「北部準州には統治能力がない」と批判して乗り出したのが、北部準州緊急対応／介入政策であった。

北部準州緊急対応／介入政策は複数の提案からなる巨大なプログラムであるが、基本的には児童性虐待を想定したプログラムになっているので、①虐待防止・抑止のための機動部隊の増員、②虐待の前提と相関性が高いとみなされる飲酒やポルノグラフィへ福祉手当を使用することの禁止、③さらにそうした志向性に向かう前提としての未就学状

態の改善、などからなった。

当初、もっとも大きな話題となったのが、児童性虐待の根拠が薄弱なこと、そしてアボリジニ信託領の「入域許可制度」が取り払われ、連邦政府によりコミュニティの土地が五年間強制的に借り上げられるということにあった。アボリジニ信託領を任されたままでも、そうなっては、自治の主体性が有名無実になりかねない。そもそも、それが児童性虐待の抑止に直接寄与すると判断しがたい。それでは、土地権を認められる前の状態に逆戻りするようなものではないか、という疑念から、都市部の先住民からは「土地収奪」だと非難された。また、児童虐待そのものは、何も先住民居住区だけに起こっている問題ではないので、これを先住民居住区だけに適用するのは人種差別的であるとの批判も当然起こった。それでも入域許可制度の停止など、いくつかの修正を施されながら、この政策は二〇〇七年七月より施行された。その後、半年経過した時点で複数の団体がそれぞれの方法でその成果を調査し、一年後にはそれらも考慮した事後評価報告書が出された。

この事後評価によれば、施行当初、都市部の先住民や非先住民の反対声明を上げる社会運動にもかかわらず、アボリジニ信託領に住む人びとはこの政策を、項目によっては五〇%強の人たちが評価していたのである（Central Land Council 2008）。その論拠は主に三つのものがよく聞かれ、①児童性虐待がなくとも、飲酒した挙句の果てに理不尽な「家庭内暴力」を振るわれることはあるので、機動部隊の増加は評価された。（約七五%）②また、福祉手当が飲酒やポルノグラフィなどの購入に使われないように導入された「ベーシックス・カード」も評価された。このカードでは、福祉手当の半分は現金化できるが、あとの半分は店の（酒・煙草・ポルノグラフィ以外の）物品購入にしか使えない。その結果、福祉手当がすべて飲酒に費やされるのを防ぐことができるようになった。また、本人はそこまで飲酒しなくても、飲酒する親族から互酬的な金無心をされることがあるが、その際に「もう現金がない」と断る理由ができたことも評価された（約五一%）。③また、アボリジニ信託領での生活充実のためにコミュニティストアの選択肢を広げたことも評価された。

もちろん、五〇％弱の人間が反対したことにも根拠がある。その論拠も主には三つの見解がよく聞かれ、①もっとも大きな批判は、こうした政策が北部準州のアボリジニ信託領やタウン・キャンプの住人に適応されたことである。地域指定とすることで、あからさまな人種差別になることを避けたのであるが、実際には白人の住民に適用されることはない。当初「そんなことなら一時的に北部準州を出る」という先住民もいたが、これまでのコンピューター上の福祉記録がつきまとうため、無理とされた。ということは、実質アボリジニに焦点を絞った政策であることは明らかであり、この人種差別性がその後ももっとも問題とされた。②また、児童の学校就学の観点からも批判された。ベーシックス・カードの前提となる福祉手当の一部が養育手当の場合、児童が学校に通っていないような状態であれば、減額・停止されることになっている。しかし、児童が学校に行かない背景には多様な理由があるので、養育者の責任に帰すような前提に疑念の声が上がった。③また当然のことながら、児童性虐待そのものの根拠が薄弱であったように、コミュニティによっては伝統的な権威が良好に保たれ、大きな問題は生じていない。そうした問題がないところからは、日常生活が窮屈になるだけだという批判もある。

先住民の自主決定政策以降、政府と先住民の関係は、それまでの「非先住民の政府」と「先住民」という図式から、「先住民の監督者」と「先住民」という図式へと移行していった。そのなかで先住民社会の外から見た暴力表象が複雑に構成されてきたことは、前述した通りである。先住民社会の内部では必ずしも暴力と認識されていなかったとしても、それに類した行為の頻度が増えてきており、それが先住民の「自律」という名の下で増幅されてきたという側面がある。先住民自治には限界があると見なされるきっかけになった児童性虐待が事実かどうかの根拠は薄弱であったとしても、先住民自身のあいだにも緊急対応／介入政策を評価する声があるように、彼らの社会において男性を中心とする身体的な強者が弱者としての女性を圧迫しているという事実は否定できない。先住民自治を損ねるものとして批判を浴びた緊急対応／介入政策だが、意図せざる結果として、アボリジニのなかでも女性のような身体的弱者が外部の力によって救われたという事実は見逃せないのである。

文化相対主義のフィクションとリアルな共生

さて、これまで述べてきたことを本書の趣旨に戻って考えてみよう。

私たちはまず、日本で海外の異文化を「現地人の視点」で知ることの難しさを知り、オーストラリアでも先住民人口比の高い中央砂漠地帯のアリスにやってきた。しかし、そこでも、「現地に行けばわかる」わけではないという壁にぶつかった。

そこで反省して、現地の公共図書館の一画にもぐりこみ、人類学を中心とした文献から、アリスの一〇〇年史を飛び石上に斜め読みすることで、現状がどのようにして生成してきたかの経緯を理解した。しかし、では、その理解のうえで、制度的包摂のあとに展開する社会的排除という現状を、どう判断したらよいものか。これは、いくら本を読んで歴史や経緯を理解しても、わかるというわけではない壁である。

現地での自らの体験と、書物から得た理解との往還のなかで、私たちは自分で考えなければならないのである。

ここでは「社会運動」と「文化相対主義」の相互作用という視点で、そのことを考えてみよう。文化相対主義の理念は、文化人類学が現代社会にもたらした最高の考えのうちの一つといっていいであろう。私と他者とが異なるのは、他者の無能力によるのではなく、生き方の違いであって、両者は新旧や優劣の関係にあるのではないという位相に気づいたことから開かれた理解は、実り豊かだった。

ところが文化相対主義が理念化して、それぞれの文化の相対的な自律性が世代を経てくると、奇妙なことになり始める。それは、もともと混交的な中から生成してきたはずの「文化」を、先住民の社会運動による自律を尊重するという言説の下で、実体化させてゆくという現象である。これは何も、非先住民と先住民の関係のみならず、私たち日本の読者とオーストラリア先住民との関係についてもいえるであろう。途中で見てきたように、日本を国民国家として集合化してみると、中央砂漠地帯の先住民文化の形成に結果的に大きな寄与をしてきている。最初には第二次世界

大戦の際に、次はトヨタ自動車を通じて、そして近年では観光客の視線を気にした観光街の条例施行を通じてである。これだけ歴史的に関わっておきながら、急に「先住民自治」という枠組みのみで考えるのも奇妙な話ではなかろうか。先住民の社会運動と研究者の文化相対主義との相互作用の後、学問を通じて私たちと彼らの関係を未来に向けてどのように構築し直すのか。こうして自らの共生への問いは、ここから始まるのである。

参考文献

飯嶋秀治　二〇〇七「暴力問題にまきこまれる」亀井伸孝・武田丈編『アクション別フィールドワーク入門』世界思想社、四八―六二頁。
飯嶋秀治　二〇一四（予定）「日本における先住民表象の歴史」窪田幸子・山内由里子編『オーストラリア先住民学と日本』お茶の水書房。
塩原良和　二〇一三「エスニック・マイノリティ向け社会政策に於ける時間／場所の管理」『法学研究』八六巻七号、一二五―一六四頁。
パーキンス、C　一九八七『黒い私生児』中野不二男訳、くもん出版。
ピーターソン、N　二〇〇二「近代国家の中の狩猟採集民」保苅実訳、小山修三・窪田幸子編『多文化国家の先住民』世界思想社、二六一―二八四頁。
マクドナルド、G　一九九四「現代オーストラリアにおける植民地主義と人類学の実践」宮崎広和訳、『社会人類学年報』二〇：一三一―一五七頁。
Collmann, J. 1988. *Fringe-Dwellers and Welfare*. University of Queensland Press.
Central Land Council 2008 Northern Territory Emergency Response : Perspectives from six Communities. Central Land Council.
Rubuntja, W. 2002. *The Town Grew Up Dancing*. IAD Press Macmillan.
Spencer, B. & F. Gillen 1899. *The Native Tribes of Central Australia*.
Stocking Jr. G. 1995. *After Tylor*. Atlone.

第I部　読書案内

ヒッキィ、S／モハン、J『変容する参加型開発――「専制」を越えて』真崎克彦監訳、明石書店、二〇〇八

住民の自律と社会的包摂を両立する開発援助をおこなうことは難しい。これまでのトップダウン型支援に対して、一九八〇年代以降に住民主体を強調した参加型開発の手法がもてはやされるようになった。だが、一九九〇年代後半以降、現実には形式的な「参加」にすぎず、援助側の押しつけとしての「専制」に終わっているとの批判が生まれた。本書はこうした議論をふまえ、排除された人びとが参加により政治的権利を得る事例から、自発的参加が援助側の傀儡になった事例まで、参加型開発をめぐる多様な事例が検討されている。人びとが自律的な社会変革をおこなうために援助側はどのようなスタンスで関与すべきかについて多くの示唆を与えてくれる。

（内藤直樹）

太田好信『政治的アイデンティティの人類学――二一世紀の権力変容と民主化にむけて』昭和堂、二〇一二

近年、これまでになく多様な人びとが文化を背景に、国家や国際社会に対して土地や政治的権利をめぐる主張を繰り広げている。「過去」の亡霊が現代に蘇ったようにも見える現象は、どのように理解すればよいのだろうか。文化に基づく権利主張をおこなう集団は、民族や宗教といった文化的アイデンティティを核に形成されているようにも見える。だが本書では、国家による政治的抑圧の対象となってきた「名も無き人びと」が現在、自らを名づけ、新たな集団として政治的主張をおこなう創造的展開であると捉えている。一九九〇年代以降に同時多発的に展開する先住民運動や民族紛争、開発における文化をめぐる一連の政治運動の背景を読み解く好書である。

（内藤直樹）

町村敬志『開発主義の構造と心性――戦後日本がダムでみた夢と現実』御茶の水書房、二〇一一年

戦後日本でも数多の大規模開発事業が実施され、国土を開発が充たしていった。本書は一九五六年に完成した佐久間ダムを対象として、地域の人びとが開発に何を託し、ダムの建設過程にいかに動員されていったのかを描き出している。著者は、今日の日本が「開発主義」から自由になったわけではないことに注意を喚起しながら問いかける。「私たちは、開発の『夢』から本当に自由になったのか。いや、本当に自由になりたいのか」。（佐川徹）

西　真如『現代アフリカの公共性――エチオピア社会にみるコミュニティ・開発・政治実践』昭和堂、二〇〇九年

現代アフリカの経済成長を、より包摂的なものとしていくために解決されるべき最重要の課題は、中央と地方、都市と農村、エリートと大衆を分かつ生活と認識の溝を埋めることだろう。エチオピア中央部に居住するグラゲの人たちが、両者のつながりを更新しながら道路建設や相互扶助を進めてきた歴史に焦点をあてた本書は、二一世紀のアフリカにおける開発と公共性のあり方を考える際にも多くの示唆を与えてくれる。（佐川徹）

窪田幸子・野林厚志編『「先住民」とはだれか』世界思想社、二〇〇九年

二一世紀にはいって、「先住民」の存在感が増している。世界各地で、主流社会から排除されてきた人びと、意に沿わぬかたちで包摂されてきた人びとが、「先住民」になることで、新しいかたちで居場所を見つけようと試行錯誤している。それは大きなひとつの動きを生み出す一方で、それぞれの地域では、じつに多様で複雑なプロセスを歩んでいる。その具体的な在り様を、世界各地の豊富な事例をもとに考察し、「先住民」研究を進めていくうえで向き合うべき課題を示した一冊。（丸山淳子）

塩原良和『共に生きる――多民族・多文化社会における対話』弘文堂、二〇一二年

本書で主題とした「排除と包摂」とは、他者といかにして共に生きるのか、という問いから発生した二つの姿勢といえよう。オーストラリアやアメリカのような「多民族・多文化社会」には、そうした問いにもとづく社会実験といいたくなる歴史があり、自律と他律のあいだで揺れ動いてきた。本書は、気鋭のオーストラリア社会学者が、その社会背景を含めたうえで、近年の先住民への介入政策の何がどのように問題なのかを思想的に展望した好著。

（飯嶋秀治）

Thornton, W.『*Samson and Delilah*』Madman Entertainment, 2009.（映像）

「サムソンとデライア」はヘブライ語聖書に出てくる物語で、西洋美術史では二人の恋愛という主題が強調されるようになった。オーストラリア中央砂漠地帯の先住民青年の世界に舞台を移した本作では、コミュニティから脱出した二人が、非先住民の都市に逃れるも、そこでコミュニティを排除してきた世界に包囲されることになる。こうした現実に直面した視聴者は、映画の後、自らがどのようにこの現実に関わればよいのか、問い始めることになる。

（飯嶋秀治）

第II部

難民

グローバリゼーションと国籍

国境線が今ほど明確でなかった時代、人びとはより良い暮らしを求めて今よりも自由に移動することができた。「国民国家」が確立すると、国境線の内側にいる者は国民とされ、国家の保護と恩恵を受けるようになった。同時に、外国人の権利は制限されるようになった。

国境を越えた人の移動が活発化するなかで、難民とはどのような人を指すのだろうか。「難民条約」によると、難民とは人種や政治的信条、迫害や紛争により自国から他国へと避難することを余儀なくされた人びとである。難民には、人道的理由から庇護国に居住し、庇護や支援を受けることが国際的に認められている。

しかし、難民としての地位は一時的なものであり、いずれ何らかのかたちで難民状態から脱却することが想定されている。国連難民高等弁務官事務所は、三つのシナリオを提示している。一つ目は、難民が帰還し、「自国民」に戻ることである。二つ目は、紛争の終結が見込めないなど原因の根本的な解決が難しく帰還できない難民を、第三国へ再定住させることである。三つ目は、最初に避難した国にそのまま定住する地域統合である。

このような難民問題の解決方法があげられているが、アジア・アフリカ地域には、いずれの方法によっても解決が図られないまま、難民状態が継続する「長期化難民」が多数存在する。「長期化難民」は、国際的な支援のメインストリームから外れ、庇護国の辺境の地へと置き去りにされることもある。紛争の終結や国際世論が喚起されることで再度注目を集めることもあるが、それは一過性のものに過ぎない。国際社会の注目

度によって支援の多寡が決まるのならば、結果として難民は国際社会に翻弄されているともいえよう。「忘れられた難民」である彼らへの国際的な支援は減少傾向にあるが、難民は自らの手で生活を再建しようとする。

現在、長期化難民の解決方法として地域統合が有力視されている。難民をいかなるかたちで法的・社会的に地域社会に統合できるのか、その道標を探ることが今後の課題である。難民は長期間庇護国に滞在するなかで、自らの生活実践を通して地域社会との交流を深めている。彼らはいかにして「難民状態」を克服し、生活を営んでいるのであろうか。

本セッションの前半では、まずアフリカのザンビア共和国内で、長期間にわたり難民収容施設で暮らす難民に焦点をあてる。次に、難民収容施設ではなくザンビア人農村に定住し、国際的な支援の対象とはならない「難民」について論じる。後半は日本の事例で、タイの難民キャンプを経由して来日したインドシナ難民とカレン難民を扱う。

このセッションでは、異なる難民経験を有する人びとが、法制度の枠を越えて地域社会との関係を構築していく過程、あるいは地域とのつながりを見出せない要因をさぐる。難民をめぐる包摂と排除を通して、私たち「国民」がこの問題を考える契機としたい。

（中山裕美・久保忠行）

第5章　アフリカの難民収容施設に出口はあるのか

中山裕美

1　メディアから消えゆく難民

難民という言葉を聞くと、我々の多くはアフリカやアジアなど紛争多発地域において戦禍を逃れるために避難を余儀なくされた人びとを思い浮かべる。UNHCRという文字がプリントされたブルーシートで覆われた小屋が所狭しと並び多くの人であふれかえっている映像は、日本でもお馴染みだ。

メディアが報じる難民の姿は、水や電気のない劣悪な環境下で食糧不足や感染症の危険に晒されており、「可愛そう」な存在として我々視聴者の目に飛びこんでくる。彼らのなかには祖国が荒廃するさまを目の当たりにし、家族や近しい友人の命を奪われた者もいる。そんななか、安息の地を求めて逃れてきたはずの土地で、彼らは新たな苦難に直面し、二重の苦しみを味わうことになる。

こうした難民の苦境はメディアで大きく取り上げられ、遠く日本に暮らす我々が目にするところとなり、世界中から可愛そうな難民へ支援が寄せられる。ハリウッド女優アンジェリーナ・ジョリーによる積極的な難民支援もまた、世界的な注目を集めてきた。[*1]

しかしながら、次から次へと新たな難民のニュースが報じられるなかで、つい先日目にしたはずのある国や地域の

難民はいつの間にかメディアから姿を消し、我々が目にする機会はなくなってしまう。果たして彼らはどこへ行ってしまったのだろうか。

本章ではまず一次庇護国における難民収容施設を用いた難民に対する包摂／排除の国際的な原理原則が作られた政治的背景を紐解き、難民の実態に迫る。そのうえでメディアでは報じられない長期化難民と呼ばれる人びとの暮らしに光をあて、難民と収容施設周辺の地域住民によるインフォーマルな実践を介して生じる地域社会の再編の試みから、難民収容施設を司る包摂／排除の原理原則について再考する。

2 難民収容施設という空間

「国民ではない者」としての難民

国際的な難民制度構築の契機は一九二一年のロシア革命に遡る。革命によって移動を余儀なくされた人びとに対する国際的な支援のために国際連盟が任命した高等弁務官が現在の国連難民高等弁務官事務所（ＵＮＨＣＲ）の起源だ。続く第二次世界大戦によってヨーロッパで新たに生じた大規模な人口移動は終戦後も収束する兆しを見せず、国際的な難民制度構築の原動力となった。

さらに国際的な難民制度は世界政治の激動のなかで冷戦に伴うイデオロギー対立を強く反映するようになった。一九五一年に採択された「難民の地位に関する条約」は、保護の対象事案を「一九五一年一月一日前」に発生した事件、すなわち東欧における共産主義勢力による政変であると明記した。同時に「迫害のおそれ」を保護要件とすることで、西側諸国が共産主義政権からの逃亡者を保護することの正当性を担保した。これらの規定から難民の要件が厳格に定められていたことがわかる。

また、同条約には難民の避難先が「国籍国外」である旨が明記され、「国民ではない者」としての難民の法的地位

が確立された。

他方で、同条約は適用範囲をヨーロッパに限定するか否かを締約国が選択できるようになっており、一九五〇年代後半以降アジアやアフリカ、中南米において相次いで発生した難民に対し国際的保護を与えるうえで制約となった。またこれらの地域における難民は、独立紛争や独立後の権力闘争などの結果生じており、必ずしも「迫害」によって発生したものではなかったため、条約の適用対象とはならなかった。

こうした状況を打破するため、アフリカでは一九六九年に「アフリカにおける難民問題の特殊な側面を規定するアフリカ条約（OAU難民条約）」が採択され、「迫害」要件を満たさない者に対する庇護の供与が可能となった。このようなアフリカ独自の動きは難民条約本体にも影響し、一九六七年「難民の地位に関する議定書」によって難民の定義をめぐる時間や地域に関する制約が除外されるにいたった。

難民に対する庇護や支援の供与

右に示した三つの条約および議定書が規定する要件を満たし、締約国による難民資格の認定を受けた者は「条約難民」と称され、国際的な難民制度の恩恵を受けることができる。すなわち難民は迫害のおそれのある地域への送還を禁じた「ノン・ルフールマンの原則」（一九五一年難民条約三三条）の規定に従って、庇護国内への居住を認められる。さらにＵＮＨＣＲは庇護国による難民認定を受けなかった人びとを同機構の任務のもとにある「マンデート難民（mandate refugee）」に認定し、独自に支援をおこなうことによって対応している。[*2]
難民がしばしば forced migrant（強制移住者）と英語表記されることから明らかなように、難民と移民は異なる法制度のもとで管理される。移民が自ら望んで他国へと移住するのに対し、難民は自らの意思にかかわらず強制的に移住することを余儀なくされた存在であると区別されるからだ。それゆえ国際法は、国家が移民に対して厳しい法制度を設定している状況を許容しているのに対し、社会的弱者である難民には寛大な措置を与えるよう規定する。現に

一九五一年難民条約は難民に対し自国民と同等の権利、もしくはできる限りの優遇を与えることを締約国に課している。難民は初めて到達した一次庇護国内において無償で居住地を提供されるだけでなく、庇護国以外のドナー国からも多大な援助を受けることになる。難民に対しては、さまざまな人的・法的・技術的支援がおこなわれるほか、冒頭で記したブルーシートなどの建材や食糧などの物質的援助が実施される。それらの食糧の送り主には日本も含まれており、遠く離れた国の難民収容施設においても日本による難民支援の実態を垣間見ることができる。

以上のように、難民収容施設は国民国家体制の下で難民が本来は受けることができないはずの保護や支援が提供される場となっている。いいかえれば、難民収容施設は国際社会による道義的な行為によって成立する、社会的弱者の包摂のための空間であるといえるだろう（写真5－1）。

国民国家からの排除装置

これまで述べたように国際的な難民制度が定める難民庇護に関する国際的指針が存在する一方で、その運用は締約国が制定した国内法に依拠し、庇護のあり方も国ごとに異なっている。

難民に認められるべき権利には居住場所の選択を含めた移動の自由が含まれるが、多くの一次庇護国の国内法は難民に難民キャンプ（camp）や難民定住地（settlement）と呼ばれる収容施設に居住することを要求する。前者のキャンプが難民の短期的な滞在を想定しているのに対し、後者の難民定住地は一九六〇年代から一九八〇年代にかけてアフリカを中心に設置されたもので、長期滞在が想定される難民に農業用地などを与え自給自足を促すものだ。いずれのタイプの収容施設も、難民は一時的に庇護国にとどまる存在であるという認識において共通している。裏を返せば、難民および難民収容施設のいずれも庇護国からなくなることが想定されているのである（写真5－2）。

これらの難民収容施設の規模は数千人規模のものから何十万人規模にのぼるものまで実に大小さまざまだが、多くの収容施設は庇護国の都市部からは遠く離れた人気のない原野に設置される。つまり避難先の国家において、難民は

写真５－１　日本からWFPを通じて難民に送られる粉末状の大豆

写真５－２　長期化難民が滞在するザンビアのマユクワユクワ難民定住地

国民とは異なる存在として区別され、隔離されることとなる。このような難民に対する処遇は、同じく国民ではない者である移民や外国人労働者とは一線を画すものであるといえる。

こうした難民収容施設を用いた隔離政策がおこなわれる背景には複数の要因がある。まず物理的な要因として、難民の流入が難民の出身国と庇護国との国境付近で生じることがあげられる。国境自体が都市部から離れているため、必然的に難民収容施設は都市部から遠隔地に設定されることになる。加えて難民定住地政策で見られたような農業用地の提供は、土地の余剰が十分な地域でのみ実践可能となり、設置場所の選定に影響を与える。また安全保障上の要因としては、難民収容施設がしばしば国籍国の武装勢力の攻撃対象や軍事拠点となり庇護国の脅威となりうるため、収容施設を都市部から遠隔地に設置するインセンティブがはたらく。

いずれにせよ、居住場所を指定され物理的に国民から隔離された難民は、他のさまざまな活動領域においても、国民が享受するさまざまな自由や権利から排除されることとなる。その代表的な領域のひとつが労働である。難民収容施設に居住する難民には、多くの場合、国民と同等の就労の権利が認められていない。それゆえ彼らは庇護国のフォーマルな経済活動からは排除されてしまう。

しかしながら難民収容施設内で支給される物資は必要最低限のものにとどまり、難民は自らの生活を維持するための経済活動に従事する必要性に直面する。そのような状況下で庇護国による難民の就労や移動の権利に対する制約は、難民による自由な現金稼得活動の足枷となり、難民は収容施設内で従事可能な活動に専念することを余儀なくされる。

新たな包摂の試みが直面するジレンマ

難民の恒久的解決政策の主流は自国への帰還と第三国定住政策の二つによって構成されている（第三国定住政策についての詳細は、第七章・第八章を参照）。しかしながら第三国定住の門戸は狭く、一次庇護国に多数居住する難民の

問題解決のために十分に有効な手段であるとはいえない。そのため難民の多くは出身国へ帰還することが望ましいとされ、帰還事業の実施を待つこととなる。しかしながら出身国における難民発生原因の長期化は一次庇護国における難民の滞在期間の長期化を招き、問題の解決は困難を極める。

さらに、近年、難民発生原因となった紛争の終結や政治的安定化を受けて難民の大規模な帰還事業が実施されているにもかかわらず、自国への帰還を拒否する難民が後を絶たない。こうして一次庇護国に五年以上の長期にわたって居住することになった難民は長期化難民（protracted refugee）と呼ばれ、二〇〇〇年代以降、国際的な難民制度の大きな関心を集め、難民の地域統合（local integration）という解決策への注目を喚起した。地域統合とは難民を一次庇護国内の収容施設が設置された地域に定住させ、難民を国民国家からの排除から包摂へと向かわせる試みであるが、制度上の障害や国民や地域社会に対するさまざまな弊害を伴うと考えられ、これまで積極的に採用されなかった。

クリスプ（Crisp 2001）によれば、難民の地域統合は三つのプロセスで構成されるという。第一のプロセスは法的プロセスであり、難民に対し庇護国が広範囲にわたる権利や権原を与えることを要求する、いわば難民の法的地位をめぐる問題である。第二のプロセスは経済的プロセスであり、難民は国際的な支援から自立し、持続的な生業をおこないながら地域経済のなかで自立的に生活を営んでいくことが要求される。さらに第三のプロセスは社会的プロセスであり、難民と地域住民が対立関係や文化的差異を超えて共に同じ社会のなかで生きていくことが可能となるような社会関係の構築が必要であると考えられている。

そもそも難民は国民を対象とする各種政策からは排除されるが、同時に難民であるがゆえに特別な庇護や支援を享受することができる。他方で国民でない者である難民の滞在は一時的であることが前提であり、長期化難民の登場は難民制度を構成する前提条件を揺るがしかねない事態であるといえる。すなわち難民を地域へ包摂しようとする試みは、国民でない者の居住を合法化する新たな法的地位のあり方について検討することにほかならない。

しかしながら、国民国家体制のもとで国民と国民でない者のあいだに存在する制度的境界を越えることは、我々が

想像する以上に難しい。長期化難民のなかには例外的に庇護国の国籍取得が認められた者もあるが、多くの一次庇護国は大規模な難民に対し国籍を付与することに消極的である。

また右に示したような法制度上の障害に加え、難民の庇護国への統合に対しては、第二・第三のプロセスに関連して、難民と国民間の対立関係の存在が危惧されている。

したがって難民問題の地域統合を議論する際には、難民だけでなく難民の包摂主体となる地域住民や地域社会に対する眼差しが必要となってくる。果たして難民収容施設の包摂／排除性を規定する地域社会とのあいだに存在する境界とはいかなるものなのだろうか。次節では難民と地域住民によって実践されている両者のあいだに存在する境界を越えるさまざまな試みについて見ていこう。

3 難民収容施設と地域社会

ザンビアにおける難民政策

ザンビア共和国は人口の七〇～八〇％が貧困に苦しむサハラ以南アフリカにおける最貧国のひとつであるにもかかわらず、一九六四年の独立以来、多数の難民を受け入れてきた。私が学術調査をおこなった二〇〇七年の時点で、ザンビアはアンゴラ、コンゴ民主共和国、ルワンダ、ソマリア、ブルンジなどの周辺国から一次庇護国として難民を受け入れており、その数は一一万人以上にのぼっていた。なかでも多数を占めるアンゴラ難民の受入れは、一九六〇年代の独立闘争に始まり、内戦が終結する二〇〇二年にいたるまで続いた。

大規模な難民の流入に対し、ザンビアは一九六九年に一九五一年難民条約および一九六七年難民議定書に、一九七三年にOAU難民条約に加入し、さらに一九七〇年には国内法である難民法（the Refugees（Control）Act）を採択するなど、法制度の整備を進めてきた。

他方で、ザンビアは一九五一年難民条約への加入に際し一定の条件を付与することにより、国内に居住する難民の権利に制約を課している。第一に、難民は原則的に指定された収容施設に住むことを義務づけられる（ザンビア難民法一四条）。また同法は難民による家畜の所有を制限しているほか（同八条）、自動車の所有については同国政府による許可を要請するなど（同九条）、難民の生活の細部にわたって規定している。

二〇〇七年の時点で、ザンビア国内には右に示した国内法手続に則り、メヘバ（*Meheba*）、マユクワユクワ（*Mayukwayukwa*）という二つの難民定住地と、カラ（*Kala*）、ムワンゲ（*Mwange*）と呼ばれる二つの難民キャンプが設置され、全体で六万人以上にのぼる難民が難民収容施設に居住していた。前者の難民定住地にはザンビア政府によって公立の学校や病院が設置されるなど、公共サービスの提供もおこなわれていた。

一方で、ザンビアには収容施設外に居住する難民が存在する。そのひとつは都市難民（urban refugee）と呼ばれ、当局の許可を得て施設外に滞在する難民である。そうした許可が認められる者は一部の難民に限られており、ザンビア政府職員によれば医師や看護師、教師などの職業に従事している者がそれに該当する。都市難民には移民や外国人労働者と同じく就労許可の取得が求められ、その費用を負担できる者にのみ門戸が開放される。同時に彼らは収容施設に居住する難民が享受する支援からは排除され、収容施設が有する包摂性の側面を際立たせる存在であるともいえる。

もうひとつのタイプの難民は、ザンビアをはじめとするアフリカ地域に多く存在する自主的定着難民（spontaneously settled refugee）と呼ばれる者たちで、庇護国政府のみならずＵＮＨＣＲをはじめとする国際社会のいずれからも援助を受けずに自ら生計を営んでいる（詳細は第六章を参照）。

難民と地域住民間の境界の先鋭化

難民収容施設が庇護国の国境付近の原野に設置されることは、国民からの完全な隔離を意味しない。なぜなら、まったくの無人地帯を見つけることの方が困難で、自国民すら住むことのできない完全な不毛地帯に難民収容施設を

作ることは現実的に不可能であるからだ。したがって難民収容施設の近隣には、小規模ではあるものの、何らかの集落が存在する。その結果、庇護国政府によってマイノリティとして排除・隔離されたはずの難民が、実際の庇護地域においてはマジョリティ化する逆転現象が生じることとなる。庇護地域の住民にとって、収容施設の設置は自身の集落の何十倍、何百倍、あるいはそれ以上の一大集落が突如として出現することにほかならないのだ。

アフリカ大陸のなかでも、もっとも歴史のある難民定住地のひとつとされるザンビア共和国西部州にあるマユクワユクワ難民定住地は一九六六年に設置された。マユクワユクワ難民定住地は直線距離にして首都から四七〇キロ、州都から一四〇キロ、所在地である県の中心地カオマ（*Kaoma*）から七一キロに位置し、四〇キロ四方の土地で、周囲を森に囲まれている。首都に暮らすザンビア人に「マユクワユクワに行く」と伝えると「ブッシュ（森）に何をしに行くのか」という答えが返ってくるほどの辺境の地である。首都ルサカからカオマまで高速バスで六時間、さらに、カオマからは乗合バスで一時間半ほどの距離で、ザンビア人にとっても簡単にアクセスすることのできない場所にあることを物語っている。

マユクワユクワには開設以来一九九九年代後半ごろまで四千人程度の難民が居住していた。ところが一九九九年以降のアンゴラにおける内戦の激化が新たに大規模な難民の流入をもたらし、居住者数は最大で二万五千人にまで上昇した。その後、和平合意の締結を受け、二〇〇三年から二〇〇六年にかけて難民の帰還事業が実施された結果、二〇〇七年の時点でアンゴラ難民一万六七人を含む一万四四五人の難民が居住を続けている。

当然のことながらマユクワユクワ難民定住地の近隣にもザンビア人のコミュニティが点在している。もっとも近いA村は難民定住地から三〇〇メートルしか離れておらず、文字通り定住地の目と鼻の先に存在する。A村に限らず難民定住地の近隣には構成員が数百人単位の規模の小さな村が多い。周辺一帯の支配権を有するローカルチーフが居住するB村でさえ、その構成員数は四〇〇人ほどにとどまっている。

難民定住地の設置は、地域社会とそこに暮らす人びとにいかなるインパクトをもたらすのだろうか。一般的に、一

次庇護国政府は国民に対し他者である難民がもたらす安全保障上の脅威など負の側面を衡量し、難民を辺境地に隔離する。非人道的あるいは強権的に見える政策が可能となる背景には、難民があくまでも国民国家においてマイノリティであり、社会的弱者と区別されるほどに脆弱な存在であることが想定されているからだ。

しかしながら、実際の難民受入れ地域社会にとって、難民収容施設の設置は単なる異質な他者の登場ではなく、それ以上の意味をもつ。すなわち収容施設に居住する難民は絶対的なマジョリティとなり、地域住民にとって脅威となる。それゆえ難民と地域住民間に緊張関係が生まれ、対立を引き起こす。難民に対する支援への地域住民からの妬みややっかみ、難民による木材など資源や家畜の収奪に対する反発などがそれにあたる。[*3] そうした両者の対立関係は、ときに暴力行為に発展し、両者の境界はしばしば先鋭化する。

難民収容施設が果たす都市機能

他方で、国民と国民でない者とのあいだに引かれた境界を越えるような試みも生じている。その鍵となるのが、難民収容施設が備えるさまざまな都市機能である。それらは、難民のみならず周辺地域の地域住民に対しても便益をもたらすこととなる。

難民収容施設が設置されるような国家の辺境地帯に存在するザンビア人農村には小規模なものが多く、福祉施設はおろか基礎インフラでさえも整備が不十分な地域が多い。マユクワユクワ難民定住地の周辺村には電気はおろか井戸さえなく、人びとは川の水を生活用水として利用している。診療所に行くためには数十キロにもおよぶ道のりを徒歩などの自力で移動するよりほかはない。ましてそのような村では生活に必要最低限な物資を入手することも困難だ。同地域において中心的な役割を担うB村にも小さな商店が一軒あるだけで、十分な物資が揃っているとは言い難い。また住民の多くは経済的に困窮しており、コミュニティ内での就労や販売活動を介した現金稼得の機会は限られている。このような状況において、人びとは生活のため近隣にある規模の大きな街へと出向かなければならない。

それに対し、少なくとも数千人が居住する難民収容施設では、UNHCRによって国際的に定められた設営基準を満たす必要があることに加え、支援物資や人員の輸送のための必要性から、種々のインフラの整備が進められる。さらに庇護国政府や国際的な支援が集積することもあり、さまざまな施設が設営される。

たとえばマユクワユクワ難民定住地にはザンビア政府公立およびUNHCRが運営する病院や学校が存在する。これらの公共施設は周辺農村の住民に対しても同様のサービスを提供し、人びとの流動的な往来をもたらす。当時定住地内にはザンビア公立の小学校一校とUNHCRが運営するコミュニティスクールが六つ存在したが、七校を合わせると難民の生徒が二四七五人であるのに対しザンビア人の生徒は四六七人にのぼり、総数の約六分の一をザンビア人が占めている状況であった。同様に定住地内に設置されたザンビア政府公立の診療所に二〇〇七年五月に訪れた患者数の内訳を見てみると、難民が一二六人であるのに対し、ザンビア人は九八人を数え、難民に迫る勢いであることがわかる。

さらに、定住地内には商店が立ち並ぶマーケットが複数あり、石鹸や食用油などの日用品のほかラジオなどの高級品を購入することができる。これらの施設では難民とザンビア人の扱いに何ら区別はなく、サービスは両者に等しく提供される（写真5－3）。

また、定住地内には難民のほか収容施設の運営に携わるUNHCR職員や難民の管理監督のために派遣されたザンビア政府職員も居住しており、雇用や購買を通して人びとに現金稼得の機会を提供する。こうした購買層を狙って周辺農村からは毎日多くの人びとが収穫物や炭などの販売のために定住地を訪れる。そのほかにも整備された道路の存在や大規模な人口の集中は物資の流入を誘発し、生活用品の購入のために定住地を訪れる人は跡を絶たない。

こうして難民収容施設は福祉サービスの提供や地域経済の中心地として都市機能を備えた空間となり、地域住民による越境を引き起こす。ザンビア難民法が特別の許可なく地域住民が定住地へ足を踏み入れることを禁じているにもかかわらず（ザンビア難民法一四条一項）、現場にはそれを貫徹するための制度措置が存在しない。

写真５－３　マユクワユクワ定住地最大の商店

以上のことから、地域住民にとって難民は畏怖の対象である一方で、難民収容施設という空間とそこに居住する人やモノ、サービスなどを介して、難民は社会的・経済的パートナーとしての側面を付与されているといえる。

難民による生活空間の拡大

難民定住地では難民に対し自給自足を促すための農業用地が与えられてはいるが、それらの土地は生産性が低く、十分な食糧を収穫することが難しい。それゆえ難民は農業以外のさまざまな現金稼得活動に従事する。たとえば日雇い労働や酒の醸造・販売、庭先で収穫した野菜の販売などがある。その顧客には既に示した通り定住地を訪れる地域住民も含まれる。

さらに難民の経済活動は収容施設にとどまらず地域社会へと拡大し、難民による地域社会との往来も頻繁に生じている。ザンビアにおいては難民はゲートパス（gate pass）と呼ばれる政府の許可証を取得することによって定住地の外へと出ていくことができる。ゲートパスには目的地、外出の目的、期間などが記載され、当局によって管理される。難民の外出の目的には親族との面会のほか、学校への就学や物資の販売・購入などがある。とくに商店の経営者である難民たちは連れだって首都へ出向き、商品の買い

付けをおこなっていた（写真5－4）。なお、難民であることは高等教育の機会を妨げるものではないが、調査時点において定住地に設置されていた学校は中学校教育相当課程までしか備えておらず、高等教育の機会のためには外部へと赴く必要がある。

右記のようなゲートパスを用いた移動の陰で、難民たちは許可なく定住地を退出する場合がある。こうしたインフォーマルな移動は、難民たちに周辺農村などにおける農作業などの労働機会を提供する。難民は対価として食糧を獲得することができるのに対し、難民の存在は周辺農村にとって労働力の提供機会となり、双方に利益がもたらされることとなる。

以上のことから、難民収容施設に居住する難民は公的な就労の機会を制限されている一方で、フォーマルかインフォーマルかを問わず収容施設外の地域社会と接点をもつことによって、現金稼得の機会を得ていることがわかる。他方で、そのような難民の主体的な活動が、難民間の格差を生んでいる現状も見受けられる。難民の多くが周辺農村のザンビア人と同様に農業を中心とした生業形態をとっているのに対し、ごく一部の難民は商店の経営などに成功し、財を成している。それらの難民は太陽電池で自家発電をおこない、テレビを所有するなど、裕福な生活を送っている。これらの富裕難民は難民とザンビア人双方に対し雇用の機会を提供し、地域経済の活性化に貢献している。

4　難民の包摂／排除のゆくえ

難民性のゆらぎ

初めに確認したとおり、難民をめぐる包摂の議論は、国民国家体制のもとで可愛そうな国民ではない者という難民性をもつ者への庇護の供与という道義的規範のもとで進められてきた。そこでは包摂の主体は国民国家であり、難民収容施設は難民の包摂の場であると同時に、国民国家からの排除の空間として位置づけられていた。

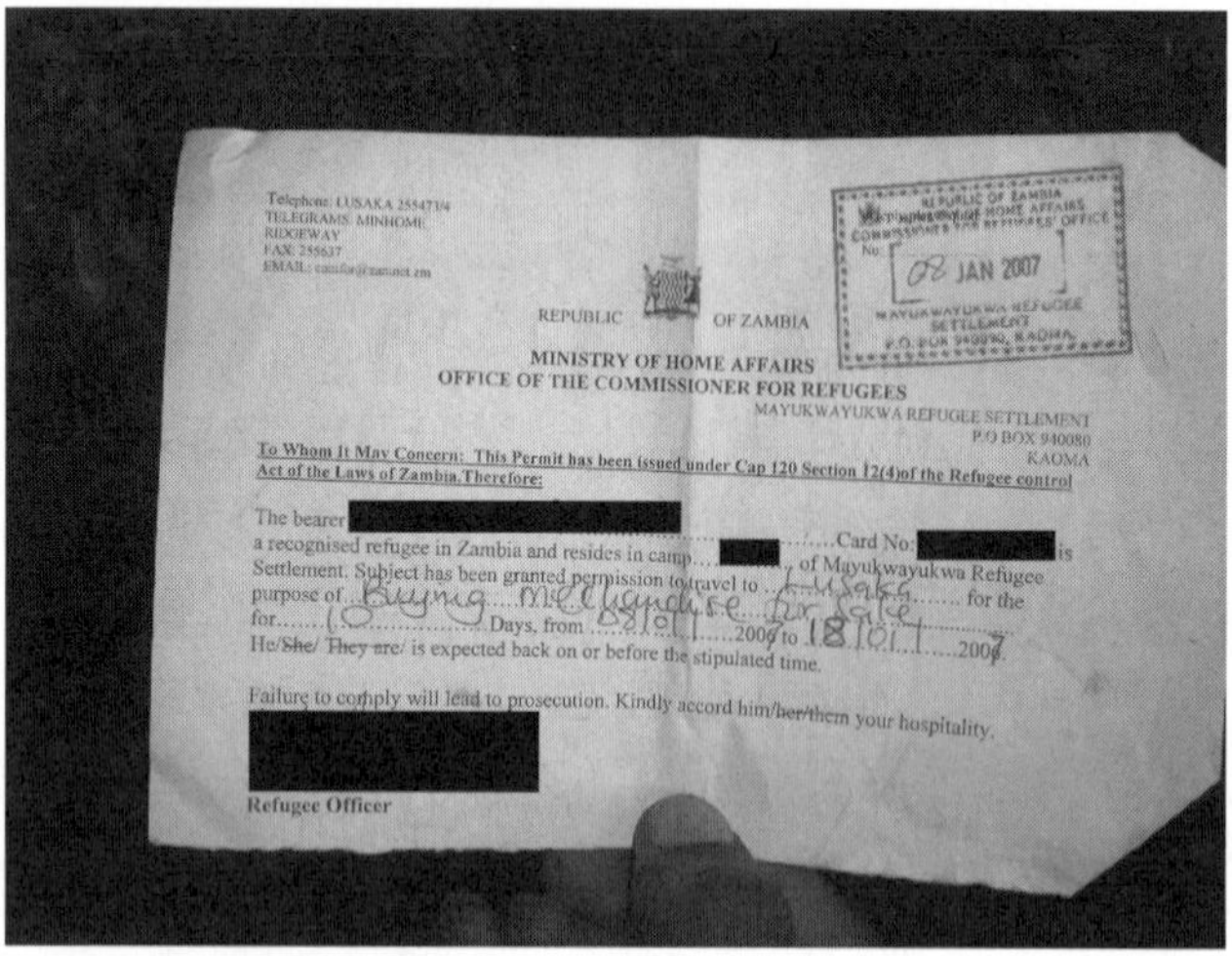
Telephone: LUSAKA 2554734
TELEGRAMS: MINHOME
RIDGEWAY
FAX: 255637

REPUBLIC OF ZAMBIA

REPUBLIC OF ZAMBIA
MINISTRY OF HOME AFFAIRS
COMMISSIONER FOR REFUGEES' OFFICE
No: 08 JAN 2007
MAYUKWAYUKWA REFUGEE SETTLEMENT

MINISTRY OF HOME AFFAIRS
OFFICE OF THE COMMISSIONER FOR REFUGEES
MAYUKWAYUKWA REFUGEE SETTLEMENT
P.O BOX 940080
KAOMA

To Whom It May Concern: This Permit has been issued under Cap 120 Section 12(4)of the Refugee control Act of the Laws of Zambia.Therefore:

The bearer [redacted] a recognised refugee in Zambia and resides in camp....[redacted]..........Card No: [redacted] is Settlement. Subject has been granted permission to travel to ...Lusaka........ for the purpose of ...Buying Merchandise for sale...... for.......10.................Days, from ....08/01.....2007 to 18/01.....2007.
He/~~She~~/ ~~They are~~/ is expected back on or before the stipulated time.

Failure to comply will lead to prosecution. Kindly accord him/~~her/them~~ your hospitality.

[redacted]
Refugee Officer

写真５－４　難民に発効されたゲートパス

しかしながら難民収容施設が設置される現場において、難民の包摂／排除を司っていたはずの原理原則は、そこに暮らす人びとの実践を通してさまざまな文脈で読み替えられていく。地域住民にとって難民は単なる可愛そうな存在ではなく、絶対的多数を誇る他者となり、ときに敵対者として、ときに経済パートナーとして、自己の生活に影響を与える存在となる。

難民もまた制度が想定する単なる被庇護者としての側面を越えて、自ら主体性をもって生活を営む自立的なアクターとなる。難民の活動は国民ではない者であるがゆえに一定の制約を受けてはいるものの、国民国家経済から完全に排除されるものではなく、インフォーマルな実践を介して国民国家に対してアクセスすることが可能となっている。

長期化難民はいわば「難民らしさを失ってしまった難民」である。そこでは、国際社会が想定する包摂／排除の原理原則はもはや形骸化してしまっており意味をなさない。難民の受入れ地域において、難民は単なる被包摂者ではなく、むしろ当該社会の構成員として確固たる地位を築いている。

グローバル化に伴い国境を越えた人口移動が頻発化している現在において、移動を引き起こした原因を除けば、長期化難民と移民の違いはそれほど明瞭ではない。移民もまた国民ではない者で

あり、長期化難民が自ら帰還を選択せず庇護国にとどまることを選択しているという点に鑑みれば、難民を庇護の対象たらしめる強制移住の側面は希薄化しているといえる。

難民を包含する地域社会の再編

難民収容施設のもつ排除性は、難民を庇護する側に立つ国際社会や国民国家のもつ難民観にもとづくものに過ぎず、収容施設の現場において難民の完全な隔離や排除など存在しない。本章で見てきたように、難民収容施設は難民のための空間にとどまらず、地域住民にとって必要不可欠なさまざまな機能を果たしている。難民もまた収容施設からの一時的な退出と入場を繰り返すことによって、その生活領域を地域社会へと拡大させてきた。

両者の頻繁な往来によって生み出される相互依存関係のもとで、難民収容施設と地域社会の境界は溶解し、難民収容施設は地域社会を構成する一部となった。すなわち、難民と地域住民双方によるインフォーマルな実践は、難民収容施設と地域社会という本来は別個であるはずの空間の境界を越えた生活空間の再編の試みであったといえる（写真5－5）。

他方で、難民収容施設に居住する難民と外に暮らすザンビア人が同化することはなく、両者のあいだに存在する境界は完全に消失することはない。両者の境界は先鋭化と希薄化を繰り返しながら、共存の道を模索してきたといえるだろう。

難民はどこへ行くのか

本章の冒頭で、メディアから消えた難民がどこへ行ったのだろうかと問うた。もしかしたら、長期化した難民収容施設においては私たちがイメージする可愛そうな難民の姿を見つけることは難しいのかもしれない。

しかしながら、自国に帰ることも、第三国で新たな生活を始めることも、一次庇護国において国民になることもで

写真５－５　エンストしたトラックをともに押すザンビア人と難民

きず、難民収容施設という空間に縛られ、「どこにも行くことができない難民」が確かに存在する。

難民問題の長期化は、収容施設内での世代交代をもたらし、「生まれながらの難民」を誕生させた。幼いころに祖国を離れ何十年にもわたり収容施設で暮らした難民は「故郷を思い出せない」と言い、収容施設で生まれ育った若者は「アンゴラのことは何もわからない」と言う。彼らの生活の基盤は収容施設のある一次庇護国にこそ存在する。

一次庇護国にとどまることを希望する難民にとって唯一にして最大の障害は、彼らが難民であること、それ自体である。彼らが難民である以上、一次庇護国に永久的にとどまることは法制度上認められていない。

三年に及ぶアンゴラ難民に対する帰還事業を終えて、いまだ数万人を上回る難民が帰還を希望せず、収容施設内に残っている事態に対し、ＵＮＨＣＲ本部のあるジュネーブでは驚きの声が上がったという。しかしながら、難民収容施設とその周辺地域社会で生じている人びとのインフォーマルな実践を見るかぎり、一次庇護国にとどまることを選択する難民が存在することは何ら驚くに値しない。難民を本来あるべき国民状態に戻すことが最善の策であるという認識に囚われる前に、我々難民を支援する側の人間

はいま一度立ち止まって考える必要がある。

難民はなぜ庇護される存在たりうるのか。難民の支援者は難民を一義的に捉えるのではなく、難民が庇護の対象となる文脈と長期化難民を取り巻く環境が異なることを認識し、その変化に対応することが求められている。

ザンビアに居住する長期化難民は難民という社会的弱者に対する一時的な庇護の提供を建前とする国際的な難民制度と国民国家体制の狭間に陥り、国際社会から忘れ去られてきた。その一方で、難民収容施設の現場においては、難民と地域住民によって制度の弊害を越えるような営みが繰り広げられてきた。近年の難民の地域統合への国際的な関心の高まりに反して、具体的な施策は示されないままである。[*4] そのような状況において、法制度が抱えるジレンマを越えた人びとの営みに光をあてる人類学的アプローチから難民問題へと貢献できる余地は十分にあると考える。

二〇一一年一二月をもってザンビアにおけるアンゴラ難民に対して認められていた難民としての法的地位は終了を迎えた。本章の執筆の時点で彼らの行く先はいまだ議論の俎上に載ったまま解決の糸口は見えていない。果たして彼らはどこへ行くのだろうか。

注

＊1　「米女優アンジェリーナ・ジョリーさん、伊南部の島で難民と交流」（二〇一一年六月二〇日）http://sankei.jp.msn.com/entertainments/news/110620/ent11062008090006-n1.htm（二〇一一年一一月二四日アクセス）。

＊2　ＵＮＨＣＲは、ＵＮＨＣＲの任務内容を定めたＵＮＨＣＲ事務所規程や国連総会決議などによって、ＵＮＨＣＲ自身で活動の対象となる難民を選定し活動することが国際的に認められている。

＊3　難民定住地であるマユクワユクワでは本来、食糧配給などはおこなわれず、難民は農地を与えられ自給自足の生活を営むことが想定されているが、二〇〇五年の飢饉を受け、ＷＦＰ（世界食糧計画）によって二〇〇六年から二〇〇七年まで食糧配給が暫定的に実施されていた。同様に飢饉の影響を受けた周辺農村は食糧配給の対象とならず、難民と国民のあいだで異なる基準が設定されていることがわかる。

＊4　ザンビアにおいてマユクワユクワ難民定住地を含むザンビア西部州を対象とした難民と地域住民双方を対象とする開発援助プログラムが実施されたが、十分な成果を出せずに終了した。

参考文献

国連難民高等弁務官事務所　二〇〇一『世界難民白書二〇〇〇——人道行動の五〇年史』時事通信社。

中山裕美　二〇一〇「アフリカにおけるリージョナリゼーションの展開——難民問題を扱う制度的枠組みの変容」『国際政治』一五九：八七—一〇〇。

中山裕美　二〇一一「国際難民制度の成立と変容——国家・制度間関係に着目して」『法学論叢』一六九（五）：一〇七—一二四、一七〇（二）：九〇—一一三、一七〇（三）：六七—八八。

Crisp, J. 2001. Mind the Gap! UNHCR, Humanitarian Assistance and the Development Process. *New Issues in Refugee Research Working Paper* 43.

第6章　アンゴラ定住難民の生存戦略は持続可能か

村尾るみこ

1　難民じゃない？　農民との出会い

「私たちが生活していたアンゴラの村は、ある日爆撃機がやってきて、無差別に爆撃された。その後の三年間は、周りの森のなかで逃げ回って生活していた。でもいっこうに戦争は終わらなくて、逃げ回る生活にも疲れ、ザンビアのこの村にきたのさ」。

私は、アフリカ農民の生計活動を人類学的な手法によって調査するため、二〇〇〇年、南部アフリカのザンビア共和国西部州にあるリコロ村でフィールドワークを始めた。その後、数回にわたりリコロ村を訪ねては、毎日畑に通い、アンゴラから来た焼畑農耕民の農法や現金稼得活動について調査してきた。畑を見せてくれたある年長男性が、村の歴史をあちこち聞き取りにまわっていた私に、ある日、こう言った。「私たちは、アンゴラの紛争から逃げてきた、レフゥジー（難民）なんだ」。そうして冒頭の話を語り出したのである。しかし、その言葉とは裏腹に、彼らの多くは、ザンビア国籍をもつことを示すザンビア国民登録証を所持していた。

アンゴラから来たこれらの農民のように、紛争から逃れたのち、難民キャンプでの庇護を求めるのではなく、周辺国の農村で生活し国籍をも取得している人びとは、確かに、国際法で規定される条約難民（第五章参照）ではない。

しかしながら一方で、彼らは、難民保護や支援に関与する諸機関によって、事実上の難民である「自主的定着難民」と分類されることがある。

自主的定着難民という用語は、先行研究や政策文書などで、しばしば用いられている。しかし、自主的定着難民ではなく、単に難民と記されることもあるなど、定義が非常に曖昧であり、国際的にも統一的見解がない。たとえば、各地で難民支援活動を展開するイギリスのNGO、AMERA（Africa and Middle East Refugee Assistance）のもと、本章で取り上げるザンビアで調査をおこなったダーウィンの報告によると、ザンビアの場合、国連機関や政府において、自主的定着難民は、紛争から逃れたあと難民認定を受けているか、難民認定もなく難民の地位にない人びとを(Darwin 2005)、と説明される。

難民保護に関与する諸機関が、紛争から逃れ国境を越えたあと農村に住む人びとを「自主的定着難民」と分類し注目するのは、彼らが、人道支援に頼ることなく自立した生計を営んでおり、国家や地域社会に社会経済的に包摂されている「難民の成功例」として、第五章で触れられた難民定着といった難民政策へ応用されうると期待されるからである（Poltzer 2005; Glooba-Mutebi 2006; Backwell 2000など）。

自主的定着難民が、庇護国やその地域社会において包摂されている、と理解されるのは、庇護国の国民である地域住民と比較しても、自らの社会経済的なネットワーク構築や自給自足を達成する能力が庇護国の国民と同等で見分けがつかない、とされるためである。たとえば、彼らは、紛争以前から移住していた同じ民族集団や、ホストとなる地域住民、さらにはその伝統的権威のサポートを受けながら自給自足を達成して地域社会に同化する。また、自主的定着難民は、農産物流通量の増加に貢献することにより当該社会における経済活性化を担っていることもある。このように彼らについては、社会経済的にみて地域社会に難なく包摂される側面が強調されがちである。

しかし、私がザンビア農民の生計についてフィールドワークを進めるなかで、アンゴラ紛争によってアンゴラからザンビアへ移動してきた人びとの生活は、移住先の国家や地域社会で社会経済的に包摂されている側面だけを示すも

のではなかった。むしろ、彼らが排除されている側面を見ることが常であった。そうして、紛争から逃れた人びとが、難民キャンプには行かず、農村に住み、国籍を取得さえすれば、誰でもどこでも地域社会に包摂されるものではないと実感する状況を、現地で日々、目の当たりにしてきた。

以上の「現地の実態」に鑑みれば、私たちが、紛争から逃れ農村に住む人たちを、強いられた移動により社会経済的損失を多大に被った「難民の成功例」として一義的に理解することについて、本章では再考を迫らざるをえない。紛争から逃れ農村に住む人たちを成功的な難民とする「言説」と、「現地の実態」との齟齬を看過すれば、ともすれば私たちが間違った難民政策を導き出し、それを支持する立場になりかねない。

とはいえ、第八章で指摘される通り、難民の実態について調査し可視化したところで、問題が解決するわけではない。では、世界的に注目される難民問題や難民政策が、私たちの支持するグローバルな倫理観や、偏った情報にもとづく問題意識によって展開しうる、「私たち自身の問題」であることを改めて認識したうえで、果たして私たちは、いかなる姿勢で、「難民」「自主的定着難民」「農民」といった多様な枠組みで理解されうる他者と向き合えばよいのであろうか。本章では、アフリカはザンビア農村に住むアンゴラ移住民の生計活動の詳細から、私たちが当事者の視点に寄り添い、難民とも呼びうる人びとへの理解を問い直す視点を、どのように掴んでいくべきかについて、より広く深い視野で検討してみたい。

そのために、以下ではまず、アンゴラ紛争を逃れザンビア農村に住み、ザンビア国民として生活している農民の移動の歴史を紹介していこう。

2 ザンビアの国家体制と土地

人の移動と難民受入の歴史

ザンビアは、南部アフリカに位置する内陸国である（図6－1）。同国はアフリカ諸国のなかでも一九六四年と早くに独立を果たし、大規模な紛争を経験することなく、平和を保ってきた。一方でザンビアは、アンゴラだけでなく、コンゴ民主共和国、モザンビーク、ジンバブエ、ナミビアなど隣接する国々の独立解放闘争や内戦を逃れた人びとを難民として受け入れ、また首都ルサカで和平会合の場などを提供してきた。

ザンビアには、七〇を超える多くの民族集団が混住している。多民族混住はアフリカにおいて珍しくないが、ザンビアに数多くいる民族集団は、そのほとんどがみなバンツー系農耕民で、とくに現在のコンゴ民主共和国に築かれていたルバ・ルンダ王国の子孫である。彼らは国境のない時代から、生業適地を求めて、または民族集団内外での社会的緊張の高まりなどによって、今日の国境を越えて移動していた。

ザンビアをはじめ、今日のアフリカ諸国の国境は、「アフリカ分割」と呼ばれる時代にあった一九世紀、西欧諸国の入植に伴い設置された境界と深く関連する。その後、一九六〇年代に入ると、植民地支配が終焉を迎え、アフリカ各地で独立国家が誕生して今日の国境が画定していった。しかしアンゴラなどいくつかの国では、独立解放闘争からやがて内戦に突入し、紛争が長期化することとなった。

アンゴラからザンビアへの人の移動は、この国境画定の歴史のなかで続いた。その移動の動機の変遷を見てみると、一九世紀には、アンゴラでの民族間紛争による移動や農業適地を求める移動が史料に記されている。やがてアンゴラを植民地支配していたポルトガル人による圧政を逃れる人びとの移動が始まり、一九六一年に独立解放闘争が始まると、同闘争を逃れる人びとの移動が始まった。そうして旧来からの人の移動は、国家という枠組みが生まれると

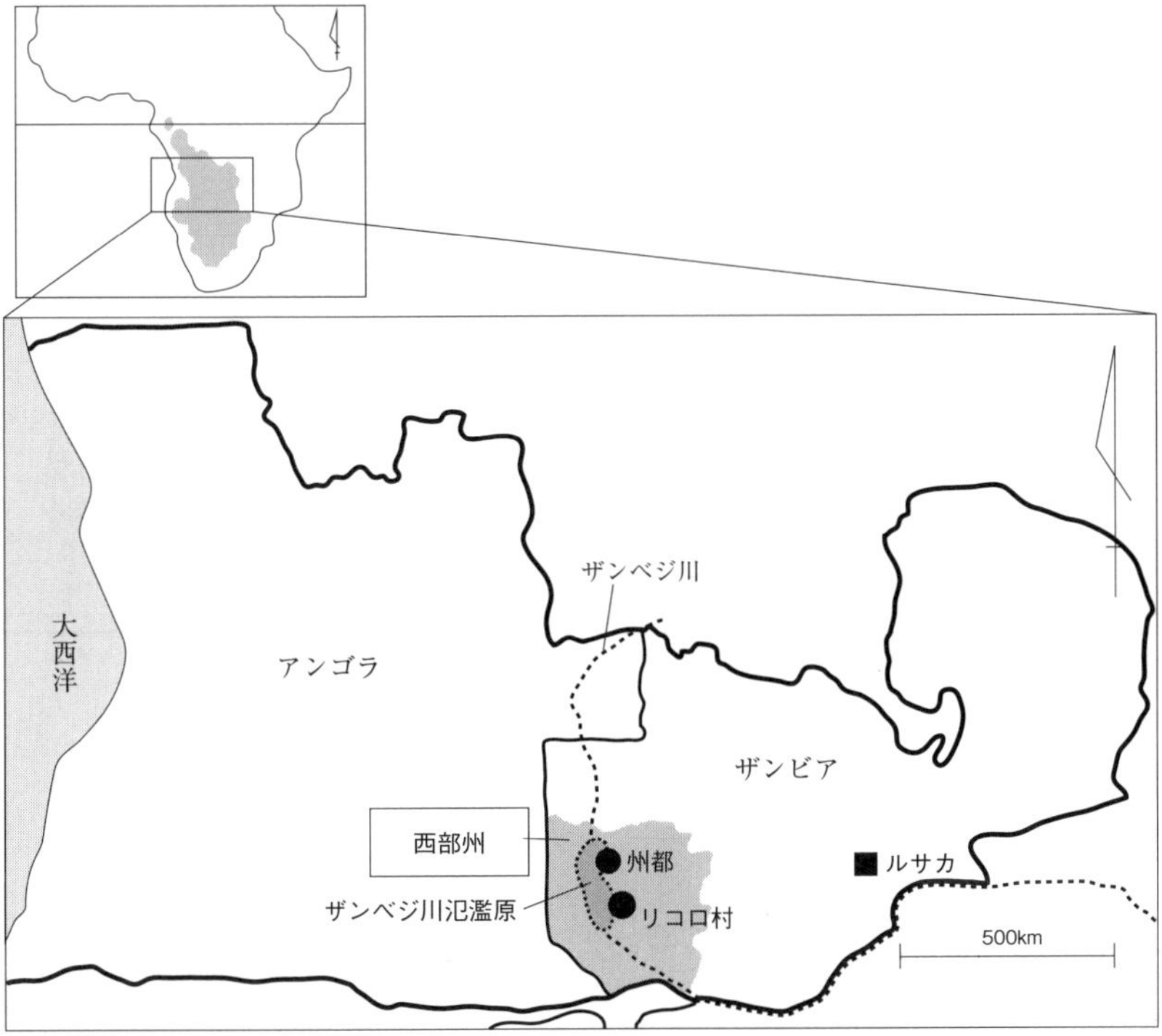

図6−1　ザンビアとアンゴラの位置

同時に、よりさまざまな理由による移動が重層して進行した。近代国家を目指すザンビアをはじめ、国際社会は、こうした人びとの移動の動機や国籍の所在によって、国境を越え移動する人びとを保護または管理する体制を整えようと必死になった。

ザンビアにおける難民管理体制はといえば、一九六四年の独立後に本格的な整備が始まった。一九六六年には、国内初の難民定住地が設置され、難民収容施設での国際社会による支援が強化された。とはいえ、一九六六年当時は、ザンビアが難民条約やOAU条約を締結しておらず、今日のような難民認定がおこなわれていない時代にあった。第五章で取り上げられたマユクワユクワ難民定住地のように、このころのザンビア国内の難民収容施設では、国際NGOによって難民の受入れや人道支援の運営が進められていた。一九六八年、ザンビアはようやく難民条約やOAU条約を締結し、UNHCRやザンビア

政府による難民認定体制が整った。だが、紛争を逃れ国境を越えてくる人びとすべてを難民として管理するには限界があった。

また独立直後のザンビア国内では、国民に対し、国籍を有することを示す国民登録証の発行もおこなわれていなかった。ザンビアで国民登録証が発行され始めたのは、一九六八年のことである。同登録証発行は、ルサカ州や産銅州で始まり、やがて西部州でも開始された。この当時、国民登録証は、県境を越える移動のときに、県境における検問で役人に見せるなどの義務があり、国民登録証がないと他県へ移動できなかったといわれる。

このように、ザンビアをはじめアフリカの国々では、かつて国境に関係なく移動していた農民が、植民地分割や独立国家誕生以降、移動した時期や、難民／国民といった国際法に規定される政治的な地位に関連して、国民か、国際社会による庇護の対象となる難民かにカテゴリ化されるようになったのである。

国家体制のなかの伝統的政治組織

今日、ザンビア国民として生きるアンゴラ移住民にとって、独立国家としてのザンビア国家の枠組みは、日常的な経済活動において無関係ではない。ザンビアでは、カウンダ率いる統一民族独立党（United National Independent Party：ＵＮＩＰ）によって、「ひとつのザンビア、ひとつのネーション」が唱えられ、国民国家形成が進められた。そうしたなか、今日まで、首長や村長といった伝統的支配者は、いくつかの変遷を経ながら、土地管理体制に関わる国家の行政組織に取り込まれるかたちとなった。以下にその詳細を見ていく。

ザンビアの首長や村長らは、植民地化以前におけるその地位や役割、支配の形態が、民族集団や地域ごとに異なっていて、すべて同じではない。そしてその後の植民地支配による変化も著しい。植民地時代に入って、一九〇二年に地方行政区分が設定され、各地に散在していた村が公的に登録され始めた。このとき、同じザンビア国内でも、場所によっては、自分がどの首長に属するのかを申告させられていたといわれる。その後、一九二四年に、ザンビアがイ

ギリス植民地省の直轄植民地になると、植民地政府は間接統治政策を導入し、首長が間接統治の担い手として植民地行政に組み入れられた。以後、首長は一定の行政権限をもつとともに、自分の治める地域に住む人びとのあいだの、婚姻や土地に関する係争などをおさめた。

独立後、ザンビア政府は、植民地時代の間接統治にかえて、大統領直属の知事、地方公共団体、地方裁判所、および与党を通じて、地方の政治と行政、司法を掌握し、近代国家としての発展を図った。その過程では、首長や村長が地方行政から外されることとなった。土地に関しても、それまで首長の采配に任されてきた一部の土地が、地方公共団体の管理下におかれた。そうして法体制的に見れば、首長は土地を分配する権利を失うこととなった。しかし首長や村長は、政府によって役職自体が廃止されなかったこともあり、当該地域の伝統的支配者としての影響力を保持した。実際、政府や与党は、地方の統治上、伝統的支配者を利用せざるをえないことも多かった。そうして、伝統的支配者は、独立後も実質的には地方の行政・司法の一翼を担うことになった。

その後、ザンビア政府が「村落登録・開発法」を一九七一年に制定したのを機に、首長や村長の権力は復活することとなる。政府は、開発行政を整備して地方の住民の掌握を図るために、上記法律を制定し、村落を行政機構の末端として登録した。村落登録・開発法の実施にあたって、政府は、一九六五年の首長法にもとづき、村落の登録の承認を含むいくつかの権限を首長に委任した。これにより首長は公式に村を任命する権限をもち、村長を指導者とした村の伝統的・慣習的統治などを通じて、村政に一定の関与ができることとなった。こうしてザンビア政府は、村長による行政を公式に認定し、村長、首長を通じた伝統的支配構造を、国家の統治体制として一部公的に内包するかたちとなった。

ザンビアの土地制度は、地方行政だけでなく、国レベルでの政治体制全体とか関わりながら変化してきた。ザンビアが、一九二四年にイギリス植民地省の直轄植民地に移行したとき、イギリス植民地政府はザンビアにおける土地分類を明確にした。つまり、全国土を王領地とアフリカ人の指定地に分割した。王領地は白人入植者に譲渡するために

確保された土地で、その約半分が白人入植者に譲渡された。ところが実際には植民地政府が期待したほど白人移民が入植せず、王領地のかなりの部分が未利用のままとなった。他方で指定地に移されたアフリカ人の間で土地の不足や条件の悪さに不満が募ったので、一九四七年に、白人専用に確保していた王領地の相当部分を、アフリカ人の土地である、原住民信託地とした。

一九六四年のザンビアの独立後、法律上は全国土が国有化された。しかし、王領地が国有地、原住民指定地が指定地、原住民信託地が信託地とそれぞれ名称が変更されただけで、実質的な土地分類はそのまま受け継がれ、国家の成文法によって土地が扱われる地域と、地域ごとの慣習法で扱われる地域が残った。一九七五年に土地権利転換法が制定されると、それまで国有地に存在した自由保有権と一〇〇年を超える定置借地権が廃止され、かわって一〇〇年の定期借地権に転換された。この土地法は、当時のカウンダ政権の社会主義的、民族主義的志向のなかで制定され、土地そのものには市場価値・売買価値を認めなかった。その後一九八五年に、さらに土地法が改定され、土地に対する外国人の権利を制限した。

やがて、一九九一年に政権についた複数政党制民主主義運動（Movement for Multiparty Democracy：MMD）政権は、市場経済を重視し、経済自由化路線をとった。土地についても、土地の商品化の促進、土地所有権の強化、外国資本による投資の促進といった観点から土地制度改革を進めようとしてきた。しかし、そうした政府の土地制度改革の試みにもかかわらず、ザンビアの土地制度は今日も旧来からの伝統的土地支配構造を内包したままである。このようにして、首長や村長は、地域ごとの慣習法のもとにある土地の配分を引き続き統率している。

西部州の伝統的土地支配体制

今日、アンゴラ移住民が多く住むザンビア西部州は、かつて、一八世紀に設立されたロジ王国の領土であった。ロジ王国では、土地が王の象徴であるとされた。その概念は、王国独自の伝統的政治組織である土地支配体制に強く反

映された。王国領土とそれを治める政治組織を見ると、王を頂点として王の下位にある王族が、五つに区分される王国領土をそれぞれ治めている。それぞれの領土は、シラロという独自の単位に細分され、このシラロそれぞれに、王国の役人が配置された。シラロはさらにいくつかの村に分けられ、村長が村を治めた。これらの王や王族、役人、村長は、それぞれが治める地域において、土地やその他の自然資源を管理した。王国領土内の土地は、王から住民に分配され、そのかわりとして住民は、王に対し、農作物など土地からの産物を貢納した。このような階層的な土地支配体制下にある王国の土地には、重層的な土地権利が関与すると認識されている。

このロジ王国には、植民地期に、ザンビア国内で唯一の保護領バロツェランドとして、イギリス植民地政府から特権が与えられており、その伝統的な政治組織や王の土地に対する権利が保護されていた。しかし一九六四年のザンビアの独立は、それ以前のロジ王国の土地支配体制を変化させる機会となった。ザンビア独立に先立ち、独立をけん引した政党ＵＮＩＰと王とのあいだで、ロジ王による土地および自然資源に対する特権や、王国の自治権の維持を確証するバロツェランド協定が結ばれた。しかしザンビア独立後、ＵＮＩＰは協定を一方的に破棄し、バロツェランドという名称を廃して、かわりに西部州とおきかえた。このバロツェランド協定の破棄は、すなわち、それまでロジ王国が植民地政府から与えられた特権が公的には認められなくなることを意味していた。

とはいえ、先述のとおり、ザンビア政府は独立後の行政および土地管理体制を整備するにあたり、ロジの伝統的政治組織の一部を行政の一端として組み込んだ。そうしてザンビア西部州においては、地方行政に同地域を支配してきた旧王国の伝統的組織が公的に設置されたかたちとなり、ロジの伝統的な土地支配制度が今日のアンゴラ移住民の生計活動に深く関与してきた。

3 再編された生活

排除のカテゴリと装置

私が二〇〇〇年以降調査をおこなってきたリコロ村は、ザンビアの首都ルサカから七〇〇キロ離れている。この村は、ザンビアとアンゴラ間の国境から一〇〇キロ東に位置している。また、リコロ村は、アンゴラ出身の焼畑農耕民（以下、移住民）の村である。村びとの多くは、主に一九六〇年代から七〇年代後半、アンゴラ紛争が激化した時代に戦禍をのがれて移住しており、なかには荒廃したアンゴラ国内で生業を続けられるか、また、いつ戦禍にまきこまれ生活が立ち行かなくなるか分からないという脅威や不安から、ザンビアへ来た人びとも含まれる。このため現在、村人口の約九割が、アンゴラ紛争によって何かしら影響を受けて村へ移住してきた人びとである。そのほかは、住人間の不和を理由に移住してきた人などである。このように、リコロ村の人びとは、アンゴラから移動した理由をはじめ、アンゴラで住んでいた場所、移動経路や年代、国民登録証および難民認定の有無などが、それぞれ異なっている（村尾 二〇一二）。

リコロ村へ移住してきたアンゴラ移住民は、ザンビアの独立にともない、国民登録証を取得することで国籍を取得していた。国民登録証の取得には、まず、村長が保管する住民登録簿に名前などを記入し、住民登録をおこなったあと、村長が書いた村の住人と認める書類をもって最寄りの内務省へ赴く。そこで二五〇〇クワチャ（約六七円）を支払うことによって、国民登録証の入手が可能となる。しかし実際のところ、移住民が村に住むこと自体は、その辺りのシラロを治めるロジ王国の役人や村長が認めさえすれば、国籍の有無にかかわらず可能となるのが現状であり、また国民登録証も、移住民が住民登録簿に名前を記載すればすぐに取得可能となるものであった。

リコロ村は、二〇〇七年一月現在、七三世帯、三六九人が居住する、付近でも大規模なアンゴラ移住民の村である。移住民は村人口のうち九八％を占める。そして、村人口の二五％がアンゴラ生まれの第一世代、残り七五％がそ

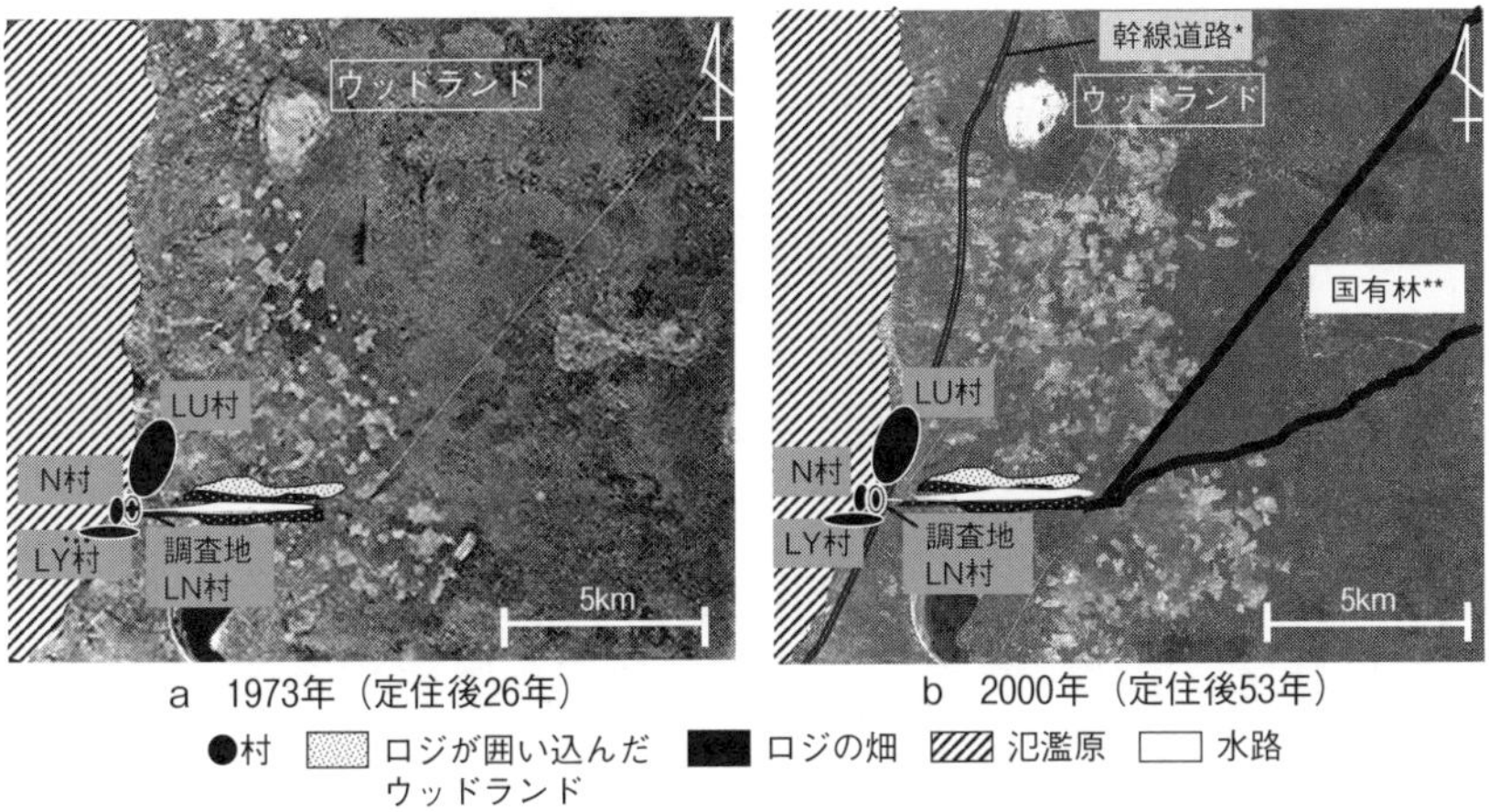

図6－2　リコロ村付近の概観図

注）*1985年に設置、**1983年に設置。

出典）aはGovernment of Republic of Zambia（1973年7月撮影）より、bはLandsat 7（2000年11月20日撮影）より。

の子や孫、または他地域から移住してきたザンビア生まれの第二、第三世代である。村人口の残り二%は、近隣の村から婚入してきたロジの女性が占める。また、この村人口のうち四五%は、国民登録証を取得している一八歳以上の成人で、一・九%が難民登録証をもつ条約難民、残り五三・一%がどちらも取得していない成人と未成年である。また、村人の帰属する民族集団の割合は、ンブンダが七七%、ルチャジ一五%、ルバレ二%、チョクエ二%、カレンガ二%、ロジ二%である。

　このリコロ村は、アフリカで四番目の規模を誇る大河ザンベジ川の東岸に位置している。ザンベジ川は毎年の洪水により周囲に豊かな氾濫原を形成している。しかし、この氾濫原の周りの台地は、砂土が一〇〇メートル以上深く堆積しており、土壌改良の難しい、非常に痩せた土地で、林が広がっている。

　リコロ村付近の概観図を、図6－2に示した。地理的に見ると、リコロ村はザンベジ川を囲む緩やかな丘陵地にある湧水地付近の、わずかに傾斜した場所に位置している。村の南側には、湧水を集めた水路が東から西に流れる。この水路は氾濫原東縁でザンベジ川の支流へ注ぐ。リコロ村の人びとは、生活用水を得たり水浴びをしたり、さまざまなかたちで水路を利用している。また、村人の住居は、すべて舗装道路の周囲五〇〇メートル以内に

集中している。この住居群の東方には、村人が焼畑を営む林と、一九八三年に設置された国有林が広がる。村の西側は、氾濫原にかけて五〇〇メートルほど続く緩やかな傾斜地である。村のある台地からは、広大な氾濫原とそこに広がるロジの畑、さらにザンベジ川の支流を一望することができる。リコロ村の環境は、氾濫原と林、そして生活に利用できる水路へアクセスが可能という、アンゴラ移住民にとって、この付近でも数少ない非常に好都合なものである。この良好な生活環境が、移住民をひきつけ、また農耕を中心とする彼らの生計活動の重要な基盤となっているのである。

しかし、アンゴラ移住民は、肥沃なザンベジ川氾濫原を耕作しない。それは、氾濫原での農業に関する技術や知識がないためではない。移住第一世代はアンゴラにいたころ、焼畑農業とともに氾濫原農業もしていたという。彼らが林での焼畑農業に従事するのは、何よりも、この地域の土地配分を采配してきたかつてのロジ王国の首長が、移住民が氾濫原を使うことを許可しないためである。氾濫原はロジの人びとの主たる生業の場とされていたため、移住民が耕作できるのは林のみとなってきたのである。

ロジは、アンゴラから来た移住民を一括して「マウィコ」(*mawiko* 西から来た人びと)と呼ぶ。これは侮蔑的な呼称であり、自分たちロジという集団から排除するカテゴリである。「マウィコ」は、もともとロジ王国領土以西(現在のアンゴラ)から来た人びとを総じて言い表す語彙であり、紛争から逃れた後ザンビア国民となった移住民と、難民認定を受けて条約難民となった移住民との双方を含んでいる。そうしてロジは、移住民「マウィコ」が氾濫原を主たる生活空間として占有しないよう氾濫原から排除し、彼らの土地利用が林に限られるよう一貫して制約してきた。

しかし、アンゴラ移住民のなかには、氾濫原での耕作を試みるものもいた。たとえば、リコロ村に住むエカ氏は一九九八年に、ロジの首長から許可をもらい、所有者が不在であった氾濫原の土地でトウモロコシやカボチャを栽培していた。ところが、収穫期直前になって、突然首長が畑に現れ、「我々の土地で何をしている」とエカ氏に退去を命じた。彼はその後、その首長にすべての収穫物を横取りされてしまった。先に述べたように、ザンビアの法制度に

従えば、西部州内の伝統的な土地慣習に従って首長が土地配分する地域において、ロジの首長による土地配分が正当なものとなる。また、ロジの首長は、いまだ村々で開かれる伝統的な裁判を采配するなど、強い権力をもっている。そのため移住民がロジの首長の発する土地に関する命令に逆らうことは、まずもってない。このようにして、ロジの伝統的な政治体制は、ザンビアの国家体制のなかで公的に認められ、移住民を政治的にも社会経済的にも排除する装置として存在している。

創造される生計活動とその限界

アンゴラ移住民は、自給可能である唯一の作物、キャッサバに依存して生計を営んでいる。そして主食として利用するだけでなく、商品化して現金収入を得て生活を営んできた。

アンゴラ移住民にとって、キャッサバの販売で得る収入は日常的な生計を支える欠かせないものとなっている。移住民は、得られた収入の多くを、魚や牛乳などの動物性たんぱく質の購入に費やしていた。そのほかにも、米や野菜、調理油、石鹸といった日用品の購入や、被服費、学費、医療代にあてていた。また、キャッサバ販売で得た現金を元手に、かぎタバコやトウモロコシの粉、アメ、ガム、肉を近隣の村や市場で購入し、自宅の軒先や行商で販売するものもいた。つまりキャッサバ販売による現金収入は、限られた生計手段を多様化するための元手金ともなっているのである。

とはいえ、アンゴラ移住民は、移住してから一九九〇年代まで、キャッサバを商品として販売していなかった。それ以前の彼らは、必要なものを得るために生のキャッサバや乾燥したキャッサバを物々交換していた。その後、とくにザンビア経済が低迷し、雇用機会が十分にないまま急激な物価高騰が起こったことも関連して、一九九〇年代後半以降、リコロ村近辺ではキャッサバとの物々交換が拒まれ、必要なものは現金で購入することが一般的となった。そこで移住民は、マーケットに来る買い物客や公務員などをターゲットに、手軽に食べられるゆでキャッサバを販売し

写真6－1　焼畑でキャッサバを収穫する

写真6－2　ゆでキャッサバの販売風景

て現金を得るようになったという（写真6－1、6－2）。

ゆでキャッサバの販売は、リコロ村の隣村に住むある男性が軽食用として発案して、村から村へ売り歩いたことが始まりである。やがて彼が思いのほか利益を得たのを見て、界隈に住む女性たちもまねていった。とくにロンボ販売を女性中心でおこなうようになったのは、従来キャッサバの収穫と加工が女性の仕事であったため、その日常的な営みの延長として定着したためである。

ンブンダ語では、ゆでキャッサバをルパ・ルワ・クボタ（*lupa lua kubota*）と呼ぶ。しかし、商品名はロンボ（*lombo*）である。ロンボの語源は、小川などの、キャッサバを浸しておく流れの緩やかな場所を指す、ンブンダ語のチロンボ（*cilombo*）である。先述した男性に続き、女性たちがさかんにキャッサバをチロンボに浸して毒抜き・加工して販売するようになったのを見た人びとが、このゆでキャッサバをロンボと呼ぶようになったのである。今日、ロンボは、ゆでキャッサバであるルパ・ルワ・クボタの商品名として定着している。そうして、村の全世帯の女性がこのロンボ販売に何かしらのかたちで関与し現金収入を得ている。

ロンボは、一度に得られる利益がよく、材料となるキャッサバも周年収穫されることから、村人の生活を支える欠かせないものである。また、同じ軽食として売られるトウモロコシやラッカセイ、バナナ、揚げパンなどの他のスナックと比べて元手がかからないうえに、安価で腹持ちがよい。歩きながら手軽に食べられるのも特徴で、くせのある味を好む客も多い。

ザンビアでは、他のアフリカ諸国に比べ、外食産業が発達してこなかった（児玉谷 一九九二）。しかし近年では、首都ルサカやその近郊で、アラブ人系のレストランや南アフリカ資本のファストフード店などが増加の一途をたどっている。一方、そのような経済の中心地から離れた辺境にあるリコロ村のあたりは、外食産業の発達がもっとも遅れている地域のひとつである。移住民がゆでキャッサバを販売する付近の県庁のマーケットでは、古着屋や電化製品の店、万屋、理髪業、インターネットカフェの増加が進み、規模が拡大しているが、外食産業は依然発展していない。

マーケットに出入りする人口も増加したが、彼らが空腹時に利用する品物は、さほど多くないのが現状である。

さらにキャッサバは、ザンビアでは人気が低く需要も少ない。ザンビアでは、トウモロコシが植民地期より都市労働者向け食料として生産が推奨され、国民食として定着した。そして今日、多くの国民にとって、主食であり、同時に換金作物となっているのはトウモロコシである。こうしたなか、キャッサバが唯一の資源であるアンゴラ移住民は、国内でニーズの低いキャッサバを、主食食材ではなくスナックとして、成長する地方のマーケットとそこに出入りする人びとのニーズを利用して商品化してきた。こうして、独自の商品を創出して、地域経済のニッチに入り込んでいったのである。

こうしたロンボによる高収入の現金稼得活動は、先述のとおり、確かに移住民の生計を安定的なものへと変化させた。しかしながら、これは持続的な自給自足体制ではない。それは、キャッサバ生産を支える、彼らの焼畑農耕の持続性の問題が関連しているからだ。

キャッサバを生産するために、アンゴラ移住民は痩せた林で焼畑農耕をしてきた。移住直後、彼らはアンゴラの焼畑で栽培していたトウモロコシなどをキャッサバと共に栽培していたが、林の環境ではそれらの栽培は難しかった。一方、痩せた土地でも育つキャッサバについては、キャッサバを植えつける際に茎を長くすることで生育初期の水分条件を良好に保つという新しい栽培技術を編み出し、土壌養分・水分ともに少ない砂土でもキャッサバ栽培を可能にした（村尾 二〇〇六）。こうした独自の方法で、彼らは、深い砂土が堆積し土壌改良すら困難な土地で、安定的にキャッサバの収穫を上げ、安定収入を得ているのである。その際、彼らは、四年一サイクルでキャッサバを栽培し収穫している。これを三サイクル、すなわち一二年ほど連作して、焼畑を放棄する。

一般に、焼畑農耕は、火入れと畑の移動のほか、休閑期間を設けて森林資源を循環利用するのが特徴である。しかしアンゴラ移住民の焼畑農耕は、一次林を開墾した後、火入れ・耕作放棄して畑の移動をおこなうとその場所を再度耕作することがなく、いわば非循環型で非持続的な焼畑農耕である。ＧＰＳを用いた面積計算によると、移住民の一

世帯あたり平均耕作面積は四・四六ヘクタール、一人あたりの耕作面積は一・〇四ヘクタールであった。この一人あたりの耕作面積は、同じザンビアの焼畑農耕民のものと比べ二・八～三・七倍ほど大きい。一次林を使い果たし、現行の焼畑農耕が成立しなくなる日が、いずれ来るだろう。

4 包摂と排除の総合的理解にむけて——日常的な生計の営みから

本章では、自主的定着難民・アンゴラ移住民が、国家の法制度の面では一国民として包摂され、成功的に生計を営みつつも、地域社会では社会経済的に排除されている実態を明らかにした。自主的定着難民が地域社会に包摂されていると従来理解されてきたことは冒頭で指摘したが、最後に、従来の理解と本章で明らかにした移住民の日常的な生計にみられる排除の側面との間に見られる違いから、今後の自主的定着難民をめぐる社会経済的な包摂と排除に関する理解のあり方を検討してみたい。

アンゴラ移住民が社会経済的に排除されることを特徴づけるものとして、ひとつに、地域レベルで歴史的に形成された排除のカテゴリと装置があげられる。ザンビア西部州では、アンゴラから人びとが移住を開始した一九世紀当時より、彼らに対するマウィコという地域レベルでのカテゴリが存在する。西部州にある伝統的政治体制が、ロジ王国形成から植民地、国民国家形成の歴史のなかで温存されるなか、アンゴラでの紛争によって後に逃れてきた移住民もマウィコとして一様に分類された。そうして今日まで、移住民は氾濫原という豊かな土地から空間的に排除し続けられてきた。近年のザンビアにおける政治経済変動下においても、移住民は、氾濫原の土地ではなく林の土地を得て農耕をおこない、唯一の資源となるキャッサバを得ていた。

二つ目に、近年のザンビアにおける政治経済変動下にあって、移住民は地域経済の外食産業部門のニッチを補う一アクターとなってはいるが、当該地域の経済構造のなかでいずれ排除されていく可能性が内包されていることがあ

る。移住民はキャッサバを新たに商品化するという創意工夫によって経済的成功をおさめているものの、唯一の資源であるキャッサバの生産を支える彼らの農耕は、過酷な環境のため集約化が進まず、一次林のみを開墾し続ける非持続的な焼畑農耕である。将来、資源となるキャッサバの生産が継続できなくなれば、今日の彼らの成功的な現金稼得活動も成り立たなくなるだろう。

こうして、自主的定着難民の視点に沿って見たとき、歴史的に形成されてきた排除の装置や他者を排除するカテゴリ、そして彼らの生計基盤たる自然資源の持続的な利用の限界は、難民キャンプや定住地とは異なっているが、確かに自主的定着難民を排除する側面を示すものである。アフリカの多くの国々が経験した、植民地化と独立、その後今日までの国家形成のプロセスにおいて、難民とも自主的定着難民とも呼びうるような農民たちが多数発生したこと (cf. Hansen 1979) を考えれば、自主的定着難民を難民の成功例として称揚する言説は、それぞれの国家経済や地域経済が多様に展開するなかで、ますます彼ら自身の自立や創意工夫の限界を看過し続ける結果を導きかねない。であるとすれば、難民問題解決策へ自主的定着難民の営みを活用することは、新たな問題を引き起こす可能性が大きい。

しかし、そうであるからといって、第五章で指摘されたとおり、紛争を逃れ国境を越えてきた人びとを難民キャンプで保護し続けるだけでは、難民の自発的な経済活動の萌芽を活かしきるには難しく、また庇護国や国際社会が社会経済的負担を抱えるという難民問題が解決されるというわけではないだろう。私たちが今必要なのは、それぞれの地域社会の歴史的経験を理解したうえで、実際その地に赴き、当該地域社会で紛争から逃れた人びとの日常的生計の可能性と限界とを総合的に理解しようとすることである。さらに、それがいかに激動する世界情勢と連動するものかを絶えず再検討することであろう。そうして私たちは、広い視野をもちながら、農民や難民と呼ばれる多様な属性をもつ他者の生活実態を一つひとつ理解し、学んでいくことで、他者をめぐる保護のあり方や問題解決を検討していく姿勢と価値観を見出すことができるのではないだろうか。

参考文献

児玉谷史郎　一九九二「外食産業の発達を阻む貧困と都市構造」岩崎輝行・大岩川嫩編『「たべものや」と「くらし」――第三世界の外国産業』アジア経済研究所、一七五―一八一頁。

村尾るみこ　二〇〇六「ザンビア西部、カラハリ・ウッドランドにおけるキャッサバ栽培――砂土に生きる移住民の対応から」『アフリカ研究』六九：三一―四三。

村尾るみこ　二〇一二『創造するアフリカ農民』昭和堂。

Backewell, O. 2000. Repatriation and Self-settled Refugees in Zambia: Bringing Solutions to the Wrong Problems. *Journal of Refugee Studies* 13(4): 356–373.

Darwin, C. 2005. *Report on the Situation of Refugees in Zambia.* Africa and Middle East Refugee Assistance（AMERA）.

Golooba-Mutebi, F. 2004. *Refugee Livelihoods Confronting Uncertainty and Responding to Adversity: Mozambican War Refugees in Limpopo Province, South Africa.* New Issues in Refugee Research. Working Paper No.105, Geneva: UNHCR.

Hansen, A. G. 1979. Once the Running Stops: Assimilation of Angolan Refugees into Zambian Border Villages. *Disasters* 3(4): 369–374.

Poltzer, T. 2005. *Adapting to Changing Legal Frameworks: Mozambican Refugees in South Africa.* Forced Migration Working Paper Series 17. Forced Migration Studies Programme, University of the Witwatersrand.

第7章 在日インドシナ定住難民の「彼らなりの暮らし」はどう保たれているか

岩佐光広

1 日本で味わう「ラオスの味」

ある食事の風景

ある週末の夕暮れどき。住宅地に建つ一軒家の前に立つ。玄関のチャイムを鳴らすが返答はなく、しばらくの間があってから扉が開いた。家主のお母さんが、愛嬌のある顔をのぞかせ笑顔で言う。

「サバイディー!」(こんにちは!)。

あいさつを返し、招かれるままに玄関を上がる。ダイニングキッチンの扉を開けると、日本ではそう嗅ぐことのない匂いが溢れ出してきた。少し酸味のまじった香草の爽やかな香りと、パー・デーク(川魚のナレズシ)の濃厚な匂い。それらが混じり合ったクセの強い、しかし食欲を刺激する匂いだ。

部屋にはすでに二組の中年夫婦の先客がいた。あいさつを交わしながら、先に座っていた男たちに混じり食卓についた。一人の男性がビールを注ぎながら、皆に声をかける。

「アーオ、タムチョーク!」(よし、乾杯だ!)。

キッチンで料理の準備に勤しむお母さんら女性たちもいったん手を止め、グラスを鳴らす。乾杯を終えると女性陣

は、わいわいと会話をしながら料理の準備に戻る。お母さんは料理を進めながら、他の人にもお誘いの電話をかけている。

先に供されたタム・マームフン（パパイヤのサラダ）をつまみに男性陣としばし談笑していると、完成した料理が運ばれてきた。今回のメインは魚介類を使った料理だ。ラープ・パー（魚の切り身を香草で和えたサラダ）、ケーン・パー（魚のスープ）が切り身のものとすり身のものと二種類、それにゴーイ・グン（生エビを香草で和えたサラダ）。竹製のカゴに入れられた蒸したモチ米もある。

豪勢に器に盛られた料理が食卓に並べられた。再び乾杯をし、食事を始める。ラープ・パーを口に運ぶ。生魚の歯ごたえに各種の香草のシャキシャキが加わる食感とともに、香草からする柑橘系の酸味とパー・デークの生臭いが濃厚なうまみ、それに少しケミカルな化学調味料の味が口に広がる。次にゴーイ・グンに手を伸ばす。ラープ・パーと基本的な味付けは一緒だが、こっちは大量のトウガラシが盛られて激辛だ。自然とビールも進む。手にとったモチ米をケーン・パーにつけて食べる。モチ米の甘みとスープの酸味を同時に楽しむ。

それぞれの料理に舌鼓を打ちながら、お互いの近況や今度ある仏教寺院でのバザーなどの話に花を咲かせていると、先ほどお母さんが誘いをかけた人たちが次々とやってきた。人数は十名ほどに増えた。料理が追加され、新たなビールもどんどん開けられる。久しぶりに会う人もおり、話題もさらに広がる。賑やかさが増すなかで、夜は更けていった……。

「素朴な疑問」からの出発

これは、神奈川県に暮らすラオス人たちの食事会の描写である。彼らは「難民」として日本に再定住した人たちだ。一九七五年、東南アジア大陸部に位置するラオス、ベトナム、カンボジアの「インドシナ三国」において、相前後して旧政権が倒れ、社会主義体制が敷かれることになった。この政権の転換に伴って起こった迫害や新政権に対す

写真７−１　ラオス低地農村部の料理。パー・デーク、牛肉、川エビ、アオミドロ、ウリなどを使った副食に、主食のモチ米を食べる（2004年９月）

写真７−２　神奈川県の食事会で供されたラオス料理。エビや魚、牛肉、パパイヤなどを使った料理が豪勢に並ぶ（2011年１月）

る不安、生活の困窮などが原因となり、国外へと避難する者が大量に発生した。「インドシナ難民」と総称される彼らに対し、国際社会はさまざまな支援を展開した。その取り組みのひとつが「第三国への再定住」であった。アメリカなどの欧米諸国を中心に進められたが、日本も一九八〇年代以降、段階的に制度を整え、一万人ほどのインドシナ難民を受け入れてきた。[*1]それから三〇年以上が経過した現在も、彼らは日本社会で暮らしている。

もともと私はラオスの農村部でフィールドワークをおこなってきたが、[*2]上述のお母さんと知り合ったことをきっかけに、日本に暮らすラオス人の暮らしに関心をもつようになった。そうしてラオス定住難民が多く住む神奈川県でフィールドワークを開始した。

その過程でいろいろな疑問が生じたが、そのひとつに「食」に関することがある。彼らの家を訪問すると、いつもラオス料理を振る舞ってくれる。ラオス料理は、蒸したモチ米を主食とし、おかずにはさまざまな野菜や魚、そして「パー・デーク」と呼ばれる川魚を塩と米とともに発酵させたナレズシを主に用いる（岩佐 二〇一〇）（写真7－1）。ラオスでもよく食べた料理が、日本ではそう味わえない「ラオスの味」で供されるのである（写真7－2）。いずれも絶品で、深く考えずにご相伴にあずかっていたのだが、あるときふと思った。

これらの食材を、彼らはどうやって手に入れているのだろうか？

お母さんを含むラオス定住難民の女性の多くは、ラオス料理の作り方を知っている。主食のモチ米、魚や肉などのメインの食材は、ラオスのものとは異なるが、日本のスーパーなどでも手に入り、それらを工夫しながら用いている。しかし問題は「ラオスの味」を支える食材、つまり調味料や香草などだ。ラオス料理の味の基本は塩味・辛味・酸味であり、その味つけにはパー・デークの汁やトウガラシ、そして多種多様な香草をふんだんに用いる（院多本二〇〇三）。それらの一部は日本のスーパーでも見かけるが、大半は売られていない。売られていてもそれは一部の専門店においてであり、そうした店は都市部や在日外国人が多く住む地域に集中している。彼らが暮らすのは住宅と工場がメインの地域で、都市部とは言い難い。また市役所の資料によれば、外国人登録者数は総人口の二％ほどで、

在日外国人の集住地域ともいえない。そんな地域に暮らす彼らは、香草などをどうやって入手しているのだろうか？

本章では、このフィールドワークで生じた素朴な疑問を手がかりに、在日インドシナ定住難民の社会的包摂／排除をめぐる問題系へのアプローチについて考えてみたい。けれども、包摂や排除に関する議論において、食に関することうした疑問が取り上げられることはまずないので、本章の問題設定は奇妙に思えるかもしれない。まずは、在日インドシナ定住難民をめぐる社会的包摂／排除について概観し、本章のねらいを明らかにしておく必要があるだろう。

2　インドシナ定住難民をめぐる社会的包摂／排除と「彼らなりの暮らし」

インドシナ定住難民をめぐる社会的包摂／排除

第三国への再定住とは、難民キャンプなどで一時的な庇護を受けた難民を、その庇護を求めた国とは別の国（第三国）が長期的滞在と社会的な権利を認めて受け入れるというものである。それを実施する国は、再定住する難民が当該社会において政治的・経済的・社会文化的な生活を営むための制度を整備するとともに、そうした生活を実質的に営むことができるように種々の支援を実施する（大原 二〇〇七）。

インドシナ難民の受け入れにあたり日本でも制度の整備と支援がおこなわれた。制度面を見れば、再定住が認められたインドシナ難民は、日本国内での就業や就学についての制限のない法的地位が与えられた。納税の義務のもと国民健康保険や年金に加入でき、生活保護を受けることもできる。また支援の面では、来日した彼らには、「定住促進センター」において日本語教育や生活訓練などの日本で暮らすための一定期間のトレーニングがおこなわれた。それを終えて地域社会で生活を始めるにあたっては、センターによる就職と住居の斡旋、定住支援金や移動費などの支給を受けることもできた。小泉康一は「定住」を「人がリセプション・センターから地域社会へ、そして個人や家族が永久に滞在する家に移動するまでの難民経験の総体」（小泉 一九九八：一八七）と定義しているが、その点について見

れば、日本に再定住することで彼らは社会的に包摂されたということができよう。

しかし注意が必要なのは、小泉が定義する「定住」の過程のあとも彼らの日本での生活は続くという点である。その暮らしは決して楽なものではなかった。上述のような制度や支援があっても、彼らの出身国とは言語、生活慣習、社会制度、雇用形態、政治経済的な条件が大きく異なる日本社会において、普段の生活を問題なく営んでいくことがいかに難しいかは想像に難くないだろう。また、今でこそ「多文化共生」などの標語のもと在日外国人に対する関心が高まりつつあるが、彼らが再定住を開始した一九八〇年代の日本では、在日外国人に対する風当たりは冷たかった。彼らも例外ではない。職場や学校における差別やいじめなどは、大なり小なり多くの定住難民が経験してきた。なかにはその困難から精神的に病む者や自殺した者などもいたほどである（遠藤 一九九〇）。

その一方で、「元難民」である彼らにはボランタリィな支援が提供されることもあった。たとえば定住難民が多く暮らしてきた神奈川県では、インドシナ難民の再定住が開始された当初から民間ボランティアの活動がおこなわれてきた。その活動には、主婦や学生などの一般市民から、仏教僧などの宗教者、医師などの専門職者など、幅広い人たちが関わってきた。またその活動内容も、生活相談、日本語の教育、出身国の言語による情報提供、奨学金の支給など多岐にわたった。これらの活動は、公的な支援ではフォローできない部分も含めて、彼らの地域社会での生活を支えるものであった（萩野 二〇一三：八七―九〇）。

一定の制度と支援のもとで日本に再定住することによって彼らは社会的に包摂され、「難民」としての問題は解消したといえる。しかし、再定住を果たしたあとの生活の過程において彼らは、「元難民」として包摂にむけた一定の支援を受けると同時に、「在日外国人」としての排除を経験することになった。難民をめぐる包摂／排除の問題系から脱した彼らは、日本において別様の包摂／排除に直面することになったのである。

インドシナ定住難民の「彼らなりの暮らし」

インドシナ定住難民をめぐるこうした状況については、これまで刊行された研究論文や報告書などにおいても繰り返し指摘されてきた（田中 一九九四、中野 一九九三、吹浦 一九九五）。そこでは、日本に再定住した彼らが直面したさまざまな困難、たとえば日本語の習得、学校教育の履修と進学、就職などに関する問題が繰り返し指摘されている。それに続けて語られるのは、彼らに対する制度の不備や支援の不足であり、さらなる包摂にむけた取り組みの必要性である（久保・岩佐 二〇一二）。こうした議論を読むと、インドシナ定住難民の日本での暮らしが社会的包摂／排除という問題系と無関係ではないことを改めて感じさせられる。

こうした感覚はフィールドワークをおこなうなかでも確かに感じるものであった。けれども同時に感じたことはそれだけではなかった。彼らが暮らす地域を訪ね、歩きまわり、彼らの日々の生活に触れてみたとき、そこには社会的包摂／排除というまなざしのもとでは光が当てられない暮らしの側面があることに繰り返し気づかされた。社会的包摂／排除のまなざしのもとでは「元難民」であり「在日外国人」として捉えられがちな彼らは、それぞれの地域で日々の生活を営んできた「生活者」でもある（瀬戸徐 二〇一一）。自分たちなりに工夫をし、お互いに助け合いながら、楽しんだり喜んだりしながら営んできた「彼らなりの暮らし」の側面も豊富にある（岩佐 二〇一二）。上述のように、三〇年以上にわたる彼らの日本での生活がさまざまな困難や支援といったものと無関係ではないことは確かである。しかしそれだけで彼らの生活が語りつくされるわけでは決してないのである。

冒頭の食事会の風景からは、そうした彼らなりの暮らしぶりの一端を垣間見ることができるのではないだろうか。そしてその風景にはラオス料理とその「ラオスの味」が不可欠であり、それを生み出す各種の調味料や香草は彼らなりの暮らしに欠かせない重要な構成要素といえるだろう。だとすれば、上述の食材の入手方法に関する素朴な疑問を探ることは、社会的包摂／排除という問題系だけでなく、生活者として積み重ねてきた彼らなりの暮らしの側面にア

プローチするためのひとつの手がかりとなるのではないだろうか。そうした作業を通じて、改めて彼らの暮らしを見つめ直してみることが、この章のねらいなのである。

3　レモングラスをどのように手に入れる？

以上の背景をふまえたうえで、以下では、ラオス料理に不可欠の香草のひとつである「レモングラス」に焦点を当て、ラオス定住難民が神奈川県の一地域においていかにエスニック食材を入手しているのかを具体的に見ていこう。

自給されるレモングラス

お母さんは五〇代の女性で、ラオス北部の農村出身である。一九八〇年代前半にタイの難民キャンプから日本にやってきた。兵庫県姫路市にあった定住促進センターで日本での定住生活のためのトレーニングを受けたあと、就職の斡旋を受けて名古屋に暮らすことになった。その後、諸々の事情から神奈川県にある県営住宅に引っ越し、その近くにある工場で働いてきた。節約をし、いろいろな副業をしながらお金を貯め、二〇〇〇年代の前半に一軒家を購入し、現在もそこで暮らしている。冒頭の食事会の舞台はこの家である。

その家を何度目かに訪問したときのことである。ラオス料理を作るお母さんが冷蔵庫からレモングラスを出すのを見かけた。そのとき、以前から気になっていたその入手方法を尋ねてみた。するとお母さんは、レモングラスを洗いながら、ラオス人がよくやるようにアゴをしゃくって外を指し、「そこよ」と答えた。庭に出てみると、そこにはいろいろな草花が植えられており、その一角にススキに似たひょろ長い草が鉢植えにされていた。そう、レモングラスが植えられていたのである（写真7－3）。

レモングラスはイネ科の植物で、名前の通りレモンのような柑橘系の香りと酸味がある。そのさわやかな風味はラ

写真7－3　お母さんの家の庭先で育てられていたレモングラス（2010年10月）

オス料理に不可欠で、スープに入れたり、ラオス風サラダに刻んで混ぜたりと多用される。レモングラスは熱帯が原産だが、日当たりがよいところであれば日本でも栽培することができる。栽培はそれほど手間がかからず、また多年草であり、茎の部分を切り取ってもまた生えてくるので、一度植えると繰り返し収穫できる。ラオスではたいていの家の一角に家庭菜園があり、そこで日常的に使う香草を育てているが、お母さんも同様に家庭菜園でレモングラスを自給していたというわけだ。

くわえてお母さんや他の女性たちは次のような話もしてくれた。自分だけや家族だけのときは、それほど手の込んだ料理をするわけではなく、蒸したモチ米とちょっとしたおかずで済ますことが多い。子どもが日本生まれや日本育ちの家庭では、和食を作ることも多いという。普段の料理でもレモングラスを使わないわけではないが、それをたくさん使うのは定住難民が集まる食事会などの機会である。そのとき自分のところにあればそれを使うし、なければ持っている人に分けてもらう。そうした話のあとで、お母さんは「これもスワイ・カン（助け合い）なのよ」と言って笑った。

ラオスでは、魚や野菜などがいっぱい採れれば分け合うし、料理をたくさん作ればお裾分けをする。ラオスの人たちの生き方の

底流には相互扶助の規範があり、それを日常的に営んでいるが（岩佐 二〇〇九）、食べ物の分配やお裾分けには、そうした営みの一端が現れる。そしてそれらを「一緒に食べること（ギン・ナムカン）」は楽しみの機会であり、人と人とのつながりを生み出し維持したり修正したりする重要な機会でもある。食を通じて人びとはつながり、そのつながりを通じて食を営んでいる。日本に暮らすラオス定住難民もまた食を通じてつながりを作り、そのつながりのなかでレモングラスは自給されているのである。

なるほど、と納得したのもつかのま、すぐに別の疑問が生じた。レモングラスは確かに日本でも栽培できるが、家庭菜園で育てているレモングラスの量はそれほど多くはないし、すべての世帯で栽培しているわけでもない。必要なときに必要なだけのレモングラスを常に確保するのは難しいのではないだろうか。にもかかわらず、彼らが供してくれるラオス料理にはレモングラスがいつもふんだんに使われている。改めてお母さんに尋ねてみると、彼女はそっけなく言った。

「ないときは買うわよ」。

レモングラスのグローバルな流通

じつは、この地域には数軒のエスニック食材店があったのだ。ここでは、そのうちの一軒を取り上げよう。駅前から少し行ったところに商店が軒を並べる通りがある。少し寂れた感のあるその通り沿いに、その店はある。ベトナム人の女性が営むその店は、こぢんまりとした店構えで、看板もなく、そうと知らなければ入るのに結構な勇気がいるだろう。

お母さんの買い出しに付き添い、その店に入ると、そこには東南アジアではお馴染みの食材がところせましと並んでいた。魚醤（ナム・パー）などの調味料、乾燥させたトウガラシなどの香辛料、乾燥ビーフン（米粉の麺）やインスタント麺、スナックやクッキーなどのお菓子が棚に並ぶ。ケースに入ったアヒルの卵もある。一角に置かれた大きな

冷蔵庫の中にも様々な食材が入れられてある。ティラピアや貝などの魚介類、まるごとのニワトリやアヒル、パパイヤやマンゴーなどの果物、そしてコリアンダーなどの香草とともにレモングラスが置かれていた。

これらの商品は、主にタイやベトナムから輸入されたものだ。それを買いに来るのは在日ベトナム人だけでなく、近隣に住むラオス定住難民やカンボジア定住難民、あるいは在日タイ人などだという。東南アジア大陸部の各国の料理にはそれぞれの特徴があるが、類似する部分も多く、用いられる食材もかなり共通している（森枝 二〇〇五）。これらの食材はインドシナ定住難民に共通して需要があり、彼らに広く利用されることで、この商売は成り立っているのである。

レモングラスも彼らが共通して使用する食材のひとつであり、東南アジアから輸入されたものが売られている。お母さんたちはレモングラスをここで購入していたのだ。ラオス定住難民の料理に使われているレモングラスは、彼らのあいだで自給されるとともに、東南アジアから輸入されるものも含まれていた。「ラオスの味」はこうした地域や国を超えた食材の流通ネットワークにも支えられていたのである。日本の一地域で売られているレモングラスを見ながら、私は「グローバリゼーション」という言葉をぼんやりと頭に思い浮かべていた。

レモングラスのローカルな流通

そんなことに思いを馳せる私のとなりで、お母さんと商店の女性が意外なやりとりを始めた。商店の女性が買い物をするお母さんに尋ねた。「オネエさん、レモングラス余ってない？　なくなっちゃったの。余っていたら売ってくださいよ」。お母さんは先日の食事会のときにレモングラスを使いきってしまい、残っていないと答え、「ごめんねー」と言った。すると商店の女性は、「気にしなくてイイですよ、カンボジアのオネエさんが売ってくれますから」と言ったのである。

どういうことだろうと思い、商店の女性に話を聞いてみると、香草などを畑で栽培しているカンボジア定住難民が

近所におり、そうした人からレモングラスなどを買い取ることがあるのだという。じつはお母さんも以前、畑を借りて野菜を育てていたことがあり、そのとき栽培していたレモングラスをこの店に売ったことがあったのである。そのため彼女は先のようにお母さんに尋ねたのであった。

多くの日本人にとってレモングラスは必要のないものであろう。その地域の人口の圧倒的多数を占める日本人もまた、その流通にはほとんど関係していないだろうし、きっとそうした流通があること自体知らないだろう。それは、レモングラスを消費するこの地域に暮らすインドシナ定住難民が中心的に関わるものである。私が食べていたレモングラスは、自給と輸入に加え、彼らのあいだのローカルな流通ネットワークを通じても手に入れられていたのである。とはいえ、以前からそうした流通ネットワークがあったわけではない。お母さんがこの地域に住み始めた当初は、調味料や香草などの食材は、休日に横浜の中華街にある店に行ってまとめ買いをしていたという。このローカルな流通ネットワークは、インドシナ定住難民の日本での生活の過程のなかで徐々に形成されてきたものであった。

ベトナム定住難民の調査をおこなってきた川上郁雄は、インドシナ難民の再定住に関する日本の政策は、アメリカの政策を見習い、「分散化」させる傾向にあったが、彼らは一部の地域に再移住し「集住化」していったと指摘する(二〇〇七：一一二)。そうした集住地域のひとつが神奈川県である。神奈川県は、定住促進センターが設置されたこともあり、地方自治体のサポートや民間ボランティアの活動が他県に比べてさかんであったこと、また定住難民の主な就職先である製造工場が多くあったことなど、インドシナ定住難民にとって「生活上の利点」のある地域であった。はじめは定住促進センターが設置された地域や横浜市などの都市部に集住地が形成されていったが、その後、食品加工や車両・電気製品の部品製造などの工場が建つ周辺の地域にも定住難民は住むようになっていった。住み始める人が現れると、その人たちのツテを頼って再移住する人たちが現れる。本章で取り上げている地域も、こうした人びとの移動の結果として、インドシナ定住難民が暮らす地域となったのである。

そうしたなかで上述のローカルな流通ネットワークが形成されていった。けれどもそれは、この地域に暮らすイン

ドシナ定住難民の意識的・積極的な働きかけによって形成されたというわけでは必ずしもない。定住難民の数が増えることで人びとのネットワークが生まれたことは確かである。集住化を通じて、同国出身者間でのつながりを強め、コミュニティの形成や相互扶助の活動なども活発になっていった（岩佐 二〇一二）。しかしその反面、他国の出身者との関わりの機会を減らしてもいった。古くからの友人や同じ職場の同僚のあいだでの個人的なつきあいはあっても、ラオス・カンボジア・ベトナムの定住難民が一堂に会して活動をする機会はそれほどない。それに対して、上述のエピソードにも見られるように、このレモングラスの流通は出身国や個人的な関係に限定されない形でおこなわれている。

そうした流通ネットワークを考えるうえで、貞好康志（二〇〇〇）の議論が参考になる。インドネシア中部のジャワにおける華人社会の祭礼を事例としてあげながら貞好は、「コミュニティや社会関係の創出・維持において、今の暮らしの場に在るという事実＝『在地性』やその歴史的な積み重ねが、『民族性』やエスニシティを含む、別次元のさまざまなつながりの基盤であることが多いし、少なくともそれらの紐帯と相互に補完しあっている」（貞好 二〇〇〇：一一四）と論じている。レモングラスのローカルな流通ネットワークもまた、インドシナ定住難民がこの地域で暮らしてきた／いるという「在地性」を背景としながら、それぞれがレモングラスを生産し、それを売り買いし、消費するという暮らしの営みを通じて徐々に形成されてきたものといえよう。日本で味わう「ラオスの味」は、こうした出身国や個人的な関係を超えたかたちで機能しているローカルな流通ネットワークにも支えられていたのである。

4　インドシナ定住難民の生活への総体的なアプローチ

フィールドワークにおいて生じた素朴な疑問を手がかりに、食という基本的な暮らしの側面に目を向けることで、予想外の広がりと重層性をもった「彼らなりの暮らし」の側面を垣間見ることができた。その暮らしぶりは、ラオス

での暮らしと通ずるところがあるが、当然同じものではなく、日本に暮らす日本人のものと共通するところもあるが、それとも違うものである。それは、彼らが難民として日本に再定住し、地域において生活者としての営みを積み重ねてきたことに根ざしたものであった。

彼らの生活の場に赴き、その暮らしに触れてみれば、こうした「彼らなりの暮らし」の側面があることに多かれ少なかれ気づかされることだろう。これまでもインドシナ定住難民に関する研究論文や報告書が刊行されてきたが、それを書いた人たちもきっと、彼らとの関わりのなかでそうした側面を垣間見てきたはずである。しかしながらそこで語られるのは、彼らが経験してきた問題や困難であり、彼らに対する制度の整備や支援の実施の必要性が主であり、「彼らなりの暮らし」の側面について語られることはまれである。そうした語り口が主流を占めるなかでは、食に関する素朴な疑問とそれを探る本章の試みは、こんなふうにいわれるのかもしれない。

「そんなことよりも議論すべきことがある」と。

もちろん、難民をめぐる議論の蓄積が十分とはいえない日本において、インドシナ定住難民の包摂と排除をめぐる問題系に光を当てることは決定的に重要である。そのことを認めたうえで注意すべきことは、そうした議論において光を当てることができるのは、あくまで在日インドシナ定住難民の暮らしのひとつの側面に留まるという点である。そしてさらに注意すべきことは、そうであるにもかかわらず、その一側面のみを切り出して彼らの暮らしを語ることが「あたりまえ」になってしまっている点である。本章において記述してきたように、彼らの生活において「彼らなりの暮らし」の側面がないわけでは決してない。社会的包摂／排除のまなざしのもとで「元難民」と「在日外国人」としての生活の側面に光を当て、「生活者」として営んできた暮らしの側面を語らずに陰に追いやってきたのは、それが「あたりまえ」になっている私たちなのである。

本章の内容をふまえて考えてみると「社会的包摂／排除の人類学」のアプローチとは次のようにいえるだろう。すなわち、従来の議論では社会的包摂／排除をめぐる議論の一対象としてインドシナ定住難民を取り上げてきたのに対

し、インドシナ定住難民の暮らしを社会的包摂／排除という問題系も含めて総体的に捉えようとするものであると。そのためには、彼らをめぐる包摂と排除の諸相を批判的に捉えつつも、そこには還元しきれない彼らの生の営みを丹念に記述し、そこから改めて社会的包摂／排除の問題系を捉え直すという反復的な取り組みが求められる。そして同時に、それを試みる私たちの「あたりまえ」を解きほぐしていくこともまた不可欠である。そうした試みの先に、序章において内藤直樹がいうところの「他でもありうる可能性」を展望することができるのではないだろうか。本章で取り上げた素朴な疑問は、その素朴さゆえに気づきにくいが、そうした試みの重要な手がかりとなるものなのである。

追記

本章のもととなった調査は、トヨタ財団研究助成プロジェクト「日本で暮らす難民の生活と人生の記録——在日ラオス定住者の過去遡及的な生の記録とミャンマーのカレン難民が日本へ再定住する進行形の生の記録」（代表：岩佐光広）の一環としておこなわれた。調査に快く協力してくれ、美味しいラオス料理を振る舞ってくれた、お母さんをはじめとするラオス定住難民の皆さんに、謝意と「ごちそうさま」を記して表したい。

注

＊1　インドシナ難民の再定住受入が終了した二〇〇五年末までに、日本は、ベトナム難民を約八五〇〇人、カンボジア難民を約一三〇〇人、ラオス難民を約一三〇〇人受け入れてきた。なお再定住を果たしたインドシナ難民はさまざまに表記されるが、本章ではとくに断りがない限り「定住難民」という表現を用いる。

＊2　ラオスにおける研究については岩佐（二〇〇九）などを参照されたい。

参考文献

岩佐光広　二〇〇九『生の型、死の構え——ラオス低地農村部における終末期の民族誌からのバイオエシックス再考』千葉大学大学院社会文化科学研究科博士課程学位取得論文。

岩佐光広　二〇一〇「ラオス低地農村部の食生活の現状と変化」『生態人類学ニュースレター』一六：一九―二一。
岩佐光広　二〇一二「在日ラオス系定住者の相互扶助の展開過程」『文化人類学』七七（二）：二九四―三〇五。
院多本華夫　二〇〇三「村の暮らし」ラオス文化研究所編『ラオス概説』めこん、三六一―三八一頁。
遠藤充　一九九〇『難民の家』講談社。
大原晋　二〇〇七「諸外国における難民などの受け入れと支援」山田寛他『日本の難民受け入れ――過去・現在・未来』中央公論事業出版、一九五―二二五頁。
荻野剛史　二〇一三『「ベトナム難民」の「定住化」プロセス――「ベトナム難民」と「重要な他者」とのかかわりに焦点化して』明石書店。
川上郁雄　二〇〇七「『難民』受け入れから、定住へ」山田寛他『日本の難民受け入れ――過去・現在・未来』中央公論事業出版、一〇八―一一九頁。
久保忠行・岩佐光広　二〇一二「制度批判で見えなくなること――日本の難民の第三国定住制度をめぐって」『国際社会文化研究』一二：五三―八二。
小泉康一　一九九八『「難民」とは何か』三一書房。
貞好康志　二〇〇〇「『民族性』と『在地性』――ジャワの鄭和祭にみる交錯」福井勝義編『近所づきあいの風景』昭和堂、九〇―一一六頁。
瀬戸徐映里奈　二〇一一『在日ベトナム系住民の生活における食の確保戦略――兵庫県姫路市を事例として』京都大学大学院農学研究科修士論文。
田中信也　一九九四「日本の難民受入」加藤節・宮島喬編『難民』東京大学出版会、一四一―一六八頁。
中野秀一郎　一九九三「インドシナ難民――姫路定住促進センターの経験を通して考える」中野秀一郎・今津孝次郎編『エスニシティの社会学――日本社会の民族的構成』世界思想社、六六―八四頁。
吹浦忠正　一九九五「難民の定住化」駒井洋編『定住化する外国人』明石書店、一〇三―一三一頁。
森枝卓士　二〇〇五『世界の食文化――ベトナム・カンボジア・ラオス・ミャンマー』農山漁村文化協会。

第8章 第三国定住難民と私たちとの接点はどこにあるのか

久保忠行

1 フィールドワークができない？

「『農業やりたくない』 就職拒否のミャンマー難民夫婦が会見」。

こんな記事が、産経新聞（ウェブ版）に掲載された。予備知識なしに記事を読むと、働きたくない難民がわがままを言っていると思うだろう。というのも、記事には、農業をするのが大変だから、その農場へ就職するのは断念したという事実関係が書かれてあるからである。[*1] しかし、この記事が掲載される三日前、この難民たちは、弁護士を通して日本政府に申入書を提出していた。[*2] 申入書は、労働面、子どもの通学や通院に関する環境を改善するよう要望するものである。要望には、たとえば「訓練」の名のもと低賃金で長時間労働を強いられたことや、外部と連絡を取ることを禁止されたことへの改善要求があった。こうした要求があること自体、少なくとも互いに十分な意思疎通が図られないまま受け入れが進んだことを示している。「農業をやりたくない」というのは決して難民のわがままではなく、受け入れる側にも配慮が足りなかったのだ。

しかし本当のところはどうなのだろうか。実際に本人や関係者に会って話を聞いてみたい。どこに行けば本人たち

に会えるのだろうか。たとえば、難民を受け入れる支援機関や担当省庁に問い合わせてみよう。すると、次のような回答が返ってくるだろう。「個人の情報に関わることなので、お教えできません。守秘義務がありますので、ご質問にはお答えできません」。関係機関に断られてしまったら、手がかりはどこにあるのだろうか。彼らが住んでいるとされる自治体に問い合わせてみようか。でも「個人情報」という、聞いてはいけないことを聞くような気がして腰が引ける。フィールドワークをするのは、あきらめるしかないのだろうか。

「個人情報」や「守秘義務」という言葉が出てくるように、ある制度が、私たちと彼らのあいだに大きな壁として立ちふさがっている。比喩的な表現だが、この制度は、私たちや彼らの目線から見ると、両者を隔てる壁でしかない。しかし、角度を九〇度ずらして横から見てみると、私たちは彼らと同じ地平に立っていると見ることもできる。本章では、「本人たちに会えない」社会のあり方を、ひとつの「フィールド」として捉えたい。ここでは会いたくても会えないこと自体が、イシューなのである。だからこそ、彼らと会うことだけに重きをおくことは、もしかすると「壁の向こう側」の世界だけを見ているに過ぎないことになるのかもしれない。

このような視点にもとづき、本章では、日本にやってきた難民と、難民を受け入れる私たちとの関わり方について考える。そのさいに手がかりになるのが、両者を隔てつつも媒介する制度である。この制度は、難民をつくりだす制度といってもよいだろう。

本章で対象とする難民とは、ビルマ（ミャンマー）を出身とし、隣国タイの難民キャンプを経由して日本にやってきた「カレン難民」である。祖国での長年にわたる政情不安や内戦のため、一九八〇年代から隣国タイへ難民が流出するようになった。故郷に帰還できないため、近年になって先進諸国が、タイで難民キャンプ生活を送る難民を受け入れるようになった。日本政府もまた、「第三国定住制度」という難民の再定住支援制度を導入し、試験的に二〇一〇年から三年間にわたりカレン難民を受け入れることにした（後に二年間の延長が決定された）。三年目の受け入れが済んだ時点で、日本政府は、タイのメーラ難民キャンプに居住していたカレン難民九家族、計四五人を受け入

れた。その内訳は、初年度の二〇一〇年が五家族二七人で、二年目の二〇一一年が四家族一八人、三年目は来日予定者が辞退したため〇人であった。

「就職拒否」の記事や「申入書」が示しているように、受け入れは失敗しているかのように見受けられる。しかし、人が移動し再定住するという営みについて、わずか一〜二年で成否を判断するのは早急に過ぎる。とくに難民の場合、初期の困難はつきもので、その成否は当事者によって数十年単位で評価されるべきものかもしれない。よって、ここでは再定住の善し悪しは論じない。本章では、むしろ制度の欠点を批判することの問題点に焦点を当て、難民問題とは、難民自身の問題ではなく、私たちの問題でもあるということについて考えてみたい。このようにして、「壁」の両側を架橋する視点を提示する。

2　制度がつくる難民

日本の難民

関西のある都市で自動車の整備士として暮らすAさんは、ビルマ出身のビルマ族の難民である。Aさんは、民主化を求めて一九八八年にデモに参加した。このデモは政府軍によって鎮圧され、その後、参加者たちが次々と逮捕・投獄されていった。一緒にデモに参加した友人が、軍情報部に自宅で拘束されたことから身の危険を感じ、Aさんは生まれ育った町を離れ、何年も息をひそめて暮らした。その後ビルマからタイ、韓国へと渡り、二〇〇一年に日本へたどり着いたが、不法入国のかどで逮捕された。その後、西日本入国管理センターに収容された。

私が彼と初めて出会ったのは、入国管理局の面会室である。分厚いガラスで「収容者」と「面会者」は隔てられている。面会時間は一五分間と限られており、「収容者」の背後には職員が張り付いて聞き耳を立てているように見える。驚くべきことに、収容されているあいだに、彼は差し入れで入手した教科書を使って独学で基本的な日本語会話

を身につけていた。入管に一年半にわたって収容された後、仮放免された。その後、難民不認定処分取消と退去強制令書発布取消裁判に勝訴し、難民として認定されたのは、仮放免されてから約二年後のことである。

仮放免中の就労は禁止され、月に一回出頭する必要がある。移動の自由は居住する県内に限られ、居住する県外に外出するには入管の許可を得る必要がある。「普通に」日本で暮らしていると、移動を制限されたり、就労を禁止されたり生存を否定されたりすることはない。こうした過酷な条件下で生き抜き、「不認定処分取り消し」の裁判を起こし、難民というステイタスを勝ち取るには、運良く支援者に巡り会わないと難しいのは想像に難くないだろう。仮放免にも数十万円から最高で三〇〇万円の保証金が必要になる。政府が認める難民（条約難民）として認定されるには、このような過酷な現実を生き延びなければならない（条約難民の定義は第五章を参照）。

Aさんのように、条約難民として認定された人は、二〇〇一年から二〇一〇年までの一〇年間の合計で、わずか三二一人に過ぎない。二〇一〇年だけでは、不認定を受けた人が一三三六人、難民不認定の異議申し立てを棄却された人が三二五人、つまり難民と認められなかった人が、合計一六六一人いるのに対し、認定された人は三九人だけである。[*3] 日本が難民鎖国といわれる所以である。この閉鎖的な状況に風穴をあけることを期待されたのが、「第三国定住制度」による難民の受け入れである。これは、条約難民とは別枠で、政府が主体となって難民を受け入れる制度枠組みである。

第三国定住制度

難民支援や問題の解決にとりくむ国際機関に、国連難民高等弁務官事務所（United Nations High Commissioner for Refugees　以下ではＵＮＨＣＲと表記）がある。ＵＮＨＣＲは、難民問題の解決策のひとつとして、第三国定住制度をあげている。この制度は、当事者の出身国（一番目の国）でも、避難先の一次庇護国（二番目の国）でもない、三番目の国へ難民を再定住させる制度である。これが解決策とされるのは、祖国に帰ることもできず、かといって避難先でも「よそ者」として扱われ帰化できないことが、難民生活を長期化させているからである。タイの難民キャンプから

写真８－１　メーラ難民キャンプ（2008年３月）

は、アメリカをはじめオーストラリア、カナダ、フィンランド、ノルウェイ、スウェーデン、ニュージーランドなどの諸外国へ、二〇〇五年以降、約八万人が再定住している。

日本政府は、二〇〇八年の閣議了解で、日本が難民にとっての第三国として難民を試験的に受け入れることを決定した。その対象と条件は、「タイのメーラ難民キャンプに滞在するミャンマー難民を、一年あたり三〇人程度、三年間にわたって試験的に受け入れる」というものである。このように条件づけられるように、世界のなかでどの難民が再定住者として来日できるかは、受入国の判断で決まる。また、制度のおもな運営母体となる日本の外務省は、「難民は移動先の第三国で、庇護あるいはその他の長期的な滞在権利を与えられる」と説明している。[*4] この説明に見られるように、難民の権利とは、所与のものとしての普遍的人権というよりも、受入国の枠内での庇護や権利をさす。第三国定住は受入国が定める制度のもとで実施される（写真８－１）。

諸外国へ再定住するには、「難民であること」が必要条件となるが、誰が難民で、誰が難民でないかは、じつはそれほど自明ではない。たとえば難民キャンプで暮らしていたり、国際支援機関から配給を受けていたりすることは、事実上、彼らが難民であることを指している。しかし、話はそれほど単純ではない。今回、

日本政府が受け入れを表明したタイに居住するビルマ難民を例にとって「難民とは誰か」という問題を考えてみよう。

じつは、タイには法律上、難民は「いないこと」になっている。タイでは移民法しかなく、難民を扱う法律はなく、難民は公的には避難民（displaced persons）とされる。この避難民は、タイに帰化することは許されず、潜在的な不法滞在者として扱われる。ただし人道上の理由から、戦禍を逃れてきた者や政治活動のため本国に帰還することができない者は、難民キャンプなどで居住することが許されている。こうした人びとは公式に認可される難民というよりも「事実上の難民」といえよう。

「事実上の難民」のなかでも、第三国へ定住する権利をもつのは、二〇〇四年末〜二〇〇五年初頭にかけて実施されたUNHCR／タイ内務省の避難民登録証をもつ者だけである。この避難民登録証には、名前、性別、国籍、生年月日、発行日、有効期限、個別に割り当てられる番号が記載される。避難民登録では、このほかにも世帯ごとの登録として、世帯構成、婚姻の有無、民族（ethnic origin）、宗教、到着日、出生国が、顔写真や指紋とともにデータベース化される。第三国定住制度を利用できる者に制限がかけられるのは、この制度が新たな難民の呼び水になるのを防ぐためといわれている（久保 二〇〇九）。

ここでは政策の細部には立ち入らないが、「難民とは誰か」という大きな問題を考えるにあたり、まずは制度で定められる難民と、何らかの支援を受けざるをえない事実上の難民は必ずしも一致しない点を押さえておこう。そして、登録されない者は公式に難民と認可されないように、制度が定める枠内での難民になるということは、「選別される」ということである。日本でも、まさに難民認定という言葉が示しているように、第三者の判断によって難民かどうかが決められる。[*5]

奇異な言い方に聞こえるかもしれないが、難民になることとは、「選別されること」「認定されること」でもある。よって、少なくとも私たちが、日本で接することができる難民とは、ごく一部の人びとであり、その背後にはAさん

に収容期間や仮放免の時期があったように、難民とすら認められない「目に見えない」人がいることを頭に入れておく必要がある。

では、日本政府が第三国定住制度により、選別して受け入れる難民とは、どのような人びとなのだろうか。その根拠となるのが、二〇〇八年一二月の「第三国定住による難民の受け入れに関するパイロットケースの実施について」の閣議了解と、難民対策連絡調整会議の「第三国定住による難民の受け入れに関するパイロットケース実施の具体的措置について」である。同調整会議は、内閣官房や外務省などの関係省庁で構成されている。

この閣議了解では、次のように難民を受け入れる意図と方針が明記されている。「第三国定住による難民の受け入れは……難民問題に関する負担を国際社会において適正に分担するという観点からも重視されている。このような国際的動向を踏まえつつ、我が国においても、アジア地域で発生している難民に関する諸問題に対処する」。つまり、難民を受け入れることは、現段階で難民を受け入れている国（今回のケースではタイ）の負担を、他国とともに分担するという意味で、国際貢献とされる。少なくとも、この閣議了解では、人道面から難民を受け入れるとは書かれていない。

選考にあたっては、UNHCRから提示された候補者リストをもとに、書類選考の一次審査と、一次審査を通った者全員とメーラ難民キャンプで面接をして決定する。受け入れの枠組みは、インドシナ難民と同様に、難民に準ずる地位としての受け入れで、難民条約上の難民としてではない。受け入れる難民の法的地位について、法務省は二〇一〇年二月に、定住者告示を一部改正し、「タイ国内のミャンマー難民であって、以下の①と②のいずれにも該当する者を定住者として受け入れることができる」とした。これにもとづき、今回来日した全員には、定住者三年の在留資格が付与される（法務省入国管理局参事官室 二〇一〇）。

その条件とは、①UNHCRが国際的な保護の必要な者と認め、我が国に対してその保護を推薦する者、②日本社会への適応能力がある者であって、生活を営むに足りる職に就くことが見込まれる者およびその配偶者又は子であ

る。この二点は、二〇〇八年の閣議了解での「定住許可条件」そのものである。

選考基準の要点をまとめると、ＵＮＨＣＲのお墨付きがある候補者のうち、個人ではなく家族単位で受け入れ、「日本への適応能力がある者」、これはつまるところ日本で働くことができる一家を歓迎するということである。こうした基準や選別が端的に物語っているように、難民を受け入れるにあたっては、難民の都合よりも国家の都合が優先される。そもそも、難民を受け入れることは負担の分担であり、日本で働けること、つまり日本社会に「貢献」できる者だけが、選ばれてやってくることになる。これは、一見するともっともなことに思えてしまうかもしれない。

しかし、私たちが「あたりまえ」と思っている世界には、さまざまな段差がある。一方で、「自動的」に国民として生まれてくる私たちがいて、他方で、選別を重ねてやっと「定住者」として難民から抜け出せる人びとがいる。こうした境遇にある人びとには、何らかの支援が必要なのだが、選別することを放棄してすべての人を助けられるわけでもない。支援が必要とされる現場では、「する側」の意図が働くが、この恣意性については、常に自覚的であるべきだろう（c.f. 宮地 二〇〇五）。

では、そうした難民の定住者はどこにいて、どこに行けば会えるのだろうか？

3 どこにもいない難民？

受入体制をめぐって

来日後、彼らはもはや難民ではなくなり、法的には「定住者」の地位にある。よって、当事者を指して難民と表記するのは、そもそも不適切かもしれない。ただし、「難民の受け入れ」について考察する本稿では、わかりやすさを考慮して、引き続き難民と表記する。

さて彼らは、要綱に沿って、来日後一八〇日間は日本語習得や生活習慣を理解するための訓練を都内にある通所式

写真８－２　日本へ再定住した難民からのメッセージ
（2011年８月）

の「定住支援施設」で受ける。この定住支援プログラムを実施しているのは、財団法人アジア福祉教育財団難民事業本部という外務省の外郭団体である。一八〇日間の研修の後、難民は、新たな定住先へ移り、新生活を開始することになる[*6]（写真８－２）。

「選ばれた」難民に会うのは、思いのほか難しい。冒頭でも触れたように、難民に会えない最大の理由は、「プライバシーの保護」のため名前や居住地をはじめ、研修施設の場所さえも公開されないからである。こうした情報は、民間の支援者にもメディアにもいっさい公開されなかった。また実際に研修に携わる関係者には守秘義務があるので、何らかの情報を知りえたとしても、他言することはできない。

こうした政府の非公開の姿勢に対して、次のような批判の声があがる。たとえばあるジャーナリストは、次のようなやりとりを自身のウェブサイトに掲載している。カレン難民が来日したさい、空港にて、外務省の担当者に「難民の

一人一人に名前と年齢があるのに、明らかにしない理由は何か、難民にかえって失礼ではないか」と問いただした。すると、「キャンプや故郷に残る難民の家族などの身の安全上の配慮とプライバシーに関わるので公表はしない方針」と回答したという。これを受けて彼は、次のように政府を批判する（以下はそのまま引用する）。

「外務省の言い分は、秘密主義の口実。難民の意思を汲んでいるとも思えない。定住することになるカレン民族の顔も声もコメントも、報道で誰もが知る。にもかかわらず、外務省は、彼らを『名無し』・『年齢不詳』に扱うことを望む。一人一人名もある彼らに失礼なことこの上なく、人としての尊厳さえも無視しているとしか思えない」[*7]。

もっとも、情報が公開されないことへの批判は、難民が来日する前からあった。たとえば、朝日新聞（二〇一〇年三月二一日）の「オピニオン」の紙面で、民間の難民支援機関は、難民の受け入れについては政府内の議論で終始しており、当事者や支援者の声が反映されていないと指摘している。当初から第三国定住制度の導入を訴えてきたUNHCRの元駐日事務所代表は、読売新聞（二〇一一年一〇月一九日）への寄稿文で、①共働きすることが事実上の受入基準になっているように、受け入れの門戸が限られていること、②来日後の支援期間が短すぎること、③外務省が外郭団体の難民事業本部だけに定住支援を委ねていること、そして、④政府の情報開示が不十分で、難民は外部との接触を断たれており、難民の「囲い込みと放り投げ」に近いと苦言を呈している。

こうした批判に見られるように、カレン難民の受け入れに関する論調は、不十分な支援と情報公開の二点に収斂している。情報開示が求められるのは、現状の是非を問うにも、改善点を考えるにも、そのための材料が手に入らないからである。そこに「農業をやりたくない」という記事が飛び込んできたので、政府批判に拍車がかかった。このため受け入れの二年目以降は、受け入れの進捗状況が難民事業本部のウェブサイトで公開されるようになった。また、難民対策連絡調整会議の下に、難民問題や難民受入支援に精通した学識経験者からなる有識者会議が組織され議事録

が公開されている。

難民はどこにいるのか

私は、カレン難民に会うべく、まずは難民事業本部に問い合わせた。これまでタイの難民キャンプに関する調査をしてきたので、キャンプ生活との連続性から日本でのカレン難民の暮らしぶりについて知りたいと思っていたからである。すると難民事業本部からは、「外務省との委託契約のなかで守秘義務があるので、難民の生活状況等について当本部からお話することは難しい」とのことで、「体制など政策に係る事項については、直接、外務省の担当課（人権人道課）に照会されてみては」との提案を受けた。

そこで、人権人道課にコンタクトをとり、担当者と面会する機会をもつことができた。むろん、私が知りたいと思っている生活状況に関する情報は得られなかったのだが、非公開の理由を次のように説明してもらった。それは、当事者たちが不安を抱えつつ生活するなかで、取材記者にマークされ、本人たちの周囲が騒がしくなるのは望ましくないから、というものである。好意のつもりで書いた記事であっても、受入人数が少ないなかで個人が特定されてしまい、平穏な暮らしを脅かしかねないというのである。存在そのものを隠さないといけないとか、会うことを禁止するとかいうわけではないが、そのあたりへの配慮をお願いしたいというのが公の見解である。

こうした見解こそが「囲い込みだ」という批判もあるかもしれない。しかし、想像してみよう。もし私たちが外国で暮らすことになり右も左もわからないなか、まったく知らない「外国人」が押しかけてきて、根掘り葉掘り、同じような質問を何回も繰り返したとしたら。誰だって辟易するし、監視されているようでいい気はしない。難民生活が長く、よその国に身を寄せているという意識や、あまり感情を表に出さないカレン人の性格から、ノーとはなかなか言いにくいところもある。来日したカレン人に会ったことがある知人によると、来日してから、すごい数のカメラを向けられ常に写真を撮られることに対して、「まるで動物園の動物のようだ」と漏らしたこともあるという。「動物の

よう」というのは、大きな侮蔑の感覚をともなう表現である。

情報開示を求める人びとの言い分は、間違いではない。私もまた「彼らに会ってみたい」と思っていた一人であり、情報が手に入らないことにもどかしさを感じていた。私のように「会いたい」と思っていないとしても、「囲い込みと放り投げ」がベストだとは考えられない。ただし、情報公開が強く求められる現状に対しては、当事者たちへの一定の配慮はあってしかるべきであることは強調しておきたい。

非公開にされることについては、次のような見方もある。政府にとっての難民受入の「成功」とは何も問題が起きないことである。その目的を達成するために政府は、第三国定住難民を徹底的に外部から隔離し、マスコミへの情報提供を制限し、政策形成および定住政策試施行過程からNGOを完全に排除したというものである（小池 二〇一一：五九）。つまり、綻びをいっさい見せないことで「成功」としようとした、というものだ。しかし、こうした指摘は、一理ありそうで、推測の域を出ない。冒頭で述べたように、成功か失敗かを判断するには、あまりにも早すぎるからである。成否については、次のように見ることもできる。日本語教育をはじめとして受入体制が未熟なことは、あらかじめわかりきっていたことである。だからこそ「失敗」というよりも、それも織り込み済みの現実（あるいは制度）として捉えたうえで議論を進めるべきである（久保・岩佐 二〇一二）。

ここで考えるべきは、制度によって「選別」され、「レールの上を走らされて」いるのは、彼ら難民であり、私たち自身でもあるということである。だからこそ、「会いたい」といっても簡単には会えないし、あらゆる情報がセンシティブな機密事項になってしまうのである。制度のなかに「囲い込まれている」のは、私たち自身でもあるのだ。

支援のまなざしの弊害

同じような構図は、支援のなかにも見られる。「よりよい支援」のためには、ひとつでもたくさんのデータがあった方がよい。そのために、洗いざらいさらけ出して、制度を再構築しよう。もっともな正論である。しかし、気をつ

けなければならない落とし穴もある。

「よりよい支援」のための情報開示は、より強力な監視を生み出すことにならないだろうか。そして、個人をさらに縛り付けるような仕組みを生み出しはしないか、それに荷担しないか、という点である。そもそも、この文脈で求められる情報とは、つまるところ、顔、名前、性別、年齢、家族構成、出生地、学歴はどうか、これまでにどんな職業経験があって、といった類のものとなるだろう。そのうえで、どんな仕事に就くのに適していて、どんな支援が必要かを吟味することになる。このように収集される「情報」は、キャンプで難民として登録し把握するときのそれと同じである。私たちが、情報を開示せよと求めるときの彼らに対するまなざしは、とりもなおさず、当事者を難民として管理するときのまなざしそのもの、とはいえないだろうか。このまなざしは、新たな囲い込みと管理（アサイラム化）を、支援という「正論」の名のもと生み出すという点で、批判されねばならない。

確かに定住初期に適切な支援を提供する必要はある。しかし、問題なのは、そうしたまなざしでしか、当事者を理解するためのフレームワークがないと思われていることである。難民を「やめる」ことを希望して日本に来たのにもかかわらず、私たちが、被支援者としてまなざすことは、いつまでたっても当事者を難民にとどめおくことになってしまう。これは、支配されるという感覚に似ているのかもしれない。

宮地尚子は、東日本大震災での支援に触れて、次のように述べている。

「被災者にとって気になるのは、善意だとわかってはいるけれど、支援者からだんだん支配されていく、牛耳られていく感覚かもしれません。この支援と支配の関係はくせ者です」（宮地 二〇一一：三一）。

「する側」の方が力をもっているなかで、「される側」の言い分や認識、努力などが軽視されてしまうのだが、善意ゆえに真っ向から異議を申し立てることもできない息苦しさを与えてしまうことになる。

このように考えると、支援をする側／される側、国民／難民という状況を固定化させるようなものとは、異なるかたちで制度を構想しなければならないのではないだろうか。第三国定住制度は、国家の都合で枠組みが決定し実施されるように、当事者の一生を見るような制度ではない。制度を利用する難民にとっては、それから先の人生のすべてを託した選択である。これに対し、制度が想定する時間は、わずか数ヵ月に過ぎない。かといって何年も支援漬けにし、いつまでたっても、被支援者の難民として扱い描写することにも問題があろう。支援がかえって支配的な構造をつくりだしてしまうこともあるからである。

よく考えてみよう。制度を表だって批判する人は、この制度をめぐって、何らかの利害関係にある人びとだ。情報を売りにするジャーナリストや、人助けを生業にする支援者、そして私を含む研究者である。このようにいってしまえば身も蓋もないのだが、私たちがいくら制度を批判したところで、他の人にとっては、「どうでもいい問題」かもしれないのだ。どうでもいいと思っている大多数の「普通の人たち」こそ、じつは難民の隣りにいる人たちで、受け入れの鍵となろう。しかし、制度批判は、こうした人たちに届くことはない。むしろ、「ダメなら受け入れをやめればいい」と考えるのが、残念ながら当然の成り行きである。

「うまくいってないから難民の受け入れは続かないでしょう」という意見を聞くたびに、私は口をつぐんでしまう。確かに現行の受入体制には改善の余地がある。しかし、それよりもこうした意見が核心を突いているのは、その背景に受入先はどこか「別の場所」にあるという意識が表れており、自身も、どこかその意識を共有してしまっていることである。難民を受け入れるには、日本社会が母体となる以上、本当なら誰もが受け入れる側たりえるはずである。けれど、制度を批判する報道や意見に接することで、誰もが受け入れる側にはならない構図ができあがってしまう。

私たちは、支援の発想をもとにして難民を理解することの落とし穴に自覚的であるべきだろう。支援を目的とする情報は、生活から切り離された無機質な「個人の情報」にすぎないからである。むしろ私たちが学ばなければならな

いのは、彼らの生活の場を構成する関係性が、どのような順序で何を頼りにして、どんな発想をもとにしてつくられ維持されるのかに関する知識である（第七章を参照）。情報開示によって顔が見えてくるという管理者・支援者的な発想ではなく、地域をひっくるめた定住民の暮らしぶりから理解するアプローチこそ、制度批判のオルタナティブになる。

当事者の視点からものごとを見てみると、互いを理解するつもりの行為が大きな誤解を生む可能性があることに気がつく。たとえば名前を聞くこと。初対面ならあたりまえに交わすやりとりだが、カレンの文化では初対面の相手に名前を聞くことは失礼にあたる。名前を知ることは相手をコントロールすることを意味するからである（速水二〇〇九：一一二）。またカレンの人びとにとって、目上の人と話すさいに目を合わせて話を聞くことは失礼にあたる。これは、たとえば雇う側から見ると「失礼な態度」に映る。「郷に入れば郷に従え」ということを説く前に、互いに理解し敬意を表するための行為でも、思わぬかたちですれ違ってしまうこともあることを押さえておこう。難民が地域社会に馴染み、日本社会が難民を受け入れるとは、対面的な関係で、双方が自文化を相対化する視点を身につけることから始まる。この姿勢は、制度の改善を求めたところで身につくものではないだろう。

4　私たちの難民問題

難民の受け入れをめぐっては、第一に、制度の欠点と難民がおかれた現状を可視化することが課題として取り上げられた。ただし可視化するとは、単に難民のことをわかりやすく整理することではなく、この問題を「私たちの問題」としても捉えることではないだろうか。というのも、難民問題は、難民自身が抱える困難であり、なおかつ受け入れる側の問題でもあるからだ。

難民とは、基本的に出身国での居場所を奪われ排除された人を指す。そうした難民を受け入れるという包摂の試み

は、「囲い込む」というかたちでの新たな排除を生み出した。けれど、その制度を批判することにも注意が必要である。というのも、第一に、暗黙の了解となっている支援のまなざしが、当事者たちを難民のままに留《とど》めておくという別の排除を生み出しかねないからである。第二に、批判をすることで、誰もが受け入れる側にはならない構造というかたちの排除を助長するからである。否定的な言葉からは、何も生まれない。

このように考えると、私たちと彼らを関連づけているのは、「包摂の営み」と「排除の経験」という、一見すると二律背反する事象である。包摂するから排除がなくなるのではなく、包摂の営みが排除を生み出してしまうことがある。ただし、難民認定制度や第三国定住制度に見られるように、排除されたからこそ、新たな包摂の道が拓かれることも事実だ。

もう少し柔軟に、生活の場から理解するという視点に立てば、排除された難民を受け入れる側が包摂するという問いの立て方にも問題があるのかもしれない。難民が地域社会ととりもつ関係性（第五章）や、紛争から逃れてきたが移住先で自主的に生活を再編していくケース（第六章）がある。難民の暮らしは、さまざまな問題や支援と無関係ではないとしても、それだけで埋め尽くされているわけでもない（第七章）からである。

包摂と排除は二項対立的な関係にあるのではない。だからこそ、難民の問題は私たちの問題でもあるのだ。よって難民と会って、彼らのことを調査したところで問題が解決するわけではない。新しい「フィールド」は、難民を受け入れる制度を土台としつつも、私たちと彼らが出会う、その係留点にあるからだ。

追記

本稿は、トヨタ財団研究助成プロジェクト「日本で暮らす難民の生活と人生の記録——在日ラオス定住者の過去遡及的な生の記録とミャンマーのカレン難民が日本へ再定住する進行形の生の記録」（代表：岩佐光広）の成果の一部である。

注

*1　「農業やりたくない　就職拒否のミャンマー難民夫婦が会見」（二〇一一年九月二九日）。The Sankei Shimbun & Sankei Digital. http://sankei.jp.msn.com/world/news/110292/asi11092900180000-n1.htm（二〇一一年一二月二四日最終アクセス）

*2　全国難民弁護団連絡会議が、二〇一一年九月二六日に、玄葉光一郎外務大臣（当時）と、外務省人権人道課長にあてた「申入書」。http://www.jlnr.jp/statements/20110926_mofa.pdf（二〇一一年一一月二九日最終アクセス）

*3　全国難民弁護団連絡会議のウェブサイトに、「過去一〇年の難民認定申請&異議申立数」が掲載されている。http://www.jlnr.jp/stat/index.html（二〇一一年一二月二四日最終アクセス）

*4　外務省「難民問題と日本Ⅲ——国内における難民の受け入れ」（二〇〇九年一二月）http://www.mofa.go.jp/mofaj/gaiko/nanmin/main3.html（二〇一一年一一月三〇日最終アクセス）

*5　難民認定には、誰かわからない人間は難民にしないという身分証明の論理が全面的に適応される。よって、着の身着のまま逃げてきたので身分証明が不可能な人が難民なのに、その難民にこそ身分証明を要求するという矛盾を抱えている（鵜飼 二〇〇二：五五—五六）。だからこそ、国家から庇護を受ける難民に加えて、非国家主体による支援の側面からも難民を見ていく必要がある（久保 二〇一〇）。

*6　メーラ難民キャンプの図書館には、日本へ再定住した家族からのメッセージが写真入りで掲示されている（二〇一一年当時）。メッセージには、日本でとても歓迎されたことが綴られている。また買い物の仕方などの研修を受けていることや、連絡用に携帯電話が支給されたこと、生活の再建にむけて日本語の習得を頑張る決意が表明されている。

*7　「山本宗補の雑記帳」（二〇一〇年九月二九日）より「カレン難民を迎える政府のお寒い支援方針？」http://homepage2.nifty.com/munesuke/za-2010-9-29.htm（最終アクセス二〇一一年一二月二三日）。

参考文献

鵜飼哲　二〇〇二「難民問題の現在」『現代思想』（三〇）一三：四八—五九。

久保忠行　二〇〇九「タイの難民政策——ビルマ（ミャンマー）難民への対応から」『タイ研究』九：七九—九七。

久保忠行　二〇一〇「難民の人類学的研究にむけて——難民キャンプの事例を用いて」『文化人類学』七五（一）：一四六—一五九。

久保忠行・岩佐光広　二〇一二「制度批判で見えなくなること——日本の難民の第三国定住制度をめぐって」『国際社会文化研究』

一二：五三―八二。
小池克憲　二〇一一「日本は変わったか――第三国定住制度導入に関する一考察」『難民研究ジャーナル』一：四八―六四。
速水洋子　二〇〇九『差異と繋がりの民族誌――北タイ山地カレン社会の民族とジェンダー』世界思想社。
法務省入国管理局参事官室　二〇一〇「定住者告示の一部改正――第三国定住による難民の受入れに関するパイロットケースの開始について」『国際人流』二三（三）：二三―二五。
宮地尚子　二〇〇五『トラウマの医療人類学』みすず書房。
宮地尚子　二〇一一『震災トラウマと復興ストレス』（岩波ブックレット八一五）、岩波書店。
（新聞記事）
朝日新聞朝刊二〇一一年三月二一日「オピニオン一（私の視点）難民受け入れ　『第三国定住』試行を生かせ」石井宏明。
朝日新聞朝刊二〇一一年九月一六日「一外報　ミャンマー難民、八人が来日辞退　第三国定住制度」。
読売新聞東京朝刊二〇一一年一〇月一九日「論点　ミャンマーから受け入れ　難民自立へ受け皿必要」滝沢三郎氏（寄稿）。

第Ⅱ部　読書案内

小泉康一『「難民」とは何か』三一書房、一九九八年

難民問題を体系的に扱った入門書。本書では十分に触れられなかったが、難民の発生原因やその性質は多岐にわたる。この本を通じて「難民」とは何ものかを知り、難民問題の三つの恒久的解決に関わる支援者側と難民側のそれぞれの問題について学ぶことにより、難民問題の本質に迫ることができるだろう。

（中山裕美）

田沼武能『カラー版　難民キャンプの子どもたち』岩波書店、二〇〇五年

世界各地に存在する難民収容施設に暮らす子どもたちの姿をとらえた一冊。難民収容施設といっても、地域や設立年によってさまざまな形態のものが存在し、そこでの暮らしも多様性に富んでいる。本書で写し出される環境の異なる難民収容施設において、戦争のトラウマや飢えの経験を抱える子どもたちが営む「生」を通して、難民収容施設の光と影を垣間見ることができる。

（中山裕美）

小泉康一『グローバリゼーションと国際強制移動』勁草書房、二〇〇九年

グローバリゼーションが進行する現在、本書で取り上げた自主的定着難民をはじめ、強制移動をする人びとはさまざまである。そうした人びとを取り巻く国際情勢や法制度の歴史的展開や関係性を、援助や学術研究の動向とともに概説した一冊。

（村尾るみこ）

松井健・名和克郎・野林厚志編『グローバリゼーションと〈生きる世界〉』昭和堂、二〇一一年

グローバリゼーションのなかで個人や集団、地域社会が呈す矛盾や抵抗、葛藤をフィールドワークで得た情報資料によって提示する本。本書と同様、生業を中心とする人びとの営みに焦点があてられ、均一化や個別化に伴う各地の多様な様相が窺える。（村尾るみこ）

樋口直人編『日本のエスニック・ビジネス』世界思想社、二〇一二年

第七章ではエスニック食材に関する流通ネットワークを事例として取り上げたが、彼らは他にもさまざまな物を流通させている。在日外国人のそうした営みを「エスニック・ビジネス」という観点から批判的に検討しているのがこの本である。そこからは、在日外国人の「リアルな生活」の諸相が見えてくるだろう。（岩佐光広）

川上郁雄『越境する家族——在日ベトナム系住民の生活世界』明石書店、二〇〇一年

在日インドシナ定住難民についての代表的なモノグラフ。ベトナム定住難民が主な対象だが、コミュニティの形成過程や外国在住の家族との関係性など、本章では取り上げられなかったテーマが扱われており、彼らが抱えるさまざまな問題や、問題を抱えながらも生きていく彼らの姿を知るうえで参考になる一冊である。（岩佐光広）

共同通信社取材班『ニッポンに生きる——在日外国人は今』現代人文社、二〇一一年

本書で扱った難民はほんの一例にすぎない。日本にはアジア地域に限らず、アフリカ地域からやってきた難民もいるし、難民ではない外国人もたくさん住んでいる。本書はそうした移民・難民が日本で生きる姿を知るのに適している。本書は、共同通信社取材班による新聞連載（全四五回）をまとめたもので、さまざまな在日外国人の生活ぶりや思いを垣間見ることができる。（久保忠行）

梶田孝道・丹野清人・樋口直人『顔の見えない定住化――日系ブラジル人と国家・市場・移民ネットワーク』名古屋大学出版会、二〇〇五年

日系ブラジル人の日本へのデカセギのメカニズムについて、国家・市場・移民ネットワークから分析している。日系ブラジル人は事実上の非熟練労働者として、市場の需給にあわせてブラジルに帰国したり日本に定住したりする。労働の論理に従事した生活様式の形成を「顔の見えない定住化」として分析している。

（久保忠行）

第III部

福祉

私たちは「隣りにいる他者」といかに生きるか

第Ⅲ部では、社会が想定する人間像や規範にもとづいて選別・処遇され、アサイラム＝全制的施設を中心に包摂されてきた人びと――野宿者・精神障害者・ハンセン病者――を対象にして、現代日本における福祉をめぐる包摂と排除のリアリティに迫っていきたい。

二〇一〇年一〇月三日。「東京スカイツリー」建設に沸く東京の浅草・隅田川べりで、野宿者や支援者一五〇人ほどによって、あるデモ行進がおこなわれた。ぎっしりと空き缶が詰まった大きなビニール袋を積み上げた台車を押す人、束ねた古新聞を荷台に載せた自転車を押す人、「わしらの仕事を『犯罪』扱いするな」などのスローガンが大書きされたムシロ旗を掲げる人。きっかけは、この年の六月に墨田区議会が可決したひとつの条例だった。ごみ集積所に排出された資源物を、指定された事業者以外が収集することなどを禁じた、いわゆる「資源ごみ持ち去り禁止条例」である。この条例が可決されて以降、墨田区は、集積所に出される空き缶などを拾い集める野宿者たちを呼び止め、その行為が「犯罪」にあたり二〇万円以下の罰金が課される可能性があることなどを通告するとともに、氏名を記録し顔写真を撮影するなどの「パトロール」を始めた。

一九九〇年代から日本の都市部では、野宿者を路上から掬い上げることなどを目的とした「ホームレス支援策」が計画・実施されてきた。それらの施策は、ある程度の野宿者をアパートなどでの生活へと導いてきたが、その一方で、少なくない数の人びとをまた路上へと差し戻しあるいは滞留させてもきた。野宿を（続け

ることを）余儀なくされる人びとにとって、空き缶や古雑誌などを拾い集めてリサイクル業者等に売る仕事は、きわめて低額ではあるけれども、自らの力で現金収入を稼ぐための貴重な手段となってきた。先のデモは、野宿者たちがともかくも路上で生き抜くためにおこなってきた営みが「犯罪」化され奪われることに抗議するためにおこなわれたものであった。だが、同様の条例は、二〇〇〇年前後から少しずつ日本各地の自治体で制定・施行されてきている。

野宿者を包摂しようとする営みと排除しようとする営み。それらが拮抗しあるいは重なり合う状況のなかにあって、私たちは野宿者にどのように向きあってきた／いるのだろうか。以下、第九章では、「ホームレス支援策」を通じて野宿者がどのようにして選別され包摂あるいは排除されているのかについて検討をおこない、第一〇章では制度的包摂からこぼれおちた人びとといかにして向き合うことができるのかという課題について一人の野宿者のエピソードから検討したい。

国家が誰を包摂するのか。包摂策にのらない者を排除するかどうかといった線引きは常に自明のものではない。野宿者だけに限らず福祉の対象となってきたあらゆる人びとは、社会制度の生成の歴史的文脈と密接に関わっている。「障害者」に含まれる人びとも法の改正とともに定義が変更され、適用される範囲が徐々に拡大されてきたことなどは、如実にそのことを示している。

さかのぼること、日本では一九〇〇年ごろを境に、近代国家の体制整備としてさまざまな制度が施行された。なかでも一九〇〇年に成立した「精神病者監護法」は治療というよりも社会防衛のための隔離政策が取り入れられていた。また一九〇七年の「癩予防ニ関スル件」制定により、かつては自宅に幽閉されるか境内などで漂泊生活をおくり、蔑視されながらも地域の人と交流があったハンセン病者を療養所へと収容することとなった。この二つの法律は福祉と医療という領域でありながらも、とくに戦時体制へと進むにつれ（そして戦後も）社会防衛・優生思想のもと、ときにしばしば当事者への差別的行為を黙認するかたちで正当化され

てきた歴史がある。
一世紀たち、わが国の福祉・医療制度は退院促進、社会参加を掲げるという劇的な変化が生じている。「長期入院」や「施設入所」経験者たちは、こうした社会制度の変容のなかで、翻弄されてきたままなのだろうか。また現在をどのように生きているのだろうか。そして施設から地域への潮流のなかで、彼らとどのようなかたちで出会うことができるだろうか。こうした問題関心のもと第一一、一二章では、近代国家の成立時から変遷してきた社会制度のなかで、もっとも先鋭的に差異化の対象とされた人びとの生活を歴史的に振り返りながら包摂のかたちを検討する。第一一章では精神障害をめぐる社会制度をふまえつつ、精神障害者生活共同体べてるの家の現在のエピソードから、体の変形・意味的変質について焦点を当て、身体をレンズとして日本社会を描き直す作業をおこなう。また第一二章では、「脱施設化」と「自由の強制」の緊張関係のなかで、国立ハンセン病療養所の患者運動がいかなる変遷をたどったのか検討する。

参考文献

要田洋江　一九九九『障害者差別の社会学——ジェンダー・家族・国家』岩波書店。
蘭由岐子　二〇〇四『「病いの経験」を聞き取る——ハンセン病者のライフヒストリー』皓星社。

（北川由紀彦・間宮郁子・山北輝裕）

第9章　ホームレス状態から地域生活への移行において何が問われているのか

北川由紀彦

1　「ホームレス」状態を生きる

二〇〇四年八月二四日、都内にある野宿者支援団体の事務所となっているアパートの一室。過去に「ホームレス自立支援センター」を使ったことがあって、その後野宿を余儀なくされるようになった男性への聴き取り調査から。

＊　＊　＊

Aさんは東北地方出身の三八歳（聴取当時）。高校を中退後、実家から通いでオーディオ部品の工場に勤務していた。実家を離れてからは、神奈川県などで「派遣社員みたいな感じ」で、登録した会社の「寮」に住みながら工場で働いた。もっとも長かった会社では、二〇代後半から四年間働いた。三〇代前半からは、東京の新宿駅から「手配師」（日雇労働の斡旋人）を通じて、数日から数週間の単位で建設現場などで働くようになった。契約期間中は飯場（建設会社などが提供する宿舎）で寝泊まりして、そこから現場へ通い、契約期間が満了になると、賃金を受け取って飯場を出る。賃金からは、飯場にいたあいだの食費などが天引きされるため、手元に残るのは多くても五万円程度だった。飯場から出た直後はカプセルホテルなどに泊まって体を休め、手持ちの金が少なくなると野宿して宿泊費を

節約し、手配師を通じてまた飯場に入る——そんな生活を送るようになって三〜四年が経ったころ、野宿者支援団体の炊き出しに並んでいたときに、団体のビラで、行政が運営する「自立支援システム」の存在を知った。ほどなくして、知人に誘われてシステムの利用抽選に申し込んだところ、当選。「ちゃんとやり直したい」と思い、システムの「緊急一時保護センター」を経て「自立支援センター」へと入所した。

自立支援センター入所後、一週間ほどで、人材派遣会社に就職が決まった。派遣先の仕事は、埼玉県の冷凍倉庫内でのピッキング作業（庫内の品物を伝票通りに集めて運ぶ）で、時給は一一〇〇円。センターから通勤した。仕事内容は、肉体的にはさほど負担ではなかった。ただ、伝票に書かれた品物を広い倉庫内で素早く見つけるためには棚の位置や品物の種類をできるだけ覚えておく必要があった。「記憶力がいい方ではなく、覚えるまで時間がかかるタイプ」と自らを評するAさんは、なかなかそれらを覚えきれず、しばしば作業に手間取ったり間違えたりし、そのたびに、上司からきつい言葉で注意された。Aさんと同じ時期に入職した同僚のなかにも、上司からAさんと同じようにきつい言葉をかけられ、辞めていった人が何人もいたが、Aさんはずっと我慢していた。上司からは、きつい言葉の一方で「あんたはまじめだからもう少し長く（働きに）来てもらうかもしれないから」と言われてもいた。けれども、Aさんとしては、「長くやっていく自信」はなかった。ひと月ほど働き続けた後、仕事が休みの日に、Aさんはセンターから外出した際、センターに「なんとなく戻りたくな」くなり、そのまま「無断退所」した。倉庫の仕事もそのまま辞めた。後から振り返ってみれば、職場で「精神的にまいっていて」、センターの職員に相談して転職しようという考えすらも浮かばないほど「限界だった」。

「無断退所」後は、再び飯場と野宿の往還。一度、仕事が切れて野宿していたときに、横浜市内にある民間の社会福祉施設（無料・低額宿泊所）の職員に勧誘されて、ビジネスホテルを改装したらしき宿泊所に入所したことがあった。二人一部屋のその施設には三〇人ほどが入所していた。Aさんが入所してから一ヵ月ほどすると、福祉事務所から生活保護費が支給された。そこから施設の利用料や給食費などが差し引かれて、Aさんの手元には三万七千円ほど

が残った。だが、施設の居室は不衛生で、ダニのような害虫が発生し刺されたりしていたが、施設側に駆除を訴えてもまともに対応してくれなかった。こんな施設では仮に就職できたとしても通勤するのは「しんどいな」と思ったAさんは、施設を出た。また野宿と飯場を往復する日々が始まった。ただ、飯場に入っても、食費などが賃金から天引きされてあまり手元に残らないので、飯場ではなく、できるだけ日払いの仕事に行ってお金を貯めたいと思っている。ただし、建設現場などでの日雇の仕事はAさんにとってはあくまでも「ちゃんとした会社に入ってやり直す」までの「つなぎ」であり、「どこかいいとこがあれば」工場で働きたい、というのがAさんの希望である。

＊＊＊

Aさんの野宿の経験は断続的であり、またその期間も最長でも一ヵ月程度で、Aさんの生活歴全体を見た場合、野宿ではない期間の方が長い。二〇〇二年に制定された「ホームレスの自立の支援等に関する特別措置法」において、「ホームレス」は「都市公園、河川、道路、駅舎その他の施設を故なく起居の場所とし、日常生活を営んでいる者」（第二条）と定義されているが、この定義に従えば、飯場やカプセルホテル、あるいは施設にいたあいだは、Aさんは「ホームレス」ではなかったということになる。けれども、EU諸国における〝homeless people〟という語の用法にしたがって、居住基盤自体が不安定な状態（必ずしも野宿に限定されない）にある人を「ホームレス」と呼ぶならば、Aさんは、長いあいだずっと「ホームレス」として生きてきたということもできるだろう。[*1]

日本社会においては、一九九〇年代から、野宿する人びとにどのように対応するのか、ということがいわゆる「ホームレス問題」として社会的に取り沙汰されるようになり、これまでさまざまなかたちで行政による「ホームレス対策」が計画・実施されてきた。[*2]そうした対策には、野宿者を支援することを直接の目的としたものだけでなく、公園などからの野宿者の締め出しなど、野宿者の生存の機会をむしろ縮小させるものも含まれるが、基本的には、前者の対策、すなわち「支援策」を整備・充実させることにその重心がおかれてきた。[*3]だが、そのような支援策は、

ホームレスの人びとをすべからく社会的に包摂してきたわけではなく、試行錯誤を経ながら現在にいたっているのが実情である。以下、本章では、大阪市と並んで国内でもっとも早い時期にホームレス対策を計画・実施・展開してきた東京二三区（以下、東京と表記する）において、どのような背景の下で支援策が実施され、そこにおいて野宿者がどのように選別され、包摂あるいは排除されてきたのか、また、近年ではどのように変化しつつあり、そこからどのような課題が浮かび上がっているのかについて、支援策の中軸を占めてきた「自立支援事業」にとくに注目して、検討をおこなう。

2 「ホームレス対策」開始の背景

東京において野宿者の存在に社会的な注目が集まり「ホームレス問題」が取り沙汰されるようになったのは、一九九〇年代前半のことである。それは、それまで日雇労働市場に吸収されドヤ（簡易宿泊所）や飯場を当面の住まいとしてきた人びとが失業し野宿へと追いやられ、また、失業の長期化にともない山谷などの特定地区（寄せ場）から、新宿、渋谷、池袋などの都心部に拡散・滞留させられ、さらに、段ボール小屋やブルーシートのテントなどを構えることにより、その可視性が高まったことを契機としている。[*4] そして、ターミナル駅やその周辺の公園などでテントなどを構えて少なからぬ人びとが野宿をする光景は、行政からは、①支援や保護を要する人びとが路上に存在し／増加しており、他方で②そのような人びとによって公共空間が占拠されている、という二本立ての問題として認識され、それらに対応するかたちで「野宿者の路上生活からの脱却」と「公共空間の占拠状態の解消」という二つの目的の下に「ホームレス対策」が展開されてきた。

確認しておけば、日本の社会保障制度における「最後のセーフティネット」と呼ばれる生活保護は、制度上は、現にその人が困窮していると認められる場合には、住居の有無にかかわらず原則として適用されうる。しかし、制度の

運用の場面においては、高齢でもなく（就労できないほどの）病気や怪我を患ってもいない、いわゆる「稼働層」の野宿者（かつ、男性）は、事実上排除される傾向にあった。野宿者の基本属性における男性の中高年者への圧倒的な偏り[*5]は、こうした生活保護制度の運用実態を反映しているともいえる。この点から見れば、ホームレス対策は、いわば「高齢者」にも「病人」にもなれずに生活保護制度から排除され、他方で加齢などにより日雇労働市場からもはじき出されてきた人びとを、（生活保護適用以外の方法で）いかにして野宿から脱却させるか、という関心のもとに策定・実施されてきたといってもよい。

3 「自立支援事業」における選別

「自立支援事業」は、野宿者を民間労働市場に再参入させ、そのうえでアパートへ入居することを支援する事業である。東京の場合、この事業は「自立支援システム」という施策体系の一部に位置づけられ、具体的には以下のような流れで実施されてきた。システムの利用者はまず、「緊急一時保護センター」という施設に入所する。そこで（「健康状態」「稼働能力」「就労意欲」などの点から、生活保護適用ではなく）「自立支援センターへの入所が適当」と判定された人びとが「自立支援センター」へと入所する。そして、センターを住所として、原則二ヵ月（最長四ヵ月）の入所期間内に、就職―通勤―貯蓄という過程を経て、アパートへの入居を目指す。だが、自立支援センターの事業統計（二〇〇四年三月末までの累計）によれば、退所者三五三四人中、「就労自立」退所者の割合は一八二〇人（五一・一％）と約半数にのぼるが、その一方で「規則違反」や（無断退所や自己都合退所を含む）「その他」の理由による退所もそれぞれ四一二人（一一・七％）、七五三人（二一・三％）にのぼっており（特別区人事・厚生事務組合二〇〇五）、こうしたかたちで退所していった人のなかには、再度野宿へと戻った人びとも相当数含まれるものと推定される。

以下では、筆者らが二〇〇四年に自立支援センター利用経験者（かつ、その後野宿に戻った人）二一ケースに実施し

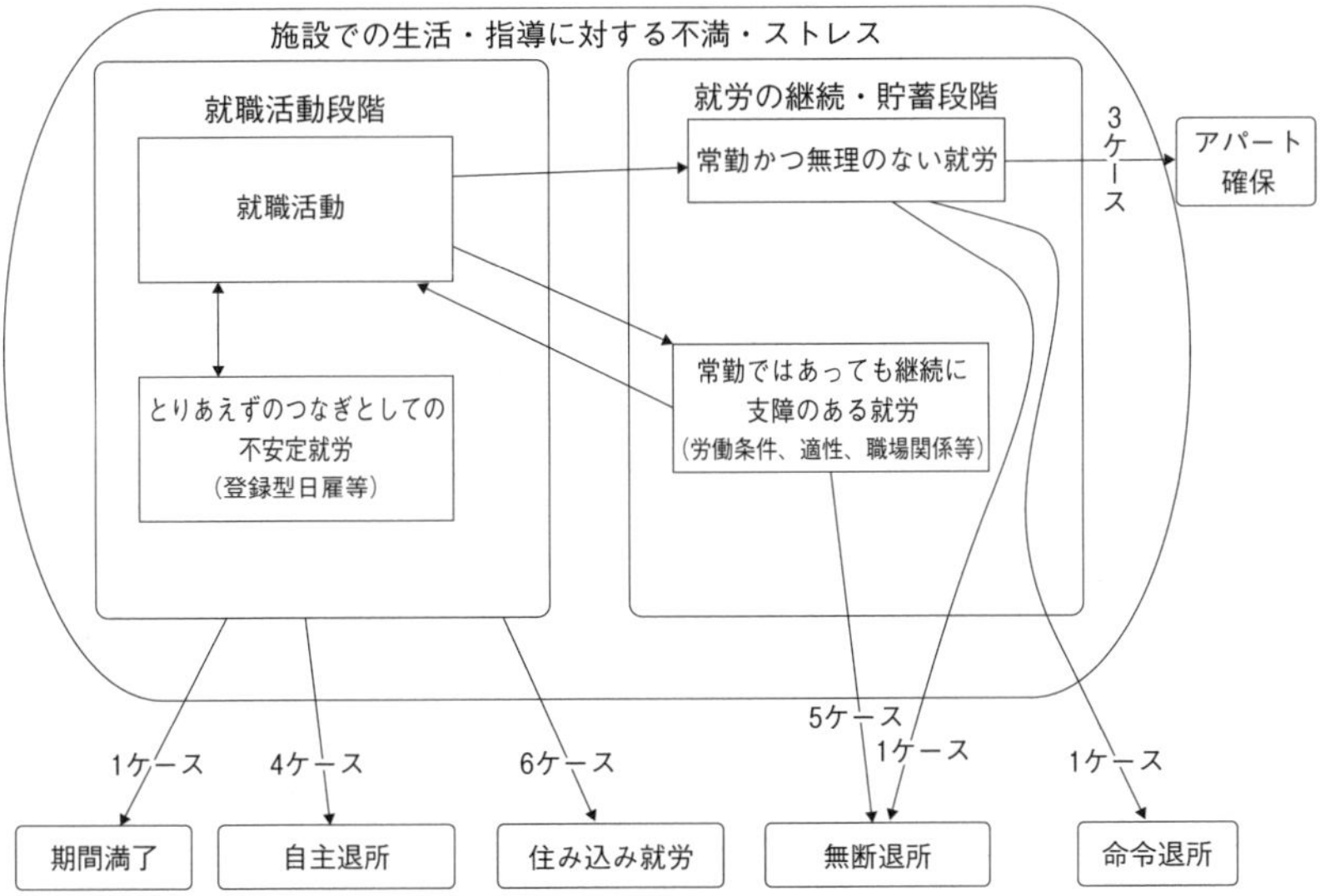

図9－1　自立支援センターからの退所の過程

注）聴き取り調査結果より北川作成。

た聴き取り調査の結果をもとに、センターの利用者がどのように選別され、ふるい落とされてきたのかを、就職活動段階、就労の継続・貯蓄段階、センター在所中全体の三つの局面（図9－1参照）に分けて、概観する。[*6]

就職活動段階

自立支援センター入所者は、入所するとまず、センターに住所を設定したうえで、最寄りのハローワークに通い、就職活動をおこなう。しかしながら、住所があっても、就職は決して容易ではない。まず、年齢の壁である。センター入所者の年齢層は、開設から二〇〇五年三月末までの累計で、多い順に、五〇代二四二七人（四六・九％）、四〇代一二八四人（二四・八％）、六〇代六四三人（一二・四％）、三〇代六四一人（一二・四％）、二九歳以下一七八人（三・四％）で、中高年者が圧倒的に多い（特別区人事・厚生事務組合 二〇〇五）。これら中高年者は、求人の際の年齢制限によって、そもそも不利な位置におかれている。また、明確に年齢制限がされていない場合であっても、若年求職者と競合しながら就職活動をおこなうため、結果的に中高年者の再就職は容易ではない。

「〔ハローワークでの求人票検索では〕俺の場合はもうほとんどね、〔募集している〕年齢から探したの。〔応募条件が〕『六三まで』とかね。〔条件に合う会社の面接には〕八方行ったんだけどね。面接に行くとね、もう一〇人くらい来てるんですよ。そこから、選ぶとなるとね、結局、三〇代四〇代が面接へ来てればね、採りますよ、若い方を」（Bさん・センター入所時五〇代後半〔以下同様〕）。

そして、〔元〕野宿者やセンター入所者に対する差別という障害がある。センターでは、野宿をしていたという経歴を明かすかどうか、また、自立支援センターに入所しているという事実を明かすかどうかは、基本的には個々の入所者の選択に任せられており、経歴を隠したい場合、センターはそのための便宜（アパート風の建物名など）も提供している。しかし、回答者のなかには、それでも隠せなかった、というケースが少なからず見受けられた。たとえば、センター入所者は原則としてセンターの最寄りのハローワークで求職活動をおこなうため、同じ住所から特定の企業への応募が不自然に重なってしまう場合がある。

「〔面接先の企業は〕もう支援センターの住所がわかっているわけ。〔センターから〕いろんな人間がそこに〔面接に〕行くから。履歴書をパッと見て、『あっ』と言って、『はいわかりました。じゃあ』ってもう、話も何にもないんだもの」（Cさん・五〇代前半）。

結果として、センターに入所していることや野宿の経験があることをうまく隠し通せない人、あるいは、そのことをもって差別しない雇用先に運よくめぐり合えなかった人は、なかなか就職できない。そうしているあいだにも、退所期限は刻々と迫ってくる。そうした焦燥のなかで、センターから断念して「自主退所」した、というケースが見受けられた。

就職の継続・貯蓄段階

以上述べたように、センター入所者は、住所はあっても再就職自体が困難な状況におかれている。ただし、調査の回答者についていえば、センター入所中に一回も就職できなかったというケースは、先に紹介したBさん一ケースだけであった。このことは、形式的な再就職はできても、就労を継続し貯蓄をおこなう、という段階において別の困難が存在することを意味している。センター側は、基本的には、「安定した仕事」と「安定した住居」の確保による「就労自立」を支援する、という方針に則り、求職活動に際しては、日雇やパートの仕事に就くことを制限している。しかし、年齢などによってなかなか再就職が決まらない人のなかには、少しでも貯蓄をするために、形式的には日雇でないが勤務日が一定せず事実上日雇と大差ない仕事に「とりあえずのつなぎ」として就かざるをえなかった（そのうえで並行して就職活動をおこなった）ケースがまま見られた。また、アパート入居に十分な貯蓄ができないまま退所期限が迫ってきた段階で、センター側がそれまでの制限を緩和して、逆に住み込みの仕事に就くことを入所者に勧めるようになったというケースも複数見られた。

「〔退所期限が迫ってきたころにセンターの職員から〕『あなたの場合、もう〔住み込みで〕寮に入るか、野宿しかないよ』って言われたもんね。だからしょうがない。もう時間がないから。こっちはもう、寮入るとこしか探せないわけですよ」（Dさん・五〇代前半）。

アパート入居の見通しが立たないけれども野宿には戻りたくない、という入所者にとっては、住み込み就労は「現実的な」選択肢ではある。しかし、住み込み就労への誘導は、（仕事の喪失がそのまま住居の喪失へと直結するという点において）野宿へと戻る蓋然性の高い生活への誘導といわざるをえず、実際、Dさんを含め、回答者のうちで「住み

込み就労」により退所したケースの大半が、その後失職とほぼ同時に野宿へと戻っていた。

その一方で、本章冒頭で紹介したAさんのように、相対的な若年者（おおむね三〇代）は、比較的早い時期に、通勤・貯蓄が可能な仕事に再就職が決まる傾向にあった。しかし、そうしたケースにあっては、就職先での困難に直面し、その困難を独りで抱え込んだ末に「無断退所」し、同時に離職というケースが複数見受けられた。調査のなかで挙がった職場での困難とは、具体的には、作業のペースについていけず上司から叱責されたり、職場でいじめに遭ったりした、というものであった。新しい仕事先で困難に直面すること自体は、センター入所者に限らず「よくある」ことである。それにどうしても耐えられなければ、センター職員に相談して離職し、次の仕事を探すというのが一般的な対処方法であろう。しかしセンターでは、職務や職場に対する適性よりも、限られた期間内に就職・貯蓄して「自立」することが重視されており、いったん比較的安定した仕事に就くと、できるだけ離職させないように指導する傾向にある。それゆえ、職場での叱責のような「よくある」ことを理由とした離職は、たんなる「我慢不足」と受け取られる傾向にある。若年者の場合、そうした雰囲気のなかで、離転職の希望をセンター職員に言い出せずに「無断退所」したケースが見受けられた。

「〔工場で〕仕事してるときに、まだ〔仕事を〕覚えてないのに、怒られる。ずっと、朝から、晩まで。一緒に働いている人にも言われたし、上司にも言われた。〔それで三日目の通勤途中に〕嫌だなと思って。そのまんま。新宿の、ほうに、行っちゃって。〔センターに〕帰って、怒られるのも、嫌だなと思って〔そのまま路上に戻った〕」（Eさん・三〇代後半）。

センター入所中全体を通して

また、センター入所者は、在所中、就職活動中であるか就労中であるかにかかわらず、時間と金銭の使い方につい

て、規則に則った細かい手続きと自己管理が要求され、場合によっては施設職員による確認や管理、指導がおこなわれる。たとえば、センターの門限に遅れる場合の事前の届出や、貸し付けられる通勤費や支給される日用品費の出納帳への記録など。こうした手続きや指導がおこなわれる理由については、容易に推測可能である。たとえば、限られた入所期間内に、入所者に可能な限り多くの貯蓄――アパートへの転宅資金、転宅後初回給料日までの生活費などに充てる――をさせるため、自立にむけた支援に関する公的な諸経費を公正・公平に支給／貸し付けるため、「就労自立」退所後の生活において必要となる自己管理能力を身につける訓練のため、などなど。回答者たちの多くも、細かい手続きや指導がおこなわれる理由について、職員から右記のような説明を受けたり、自ら推測したりして、おおむね理解はしていた。しかし、回答者のなかには、そうした理由を理解していなかった人もいるし、理解はしていても、ほかならぬ自分自身が管理・指導の対象とされること――自己管理能力を欠いた存在と見なされること――に反感を抱いていた人もいた。センターにおけるこうした管理・指導に対する不満やストレスは、入所者を、それに耐えられる人と耐えられない人とに選別し、後者を「住み込み」であれ、「自主退所」「無断退所」であれ、早期退所に仕向けていく機能を実質的に果たしていたといえる。

＊　＊　＊

以上、駆け足で「自立支援事業」における選別過程について概観してきた。ここでその過程をいったんまとめると、以下のようになる。何よりもまず、「自立支援事業」の利用を通じた「就労自立」の成否は、外在的な要素である労働市場――そこにおいては年齢や資格・技能・経験などにもとづく企業側による選別がおこなわれる――の動向によって大きく規定されている。さらに、センターが提供する支援・管理・指導が「就労自立」に特化した、入所者によっては非常に抑圧的と感受されるものであることによって、そもそも労働市場において周縁的な位置にあり再就職自体が困難である中高年者や、センターでの管理や指導に耐えられない層がまずふるい落とされる。さらに、若年

層を中心に、就職はできても適性などの面において問題のある仕事に就いてしまった層が、ふるい落とされていく。つまり、「自立支援事業」においては、その所与のシステムのもとで理想的な「就労自立」を達成できる層とできない層との選別がなされ、後者が不安定な住み込み就労や路上へと再度切り捨てられていくという構造が存在してきたのである。

4 「路上から地域へ」の先に

そもそも「自立支援事業」は、野宿者のすべてに利用されてきたものではない。それはあくまでもアパート生活獲得の「機会」とそのための「支援」を提供する事業であって、アパート生活の獲得が「保証」されているわけではなく、また、(テントや仮小屋などを放棄して)施設に入所することが前提とされている。そのため、野宿者のなかでも、公園などにテントなどを構え、空き缶回収などの雑業に従事して、貧しいなりにもある程度自足的な生活を営んでいる人びとからは、自立支援事業は魅力的な事業とは受け止められず、あまり利用されなかった。また、センター利用後に再度野宿へと戻った人びとも、前節であげたように、二〇〇四年三月の時点ですでに一〇〇〇人以上にのぼっていた。結果として、二〇〇〇年一一月に自立支援事業が正式に開始されて以降も、都内の野宿者数は、一九九九年から二〇〇四年まで、五五〇〇人前後でほぼ横ばいの状態が続いていた。[*7] そうした状況の下で、二〇〇四年に、「テント生活」者を減らすことを明示的に目標に掲げた「地域生活移行支援事業」という新たな事業が発表・開始された。[*8] これは、テントが集中する公園や河川敷などで生活する人びとを主たる対象として、東京都が借り上げた民間アパートなどを低額で貸し付け(原則二年間)、「地域生活への移行」にむけ就労・生活などを支援する、という事業である。この「仕事の有無等にかかわらず路上からほぼ直接にアパートへと入居できる」という点が野宿者に与えたインパクトは大きく、最終的に、事業終了までの四年間に、一九四四人の人びとがこの事業を通じて借り上げアパートな

どへと入居し（サポートセンター事業組合 二〇一〇）、事業の対象地区とされた公園や河川敷ではテントが激減した。つまり行政は、施設入所と就労をアパート入居の要件とした自立支援事業では、野宿者（とりわけテントなどを構える可視性の高い人びと）を大幅に減らすことができなかったために、自立支援事業を補完するかたちで、施設入所や就労を条件とせずに、まずはアパートでの生活を提供する、という新たな事業を実施せざるをえなかったのである。

そして、二〇一〇年からは、期間限定の特別事業であった「地域生活移行支援事業」の経験をふまえ、「自立支援事業」の大幅な見直しを盛り込んだ新「自立支援システム」が開始されている（特別区人事・厚生事務組合厚生部 二〇一〇）。新システムにおいては、「緊急一時保護センター」と「自立支援センター」を「新型自立支援センター」に統合したうえで、「自立支援住宅」（借り上げアパート、原則六ヵ月）を組み合わせ、センター入所後、就職とほぼ同時に（借り上げ）アパートへと移行させることによる施設入所期間の短縮、生活保護施設などと連携しての「退所後に路上生活に戻さない」ための継続的なアフターフォローなどが盛り込まれている。就労がアパート生活獲得にあたっての前提とされているという点はそれまでの自立支援事業から一貫してはいるが、支援の重心は、施設での生活・就労支援から、アパート生活の早期獲得とそこでの継続的な支援へと移りつつある。

以上、二〇〇四年以降の「ホームレス支援策」の動向をざっと概観した。新「自立支援システム」についてはデータの制約上、本稿では具体的な実態に即した検討は差し控えざるをえないが、その再編の方向性を一言でまとめるならば、「路上から地域へ」ということができるだろう。第二節で見たように、そもそも野宿者の増加・可視化と空間占拠が行政の「ホームレス問題」認識の出発点であったという点に鑑みれば、できるだけ多くの野宿者にアパート生活を獲得・維持させる（＝路上から掬い上げ、路上に戻さない）ことは、政策のひとつの「着地点」ではありうる。しかし、アパートに入居しそこで生活を送るということは、（たしかに、住民登録を通して地域社会への形式的な帰属を獲得することは可能になるかもしれないが）必ずしもその人の社会的包摂を帰結するわけではない。いいかえれば、「家がある」ということは、社会的包摂の十分条件ではない（都市の独居高齢者の「孤独死」を想起されたい）。

表9－1　雇用者（役員除く）に占める正規・非正規雇用者の趨勢

年	男女 実数（万人） 正規の職員・従業員	男女 実数（万人） 非正規の職員・従業員	男女 役員を除く雇用者総数に占める割合（％） 正規の職員・従業員	男女 役員を除く雇用者総数に占める割合（％） 非正規の職員・従業員	男性 実数（万人） 正規の職員・従業員	男性 実数（万人） 非正規の職員・従業員	男性 役員を除く雇用者総数に占める割合（％） 正規の職員・従業員	男性 役員を除く雇用者総数に占める割合（％） 非正規の職員・従業員
1984	3, 333	604	84. 7	15. 3	2, 335	195	92. 3	7. 7
1985	3, 343	655	83. 6	16. 4	2, 349	187	92. 6	7. 4
1986	3, 383	673	83. 4	16. 6	2, 365	189	92. 6	7. 4
1987	3, 337	711	82. 4	17. 6	2, 347	194	92. 4	7. 6
1988	3, 377	755	81. 7	18. 3	2, 368	210	91. 9	8. 1
1989	3, 452	817	80. 9	19. 1	2, 407	229	91. 3	8. 7
1990	3, 488	881	79. 8	20. 2	2, 438	235	91. 2	8. 8
1991	3, 639	897	80. 2	19. 8	2, 518	234	91. 5	8. 5
1992	3, 705	958	79. 5	20. 5	2, 568	252	91. 1	8. 9
1993	3, 756	986	79. 2	20. 8	2, 610	270	90. 6	9. 4
1994	3, 805	971	79. 7	20. 3	2, 637	244	91. 5	8. 5
1995	3, 779	1, 001	79. 1	20. 9	2, 620	256	91. 1	8. 9
1996	3, 800	1, 043	78. 5	21. 5	2, 635	274	90. 6	9. 4
1997	3, 812	1, 152	76. 8	23. 2	2, 639	310	89. 5	10. 5
1998	3, 794	1, 173	76. 4	23. 6	2, 636	304	89. 7	10. 3
1999	3, 688	1, 225	75. 1	24. 9	2, 594	323	88. 9	11. 1
2000	3, 630	1, 273	74. 0	26. 0	2, 553	338	88. 3	11. 7
2001	3, 640	1, 360	72. 8	27. 2	2, 557	366	87. 5	12. 5
2002	3, 486	1, 406	71. 3	28. 7	2, 427	422	85. 2	14. 8
2003	3, 444	1, 496	69. 7	30. 3	2, 430	435	84. 8	15. 2
2004	3, 380	1, 555	68. 5	31. 5	2, 390	454	84. 0	16. 0
2005	3, 333	1, 591	67. 7	32. 3	2, 320	503	82. 2	17. 8
2006	3, 340	1, 663	66. 8	33. 2	2, 329	527	81. 5	18. 5
2007	3, 393	1, 726	66. 3	33. 7	2, 387	538	81. 6	18. 4
2008	3, 371	1, 737	66. 0	34. 0	2, 364	542	81. 3	18. 7
2009	3, 386	1, 699	66. 6	33. 4	2, 362	512	82. 2	17. 8
2010	3, 363	1, 708	66. 3	33. 7	2, 317	518	81. 7	18. 3

注）1.「労働力調査特別調査」(2001年以前) および「労働力調査詳細集計」(2002年以降) をもとに作成。
　　2. 1984～2001年は2月時点、2002年以降は1～3月の平均。

まず、「安定就労」を現実にどこまで獲得できるかという問題がある。生活の経済的安定という点に関していえば、安定就労はその基盤となりうるし、安定就労による「就労自立」はホームレス支援策の開始以来一貫して目標のひとつとして設定されてはいる。だが、日本における労働市場全体の趨勢を見た場合、「安定就労」獲得の可能性は逆に狭まり続けてきている（表9－1）。労働市場における非正規化の趨勢は、一九八五年の「労働者派遣法」の制定、一九九九年の同法の改定（派遣の原則自由化）、二〇〇四年の製造業への派遣解禁といった流れのなかにあって、とどまるところを知らない。「必要な間だけ」雇用し、（労働者の生活の保障を考慮することなく）「働いた分だけ」の賃金しか支払わないで済む非正規雇用の「旨み」を知った企業が、その最大限の「活用」を推し進めるなかで、正規雇用という受け皿は次第に縮小されてきたのである。個々の人びとが正規の安定した仕事に就けるように就労支援や職業訓練をおこなうこと自体は一律に否定されるべきことではないかもしれないが、それによってすべての人が安定就労に辿りつけるわけではない。受け皿は限られているのであり[*9]、また、労働市場は、「能力がある」人あるいは「頑張った」人であれば「必ず」正規雇用の仕事に就けるほど完璧にできているわけでもない。そもそも、どのような企業がどのような「能力」を求めているのか、ということ自体、必ずしも明示的ではないし、その内実も一定ではない。非正規労働力の募集に際してしばしばインセンティヴとして掲げられる「正社員登用制度」にしても、その制度の運用の匙加減（どのような人をいつ何人登用するのか）は、ほとんどの場合、企業側のその時々の「経営戦略」によって決定される。したがって、景気動向と法規制などによって労働市場の状況が劇的に変化しない限り、アパートという住居はあっても非正規雇用でぎりぎりの収入で生活する人びとが地域のなかに層としての厚みを増やしていく可能性は十分にある。そしてまた、そうした人びとの高齢化に伴う生活保護受給者の累積的な拡大も、避けがたいものとなっていくだろう。

他方で、生活保護の受給は、失業者の生活の最低限の経済的基盤とはなりうるが、その人の社会的孤立の解消までを保障するものではない。野宿からアパートなどで生活保護を受給するようになった人びとを対象におこなわれた調

査によれば、日常生活のなかで相談できる人や機関がない、あるいは非常に限定されている、という事実も報告されている。[*10]新「自立支援システム」には、アパート入居後の「継続的な支援」がメニューとして盛り込まれてはいる。だが、それが具体的にどこまでその人の生活に介入するものであるのか——最低限の安否確認のレベルにとどめるのか、さらに踏み込んでいくのか[*11]——、また、どこまでその人の社会的な孤立に対する実質的な歯止めになりうるのかについては、まだ手探りの段階であり、最悪の場合、「孤独死」予備軍を地域にばらまいただけ、ということにもなりかねない。

東京において「ホームレス支援策」が開始されてから約一五年。支援策は、「野宿者をともかくも路上から掬い上げる」という部分だけ見れば、ある程度の「成果」を上げてきたということができるだろう。しかし、「完全な支援策」がありえない以上、そこでの選別によって、路上に再度ふるい落とされる／残される人びとは今後も存在し続けるだろう。したがって、路上から人が「いなくなる」ことはおそらく、ない。そのようにして路上で生きる／生きざるをえない人びとと、どう向きあって／つきあっていくことができるのかということは、（本章では踏み込まなかったが）今後も考察されるべき問題であり続けるだろう。他方で、野宿から抜け出て施設やアパートに入ることもまた、その人の社会的な包摂をそのまま意味するわけではない。「路上から地域へ」という転換を、貧困者の排除の形態の変換（可視性の高い路上から地域への分散による不可視化）に終わらせないためにはどうすればよいのか——問われるべきこと、模索されるべきことは、まだまだ多い。

注

＊1　ＥＵ諸国などにおける〝homeless people〟という語の使われ方については、たとえば小玉・中村・都留・平川編（二〇〇三）を参照。

＊2　そうした「対策」は、行政から「地域住民」とカテゴライズされる人びと（そのなかには筆者やおそらくは読者の多くも含ま

れるだろう）の「声」（対策の積極的な要請や支持あるいは批判だけでなく、沈黙による消極的な支持＝黙認も含む）を背景として実施されてきたものであり、この点において、筆者も読者もこの問題から「無関係」ではありえない。とはいえ、いうまでもなく、私たちは、行政施策を支持しあるいは批判する主体としてのみ「ホームレス」の人びとと関わっているわけではない。そのことをふまえたうえで、本章を通じて考えたいのは、ホームレスの人びとを政策的にどのように包摂していくのかを考えるということは、包摂する社会の側のあり方自体を問い直すことにつながっている、ということである。

＊3　とはいえ、「支援策」の整備と並行して、あるいは「支援策」と抱き合わせるかたちで、しばしば特定の公園などからの締め出しが行政によって暴力的におこなわれてきたこともまた書き添えておかねばならない。

＊4　詳細については、北川（二〇〇五a）を、また、大阪市における「ホームレス問題」と日雇労働者の街である釜ヶ崎との関係については、たとえば原口剛（二〇一〇）、大倉祐二（二〇一〇）を参照。

＊5　たとえば、東京二三区で野宿者を対象に二〇〇〇年におこなわれた調査によれば、性別では男性が九七・九％、年齢層では五〇代が最多で四七・九％、次いで六〇代二二・九％、四〇代一九・六％となっている（都市生活研究会 二〇〇〇）。

＊6　調査の詳細については、北川（二〇〇五b、二〇〇六）および二〇〇五年発行の『季刊 Shelter-less』二六号の特集などを参照。また、次節で述べるように、東京の自立支援事業は二〇〇七年に見直しがおこなわれ、二〇一〇年からは大幅な改変がおこなわれている。本節で考察の対象とするのは、自立支援センターが本格的に開設されてから見直しがおこなわれるまでの、いわば事業の整備期にあたる二〇〇〇年代前半の時期の自立支援事業である。また、引用した聴き取りデータについては、意味やニュアンスを損なわない範囲で、読みやすいように編集を施している。

＊7　東京都が毎年実施・公表している概数調査の結果（各年八月・ただし国管理河川である多摩川ほか四河川を除く）より。

＊8　事業発表時に東京都が示した事業の概要図には、「減らないブルーテント」「テント生活からの脱却」「公園の本来の機能を回復」といった文言が盛り込まれている（東京都 二〇〇四）。なお「地域生活移行支援事業」の概要およびその問題点の詳細については北川（二〇一〇a）を参照。

＊9　この点については、生田武志（二〇〇五）による「いすとりゲーム」の比喩が参考になる。

＊10　詳細については、北川（二〇一〇b）を参照。

＊11　当然そこには、パターナリスティックな介入がどこまで許容されうるのか、また、許容されるとすればその前提条件は何なのか、という問いも存在する。

参考文献

生田武志　二〇〇五『野宿者襲撃論』人文書院。

大倉祐二　二〇一〇「放置された不安定就労の拡大とホームレス問題」青木秀男編『ホームレス・スタディーズ――排除と包摂のリアリティ』ミネルヴァ書房、一三六―一五九頁。

北川由紀彦　二〇〇五a「単身男性の貧困と排除――野宿者と福祉行政の関係に注目して」岩田正美・西澤晃彦編著『貧困と社会的排除――福祉社会を蝕むもの』ミネルヴァ書房、二二三―二四二頁。

北川由紀彦　二〇〇五b「『自立支援センター利用経験者路上聞き取り調査』中間報告」『Shelter-less』二五：一五三―一七〇。

北川由紀彦　二〇〇六「野宿者の再選別過程――東京都『自立支援センター』利用経験者聞き取り調査から」狩谷あゆみ編『不埒な希望――ホームレス／寄せ場をめぐる社会学』松籟社、一一九―一六〇頁。

北川由紀彦　二〇一〇a「『ホームレス対策』における『支援』と『排除』の交錯――東京区部を事例として」『解放社会学研究』二二（一）四九―六八頁。

北川由紀彦　二〇一〇b「〈ホームレス〉と社会的排除――制度・施策との関連に注目して」『理論と動態』三、七一―八六頁。

小玉徹・中村健吾・都留民子・平川茂編　二〇〇三『欧米のホームレス問題（上）――実態と政策』法律文化社。

サポートセンター事業組合　二〇一〇『ホームレス地域生活移行支援事業終了報告書』。

東京都　二〇〇四「ホームレス地域生活移行支援事業がスタート！」http://www.fukushihoken.metro.tokyo.jp/press_reles/2004/pr0216.htm（二〇〇四年二月一六日）。

特別区人事・厚生事務組合　二〇〇五『更生施設　宿所提供施設　宿泊所　路上生活者対策事業施設　事業概要　平成一七年度』。

特別区人事・厚生事務組合厚生部　二〇一〇「新型自立支援センター開設　路上生活者対策事業再構築本格稼働」『区政会館だより（特別区協議会発行）』二四七、一二頁。

都市生活研究会　二〇〇〇『平成一一年度　路上生活者実態調査』。

原口剛　二〇一〇「寄せ場『釜ヶ崎』の生産過程にみる空間の政治――『場所の構築』と『制度的実践』の視点から」青木秀男編『ホームレス・スタディーズ――排除と包摂のリアリティ』ミネルヴァ書房、六三―一九六頁。

『季刊 Shelter-less』二六（二〇〇五年秋）号（特集：自立支援センター利用経験者路上聞き取り調査）。

第10章 野宿者の日常的包摂は可能か

山北輝裕

1　二つの風景から――野宿者の葬儀／地域からの投書

二〇一〇年、NHKのドキュメンタリー『無縁社会』の放映により、親族から遺骨の引き取りを拒否される「無縁仏」の実態が社会的に注目されることとなった。未婚や不安定な就労状況にある若者の未来を暗示するかのように、新たに注目された「無縁社会」問題。年間の「無縁死」が三万二千人という数と、「他人事ではない」という衝撃の裏で、かつてから、こうしたことはよくあることだったのだが……。

「普通の人」とされる人びとが「無縁」になるという「目新しさ」の一方で、こうした「無縁仏」（あるいは「行旅死亡人」）のなかには、寄せ場の日雇労働者や野宿者が存在することが古くから指摘されてきた（宮下 一九九五）。これまでに数えきれない人びとが亡くなっていっただろう。しかし、私が参与していた野宿者支援団体が関わってきた野宿者の何人かのうち、状況は大きく違っていた。ある小屋で暮らしていた女性の元野宿者が亡くなったときに、仲間と支援者あわせて八〇人近くの参列者が来たのである。率直に驚く気持ちと同時に、「それでこそ」と亡くなった彼女を想ったのだった……[*1]。

別の風景は二〇一一年三月二七日の産經新聞に掲載された「交友関係」という投書から。ある日、一軒家の玄関前

に山菜が置かれていることがあったという。それは近くの河川敷に住む野宿の男性が置いていったものだった。以前にこの一軒家に住む女性が、お菓子をその男性に渡したのがきっかけとのことだった。後日、ばったりと二人が顔をあわせたとき、「私のようなものがお宅に出入りしてはご迷惑をおかけしますので、早朝、置かせてもらっています」と彼は挨拶したという。彼女が「缶ジュースの空き缶も多く出るので、外のカゴに置いてあるから、いつでも持っていってください」と言ったところ、数ヵ月後に玄関の前に今度は犬のエサが置かれていた。そしてメモが添えられていた。「缶を売って五万円にもなりました。ささやかですが御礼の気持ちです」と……。

　これらのエピソードを単なる「美談」としてしまえないのは私だけだろうか。なぜ葬儀にあんなにも人が集まったのか。あるいはなぜアルミ缶と山菜の密かなやりとりがなされたのか。これらは野宿者の自立支援を目的とした制度による包摂をあらわすエピソードではない。前章の北川と同様に、社会学者の青木秀男は、野宿者をめぐる包摂は選別であり、選別は排除であり、排除は選別であり、選別はさらなる包摂と排除であると指摘する。「〈排除と包摂〉が社会編成の原理であるかぎり、こうした悪循環は際限なく続く」（青木 二〇一〇b：iii）とするならば、我々は、制度からもれた、野宿でとどまる人びとに対していかなる応答をとることができるのだろうか。

　こうした問題関心のもと、自立支援制度に代表される「制度的包摂」に対して、ここでは、上記のような野宿者の日々の生活レベルにおける限りなく包摂に近い何かを、あえて「日常的包摂」と呼ぶことにしよう。というのも、もちろん野宿状態はそもそも社会的排除の帰結なのだが、現実問題として野宿で当面生きていく以上、上記のような出会いを経た日常的包摂も起こりうると考えるからだ。

　本章では、ある公園の野宿者と地域住民のエピソードを検討していくなかで――排除が完結しない、そして完全な包摂でもない――野宿者の日常的包摂について考察していこう。そのことで、私たちは野宿者と向き合うというリアリティの深淵へとたどりつけるはずである。

2　日常的包摂と見守り

本章で使用する日常的包摂について、もう少し説明が必要だろう。制度的包摂は、権利のある（行使している）状態というかたちで明確に定義することができる。そのため裏を返して、たとえば「生活保護を受給できる資格（困窮している）があるにもかかわらず支給されない」＝「排除状態」といったように例証できる。あるいは前章の北川が言及したように、行政側は自立支援センターを制度的包摂策として位置づけるが、野宿者にとっては制度自体が意図せざる排除を生み出すこともある。そのため、プロセスとして「包摂／排除」を捉える視点も必要である。[*2]

一方で、日常的包摂はある種、社会関係の水準であり、そのため状態を指すというよりも営みの連続＝プロセスとして捉えたい。具体的に野宿者をめぐる日常的包摂とは、贈与・支援・交流などの何かしらの社会的行為を契機とした営みであり、包摂の意味は行為者間の相互作用のなかで付与されるといえよう。それは一回きりの接触から長期の付き合いのような時間軸を含みうることとしよう。そしてこれらの包摂・排除の主体は何も野宿者の支援者や行政だけではない。

建築家の坂口恭平は隅田川の野宿者の鈴木さんのあるエピソードを紹介している（坂口 二〇〇八）。散歩をしていた男性が転んで、水たまりに足を滑らせて濡れていたところに、鈴木さんがタオルをもってきて、きれいに拭いてあげたという。たまたまその転んだ男性は洋服屋の社長で、後日新品の服を鈴木さんらに用意したという。

「僕はそういう鈴木さんの態度や姿勢は、家を自力で作っていることや、自分で考えて工夫して生活していることなどと切り離しては考えられないと思う。すべてが一体で自分の考えで行っているからこその余裕であり、豊かさだと思う。それは金銭的な豊かさとは全く別のものである。そんな生活を僕たちは忘れてはいけない」（坂口 二〇〇八：一三四）。

坂口がいうように、日常的包摂が生じる条件を野宿者個人の性格や生活技法に還元することもできるのかもしれない。鈴木さんの魅力や自助の精神とあいまって、坂口からすると野宿生活が思いのほか豊かに見えてしまったのかもしれない。もちろん、制度的包摂の条件が個人の性格に左右されることがあってはならない（「あなたは性格が悪いですから生活保護受給資格はありません」などはありえない）。しかし野宿状態で日常的包摂が起こるかどうかをめぐって、個人の性格や技法が大きく左右するならば、むしろ同時にそこでは厳しい選別と排除が、しかも曖昧な理由によって遂行・正当化されているのではないか……。じつは日常的包摂はこうした危うさを内包しているかに見える。

このようななか、質的調査にもとづいた社会学は野宿でもサバイブするうえで個人の「生きぬき戦略（survival strategies）」を描いてきたが（山口 一九九八）[*3]、同時に社会的条件を重視する点で大きく違うといえる。そしてその条件はしばしば制約されたり、なかったりというように、野宿者にとって厳しいもので、そのなかで個人の実践がどのように連関するかを考察してきた。たとえば、林真人は野宿者がどのような場所にいることができるのか、空間的管理の制約を重視したうえで、野宿者の状況に応じた活動を検討している[*4]（林 二〇〇五）。

このような野宿者の活動や身の振り方を左右し、そして日常的包摂を促進する社会的条件のひとつとして、野宿者を取り巻く「地域」からの「見守り」が浮上する。「見守り」とは、「入所期間や規則がある施設に入所するよりも野宿を選択する」という合理的な判断をくだす野宿者を、排除するのではなく、それ以上野宿状態が悪化しないように「見守る」ことを意味する（平川 二〇〇四）。この「見守り」がもっとも先鋭化したのは、二〇〇七年に大阪市長居公園の野宿者に立退きが迫られた際である。自立支援センターなどの「受け皿」を拒否し、野宿にとどまった数人が強制排除の対象となった。しかし一部の地域住民が強制排除に反対署名を提出したのだった。その背景には、日常的に地域住民と野宿者の野菜売りを通した交流があったのだった[*5]。

川端浩平も、いわゆるボランティアではないが、地域社会には野宿者に対して親切に接している人たち（＝親切行為）が存在することを指摘している。ここで親切行為とは「個人化する社会のなかで、親密な領域と私的領域の対抗

関係のなかで営まれている、相互扶助を志向する日常的実践」（川端 二〇一一：一〇四）を指し、これらの行為を個人的なものとして理解するのではなく、やはり社会的行為として捉え直す視点の重要性が説かれている（川端 二〇一一）。

もちろん、公園にいる野宿者を地域住民が逆に巧妙に排除していくこともある[*6]（堤 二〇〇一）。また、あからさまな襲撃といった日常的暴力もありうる（生田 二〇〇五）。そして支援者の「見守り」のなかにも、野宿から脱却させようとする関わりから、野宿自体を認めようとする関わりまで幅広いものがあるだろう（山北 二〇一〇）。このように「見守り」は野宿者にとって、野宿のままで他者とつながる結節点となるかどうかを左右しているのである。

そこで本章では、個人的資質や文脈を捨象した個人の意識とは別に、「見守り」という社会的な営みの水準で明らかになる人びとの日常的包摂のリアリティを考察したい。ある地方の一人の野宿者と地域のエピソードを検討しよう。

3　野宿者と地域

野宿者と少女

私は二〇一一年に一回だけだが、ある地方の野宿者支援団体のおにぎり配りに参加した[*7]。私が担当したコースには、他に支援者が二人参加していた。その日は雨が降っていた。ある公園に着いて、その日初めての野宿者に声をかけようとして近づいていったときだった。公園内の建物の軒先で、地面に座って雨宿りをしている一人の野宿者の背中の一部と濡れた布団が見えていた。彼の正面に回り始めると、目を疑う光景に見入ってしまった。髭と髪が伸びっぱなしの彼の隣りには、二人の小学生の年ごろの女の子が毛布にくるまって、彼の布団の上に座っていた。私は一瞬「これはどういうことだ……」と戸惑ってしまったが、ひとまず挨拶をしてプラスチックの箱に入ったおにぎりを手

渡した。もしかして「子連れで野宿なのか……」と緊張がはしった。しかし女の子の手元にはニンテンドーDSが置いてある……。

彼と二人の女の子はどこ吹く風。挨拶もそこそこに、トランプの「大富豪」に嬉々として興じている。何年もまわっている支援者はひたすら炊き出しなどのスケジュールを説明する。どこか面倒くさそうに支援者に対応する彼。私は「大富豪ですか」と聞いてみた。彼は、にこっと笑った。支援者の「体の具合は大丈夫ですか」との問いかけにも「大丈夫です」とそっけない。「炊き出し来ませんか」「来ません」と、これまでに何度も繰り返し反復したであろう、間髪いれない返答が続く。かといって決して彼は支援者たちを邪見に扱っているようにも見えなかった。

女の子たちは、彼が支援者と話しているあいだ、カードを切れないためじっと待っている。私たちは明らかに邪魔者だった。さすがに初参加の新参者だった私は彼らのやりとりを見ているだけにとどめておいた。去り際に私は「トランプ邪魔しちゃってごめんなさい」と言った。彼はまたにこっと笑った。

このおにぎり配りのコースに何年もまわっている支援者が教えてくれた。「あれは近所の子なんです」。私は耳を疑った。「いつもは男の子が来ているんですけどね」。私は子どもによる「野宿者襲撃事件」をよく耳にしていたため、子どもと野宿者は水と油の関係だと思うふしがあった。あまりの光景に加えて事情がわかったことで、さらに驚いてしまった。支援者は言った。

「彼とは五年くらいになります。ここの公園の近所に引っ越してきてすぐのおばあさんがいて、子どもとホームレスが一緒にいるっていうんで、市に通報したそうなんですね。そしたら市から追い出しがあったので、彼はしばらくこの公園に入れなくなった。でも急にいなくなったんで近所の人がどうしたのかって話していたら、そういう〈市が追い出したという〉ことだったのかって。しばらくして彼は戻ってきて、またいても大丈夫なようになった。近所の人もよく知っているらしく、子どもを見ておいてもらうことがあるそうなんです[*8]」

この公園はほぼ長方形で、子どもがボールでもほどよく遊びまわれる大きさだ。公園のまわりには、片側は住宅や企業のビルが建っており、もう一方の側はやや大きな通りに面している。木々が密集しているタイプの公園と違って、中を外から見ることができる。また公園の約半径八〇〇メートル以内に保育園や小学校・中学校・高校・大学まで、さまざまな教育機関が非常に数多く存在する。そして晴れた日の朝には、ベビーカーを押すお母さんたちが遊具のまわりにどこからともなく集まり出し、よちよち歩きの子どもと戯れている。また、雨宿りができるベンチにはゲーム機を片手に持った子どもたちが何人か集まり出し、遊び始める。

見てて

雨のなか、彼と少女が遊んでいる光景がどうしても頭から離れず、私は後日改めてインタビューに行くことを決意した。といっても、彼との接触はおにぎりを配ったときの数分だけ。私が何者であるかなどわかってもらえていない。その公園は自宅からは飛行機で行くような遠く離れた土地だったため、簡単にアポイントもとれない。そうしたなかでのインタビューの試みは私自身初めてだった。そもそも行ったところで、彼が公園にいるかどうかもわからない。すべてが無計画だった。それでも彼の話をゆっくりと聞きたかった。

公園に着くと、布団は置いてあったが、そこに彼はいなかった。意気消沈、一九時前だっただろう。しばらく立ち尽くしていたが、公園の中央に備えられた屋根付き・木造のベンチに一人男性がいたので、「すみません」と言って近づいた。何か知っているかもしれないと思ったからだ。薄灯りのなか、近づいていくと、それは彼だった。私は何か言わねばと「あ、おにぎり配りの……」と言った途端、彼は「ああ」という感じでベンチにある荷物をどけてくれて、私に座るようにうながした。

しかしこの日、私はボランティアに来たのではない。「〇〇〔支援団体の名前〕ではなく、東京に住んでいるのですが、お願いがあって来ました」と支離滅裂になってしまう。「緊張されているようですから、落ち着いて」と言わ

れる始末。深呼吸をして、ここに来た主旨を説明した。「じつは大阪で強制排除があって……」と、かつて大阪市の公園で野宿者の強制排除があったことを話し始めた。その途中で彼は「それは仕方ないです」ときっぱりと私をさえぎった。「不法占拠ですから」と。私も伝えたいことが途中だったため、彼の言い分もそこそこに、「じつは続きがあって、地域の人から強制排除反対署名が集まったんです」と言うと、「ああ、それはすごいですね」と彼は感心していた。私は地域からの「見守り」が起こりえること、そして彼と子どもが遊んでいたことは同列の水準――日常的包摂だと感じていたのだった。だからこそ、どういうきっかけで彼が子どもと遊ぶようになったのかを知りたかったのだった。*9

「ちゅうか、もう俺ここ約二年半近くいるから、あの遊んでた女の子たちは三年生のころから知ってるんですよ。そうすると学校の方からは『俺と遊ぶな』という指示が出ています。これ確実に出てます。親からも『遊んじゃいけない』っていうふうに言われてます。だけれども、……子どもたちのせりふから言うと『先生や親が間違ってる』と言います。でも、それは間違っているけれども受け入れなきゃいけないことだと子どもたちも知ってます。だけど、ここでずっといるうちにこんどは親御さんたちが一緒に子どもつれてきてるときに、その子たちが僕と遊ぶとするならば親の公認だからその子たちは遊べます。そうすると、そういう子たちが子どもたちをつれてきます。で、親たちがもう俺が安全なんだということを知ってるから、だからそれどころか、今はいっときなんかは、子どもんここに置いて、買い物いかれる人たちもいました」

今はまるで「路上の託児所」とでもいうべきほどに、彼と地域住民との関係は良好に聞こえる。しかし一方で、彼は野宿をめぐる自己認識と同様に、子どもと野宿者が遊ぶことをめぐる否定的な社会的意味を語っている。実際に職務質問されて、嫌がらせを受けたこともあったそうだ。「子ども／野宿者」という結びつかないカテゴリーが自明と

されるなかで、彼の言うように、子どもたちも「遊んではいけない／遊びたい」という葛藤を迫られているとするならば、彼と子どもの対面は奇跡というと言い過ぎだろうか。ただし、彼は葛藤を抱えるだけではない。次のようにも語る。

「ここだと安全だと思ってる親たちもいるわけ。それは反対に俺がいるから安全なわけ。なぜならば子どもたちが道路に飛び出して遊んだり危ないことしてたりしたら、俺が確実に注意するから。だから子どもたちが遊びにくるっていうのはこれは一種、信頼関係です。子どもたちはまずホームレスに声をかけることをしません。なぜなら学校の方でまず言われてることが、知らない人に自分の名前を教えたり、それから知らない人によったらいけないよというふうなことを教えられてます。だから挨拶をしてもいけないというふうに今の子たちは教えられてる」

彼がいることで逆に公園が安全になる。一方で、一般的に市への苦情でもっとも代表的なもののひとつとして「子どもを遊ばせるのが危険だからホームレスをどうにかしてくれ」というものだ。市としては「ベンチに座ったり寝ているのは通常の公園利用の範囲で注意することはできない。ただし小屋などを建てたら連絡をしてくれ」という対応をしている。「子ども／野宿者」というカテゴリーが結びつかないことを自明としながら、こうした「公園＝子どものもの」というさらなる常識的推論を前提にするからこそ、二重の「誤謬」を崩さないといけないため、信頼関係が重要であると彼は語っている。しかし関係性を築くことも困難だが、彼も言うようにそもそも出会うことすら困難な両者に、どのようなきっかけがあったのだろうか。

「いちばん最初はですね、子どもんこがここで野球して遊ぶでしょ、で、ボールがなくなるでしょ、一緒に探してやったんですよ」

私は思わず、ため息をついた。最大の謎はあまりにも、偶発的なものだった。まるでボールが彼らを導いたかのように。

「子どもんこ探すの下手だから、こうやって探してやって。それと子猫がいたから、もう死にそうな猫だったから、育てておったら、子どもたちが、猫好きですから、小さい子は動物が。だからそれでよってきたりして」

さらに彼は子どもたちとの交流を深めていく。

「たとえば、そこのうんていなんかがあるでしょ、それとかこうやってやってると、うんていの仕方とかそういうの、こっち見ててわかるようになったんです。どうしたらいいのかっていうのが。そういうの教えてると子どもの方から『おじちゃん教えて』って言ってくるから……。一人が歩けるようになると他の子も歩きたくなるから、どうしてもよってくる」

インタビューの最中に近所の女性が犬の散歩をしていて、私たちの近くを通りすぎようとした。そのとき彼は「こんばんは」と声をかけた。女性とは知り合いのようで彼女は私たちに会釈していった。彼は「人間関係とは興味をもつことだ」と繰り返していた。

「『おじちゃん見てて』って言う、縄跳びなんかここでするでしょ。そうすると二段飛びできたよって。『見てて』なんです。大事なのは何かって言うならば見ることです」

彼は子どもの遊び場も掃除している。その様子を近所の人も見ているかもしれない。

「今日でも……もう今日なんて、いちにいさん、いちにいさんしいごうろく、一五、六人ちかかったんやないですか、ここに来てたのは。俺に『鬼ごっこに入れ』って言う」

子どもは朝早くに彼のもとを訪れ、晩まで一日中遊んでいるそうだ。彼も「子どもと遊ぶのが上手になりましたね」と言いつつ、「どうしたものか」という表情だ。

インタビューを終えた帰り際、彼はまた自ら「野宿者の不法占拠の非」を繰り返した。「行政も〔野宿者を〕殺すために〔排除を〕やってるんじゃなく、『一時的にどいてくれ』と言ってるんだと思いますよ」と彼は言った。最後に私は「地域の人とどのような関係性を結べるかっていうところを考えていて……」とインタビューの主旨を再度伝えようとした。しかし彼は「無理でしょうね」ときっぱりと地域とのつながりの可能性をさえぎった。さすがに私も最後だったので「でも、先輩は子どもたちと結んでいるじゃないですか」と切り出すと「大人とは無理でしょうね」と返されてしまった。私は閉口してしまったが、彼は「いや、『出て行ってくれ』って言うような人は少ないんだと思いますよ、じつは」とも言っていた。

4 野宿者をめぐる日常的包摂の原理

たったひとつの小さなエピソードではあるが、希有な出来事だからこそ現代社会の野宿者をめぐる日常的包摂の様相が深淵から大きく顔を見せるのではないか。

社会学者のE・ゴッフマンが指摘したように、アサイラム（＝全制的施設）は入所者のそれまでもっていたアイデンティティを剥奪し、所定の指標に従って分類するという機制をもつ。野宿者の場合、自立支援センターやシェルターなどの施設によって自立を目指すことになる。しかしアサイラム内において、対面的関係の水準に目を向けれ

ば、アサイラムを構成する職員は入所者との関係性の調整をめぐってある種の困難を経験する。「施設が現実にしていることと、当局者がこれが該施設の本来の機能だと言わねばならないことの間の矛盾こそ、職員の日常活動の基本的コンテクストとなっているものである」（ゴッフマン 一九八四：七七）とあるように、アサイラムは施設／制度のみによって完結するのではない。それを構成するアクターによる日常的諸実践を通じてようやく達成されるという、〈残余〉をもちあわせていることが読み取れる。

もちろん本章が着目した場は路上であり、施設ではない。また支援者や地域住民は自立支援制度・施設運営を直接に担う人びとではない。野宿者をとりまく自立支援政策は施設を中心に展開されているとはいえ、一方で巡回相談員による公園への見回りや、自治体による強制排除などの行為は、施設の規制（「自立」するか否か）を通底させるかのように路上にも拡大されている（場の拡大）。支援策にのらず路上へと残る層（本章の男性もそうなるが）にとって、公園管理者による新築テント防止のための日常的な監視や、巡回相談員の声かけは、硬軟織り交ぜた実践といえるだろう。それを後押しするように、――実際に特措法には実施計画をめぐって民間団体や地域住民の意見を聴くと明記されているのだが――支援者や地域の人びとまでもが、制度的包摂と共振する人びととなりかねない（担い手の拡大）。しかしながら、そもそも〈残余〉とは強制排除という制度的局面ですら起こりえるものである。

「〔行政から排除のために当日の〕ガードマンで雇われている人には、不安定な雇用状況にあり、潜在的野宿者である人が多い。長居公園で野宿している人たちも、そういった自分たちと近い立場にある人たちと争わなければならないことにやりきれなさを感じており、そういった人たちに芝居をぜひ見てもらいたいという思いがあったそうだ。……それでも確実にガードマンの人たちはその芝居を気にしていた。わざわざ振り返ってみている人もいたし、途中で目を潤ませている人もいた」（記録集編集委員会 二〇〇七：一一九）。

本章で紹介した、子どもと遊んだり、子どもを預けるといったエピソード。これらを制度的包摂ではなく、日常的包摂として位置づけてきた。地域住民が野宿者を排除することで「アサイラム空間」（内藤 二〇一二）が完結するとするならば、本章が扱った営みは〈残余〉を表しているのではないか。

こうした地域の「見守り」の拡がりが排除をくいとめる僅かな可能性をもちつつも、日常的包摂は単なる「美談」ではないことが、ようやく明らかになったといえよう。それは野宿と向き合うという人びとの困難からくるものである。冒頭のエピソードなどに立ち返れば、葬儀に集う人びとのなかでもとくに支援者は、自立支援ルートで生きることと路上で生きることの差異をどのように考えればいいのかという困難を思ったに違いない。また贈与のエピソードも、本章で検討したような「本来結びつかない社会関係」を自明とするがゆえのひかえめな交流が展開されている。そして本章の子どもたちと野宿の彼の葛藤もそのひとつである。

日常的包摂の原理は制度的包摂の原理（包摂と排除）と完全に分離しているわけではない。野宿でとどまる人びとは一見、制度策（＝アサイラム）から逃避しているという印象を与え、制度的包摂の原理から逃れているかに見えるが、そもそも担い手の拡大とともに他者との介入・接触は避けることができない。そして何よりも野宿の当事者自身が支配的な慣習を内面化し、引け目を感じていたのだから（再三にわたる彼の「不法占拠ですから」という語り）。

その意味で、野宿でとどまることは、社会通念上の既存の関係性が断絶し、法の効力を受け付けない完全な自律空間としての〈無縁〉の原理（＝アジール）とは完全には一致しない。だからこそ、本章で見てきたような〈残余〉のエピソードは、法外でも無法でもないなかで、日常的包摂という困難とさまざまなかたちで向き合う人びとの姿を浮き上がらせるのだ。

追記

本章は二〇一一年日本文化人類学会で報告した「都市下層とアサイラム」の論旨をそのままに、一部の節（一九九〇年代以降）に絞り執筆している。その際に、新たな聞き取りデータを加筆して再構成している。なお学会報告ならびに本章の成果はともに研究活動スタート支援（課題番号：二二八三〇〇八七）の助成を受けたものである。

注

＊1　もちろん「無縁仏」になることの、そもそも何が問題なのかを根源的に考える必要はあるだろう。また「無縁社会」を論じるうえで社会的なシステムの問題に立ち入ることなく、人間関係の問題のみに特化することも問題があるかもしれない（石田二〇一一）。なお筆者の参与観察・葬儀のエピソードについては山北（二〇〇六、二〇一一）を参照されたい。

＊2　EU諸国から伝播し、日本でも膾炙した「社会的排除」の概念は社会的活動への参加の欠如・複合的排除であり、なかでも空間的排除と福祉国家の限界から生じる排除が主要な排除であるとされている（岩田 二〇〇八）。本章の「制度的排除」／「日常的排除」（想定されるのはそれぞれ無権利・強制排除／襲撃など）は、状態とプロセス双方を指す「社会的排除」の概念に吸収されうるが、日本の「野宿者問題」を分析するうえで合致するように分節化した。

＊3　山口恵子は新宿の野宿者間の社会関係に注目するなかで、他の野宿者とあまり関係を築かない、運動とは距離をとる、支援者とよく話す、より困った野宿者を助けるなどの関係性を築くことを積極的・消極的にかかわらず「生きぬき戦略」として指摘している（山口 一九九八）。

＊4　空間的管理とは、「野宿者の空間利用の方法・時間・範囲を制限し、場合によっては利用を禁止することで達せられる野宿者の管理」（林 二〇〇五：一〇一）を指す。なかでも市街地の公園に関しては、空間的管理の担い手は地域住民であり、空間的管理の方法は生活のなかでのチェック（野宿者の空間利用が行き過ぎていると、地域住民に通報される）が左右し、管理の強さは状況的であることを林は指摘している。

＊5　詳細は記録集編集委員会（二〇〇七）を参照されたい。今日ではこうした、野宿者に対する地域住民の寛容さを左右する意識（差別や偏見）には、性別・接触・都市性・知識が影響を与えているという指摘までなされている（渡辺 二〇一〇）。

＊6　仮設一時避難所を（公園内に）建設せずに、他の方法による支援を訴える地域住民の姿は、一見、野宿者への共感や理解を示しているかのようであるが、一方でそれは地域内に避難所を建設させないための手段として機能する（堤 二〇〇一）。

＊7　この地方は県全体で、二〇〇七年には一〇〇名、二〇一一年には四〇名ほどの野宿者が確認されている。この支援団体（NPO）のおにぎり配りなどのアウトリーチ活動は教会などとの協力体制でおこなわれている。二〇〇三年に支援活動が開始され、二〇〇七年にNPO法人を取得。二〇〇九年からシェルターの運営を委託されており、野宿者の自立支援をおこなっている。

＊8　二〇一一年一〇月二九日聞き取り。

＊9　二〇一一年一一月二〇日聞き取り。

参考文献

青木秀男　二〇一〇a「権力と社会運動――野宿者運動の問い」『理論と動態』三：八七―一〇六。

青木秀男編　二〇一〇b『ホームレス・スタディーズ――排除と包摂のリアリティ』ミネルヴァ書房。

網野善彦　一九九六＝二〇〇二『無縁・公界・楽――日本中世の自由と平和』平凡社。

生田武志　二〇〇五『〈野宿者襲撃〉論』人文書院。

石田光規　二〇一一『孤立の社会学――無縁社会の処方箋』勁草書房。

岩田正美　二〇〇八『社会的排除――参加の欠如・不確かな帰属』有斐閣。

NHK「無縁社会プロジェクト」取材班　二〇一〇『無縁社会――〝無縁死〟三万二千人の衝撃』文藝春秋。

川端浩平　二〇一一「不可視化されるマイノリティ性――ジモトの部落、在日コリアン、ホームレスの若者たちの研究調査をめぐる軌跡から」『解放社会学研究』二五：九一―一一二。

記録集編集委員会編　二〇〇七『それでもつながりはつづく――長居公園テント村行政代執行の記録』ビレッジプレス。

ゴッフマン、E　一九八四『アサイラム――施設被収容者の日常世界』石黒毅訳、誠信書房（Goffman, E. 1961. *ASYLUMS: Essays on the Social Situation of Mental Patients and Other Inmates.* Doubleday & Company.）

坂口恭平　二〇〇八『TOKYO　〇円ハウス〇円生活』大和書房。

堤圭史郎　二〇〇一「都市住民の野宿生活者『問題』に対する態度――長居公園仮設一時避難所建設反対運動を事例に」『現代の社会病理』一六：七七―九〇。

内藤直樹　二〇一二「序　社会的排除／包摂の人類学」『文化人類学』七七（二）別冊：二三〇―二四九。

林真人　二〇〇五「都市空間に住みこむ野宿者――『使える地面への侵入』と空間的管理」『年報社会学論集』一八：一八一―

一九二。
平川茂　二〇〇四「『路上の権利』と『見守りの支援』——野宿生活者中の〈逃避〉タイプのニーズ（必要）をめぐって」『市大社会学』五：五三—六七。
三浦耕吉郎　二〇〇六「〈構造的差別〉のソシオグラフィにむけて——手紙形式による人権問題講義」三浦耕吉郎編『構造的差別のソシオグラフィ——社会を書く／差別を解く』世界思想社、一—三八頁。
宮下忠子　一九九五『山谷曼陀羅』大修館書店。
山北輝裕　二〇〇六「支援者からの撤退か、それとも——野宿者支援における〈応答困難〉の現場から」三浦耕吉郎編『構造的差別のソシオグラフィ——社会を書く／差別を解く』世界思想社、二〇五—二三五頁。
山北輝裕　二〇一〇「野宿者と支援者の協同——『見守り』の懊悩の超克に向けて」青木秀男編『ホームレス・スタディーズ——排除と包摂のリアリティ』ミネルヴァ書房、二六二—二八四頁。
山北輝裕　二〇一一『はじめての参与観察——現場と私をつなぐ社会学』ナカニシヤ出版。
山口恵子　一九九八「新宿における野宿者の生きぬき戦略——野宿者間の社会関係を中心に」『日本都市社会学会年報』一六：一一九—一三四。
渡辺芳　二〇一〇『自立の呪縛——ホームレス支援の社会学』新泉社。

第11章 精神障害者の世界は受け入れられるか

間宮郁子

日本には七四一・一万人（国内人口の約六％）の障害者がおり（平成二三年総務省推計）、精神障害者は推計三二〇・一万人いる。[*1] 精神障害はおおむね後天性障害であり、社会的スティグマも強い。本章では、精神科病床数が世界でもっとも多い日本における精神障害者の包摂のありようを、統合失調症を中心に考える。[*2]

1　七二一人の幻聴さんとともに

「あなたは、七二一人の幻聴さんを引き連れて全国を講演してあるいた功績から、幻覚＆妄想大会の実行委員長に抜擢され、ながきにわたって幻覚と妄想の面白さと豊かさを世界に発信する役割を果たされました。よって、あなたの功績を讃え『幻覚＆妄想大会名誉委員長』に認定することとなりました」

これは、二〇〇八年に開催された浦河べてるまつりのクライマックス、「幻覚＆妄想大会」の一幕である。浦河町は、北海道の新千歳空港から車で二時間半ほど下った、えりも岬に近い人口約一・六万人の町である。主産業は日高

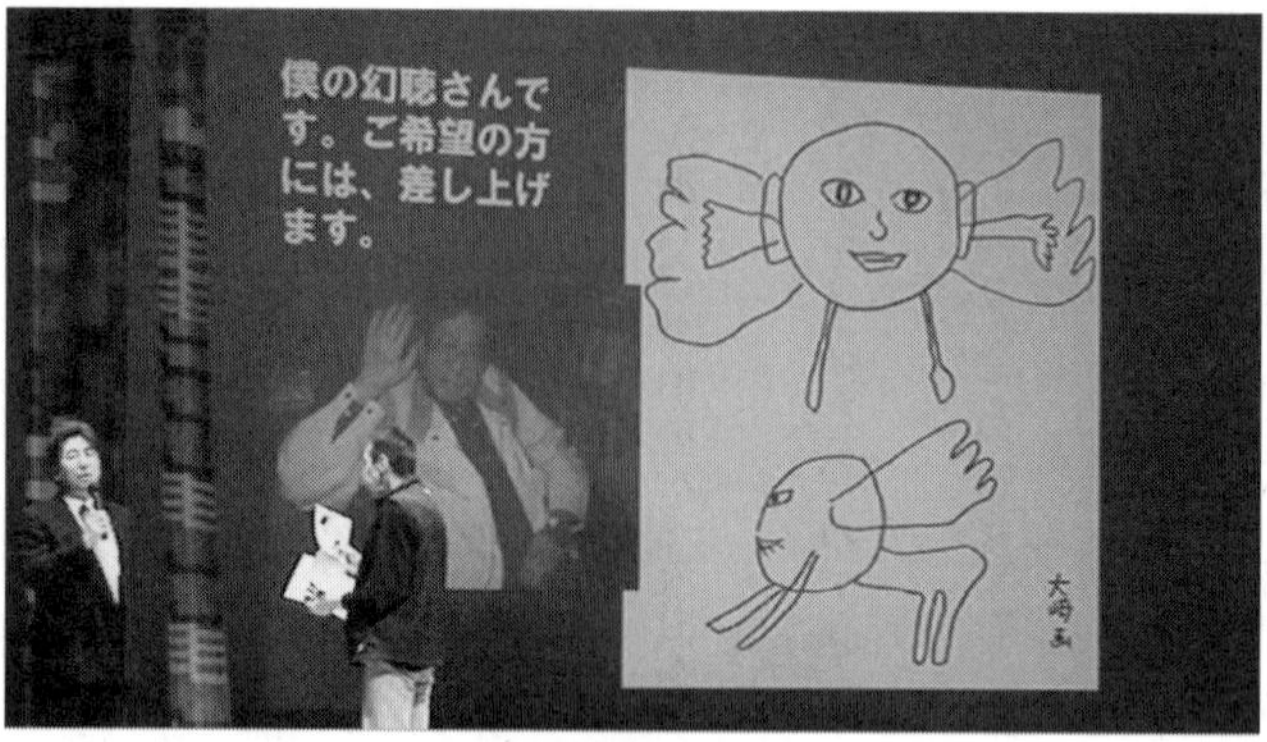

写真11−1　幻覚＆妄想大会での表彰式

昆布に代表される漁業と競走馬の生産である。浦河町立総合文化会館大ホールの七〇〇席は、全国からやってきた観客で埋まっていた。舞台にほっそりした男性が立ち「認定証」を受け取ると、会場から暖かい拍手が沸き起こった。

2　精神病者のためのアサイラム――精神病院

統合失調症とは、思考や行動、感情をひとつの目的に沿ってまとめていく能力、すなわち統合する能力が長期間にわたって低下し、その経過中にある種の幻覚、妄想、ひどくまとまりのない行動が見られる病態[*3]をいう。典型的な症状である幻覚や妄想体験を公的施設で表彰する、この現実を、私たちはどのように理解したらいいだろうか。

まず歴史的背景を確認しよう。一八七四年頒布の医制を境に、日本政府は近代的医療教育、医療制度、衛生行政の確立に着手した。これは病者、土人を救済・訓化し、社会衛生を実現するという近代国家樹立の潮流のひとつである。一九〇〇年には、公安維持、精神病者保護を目的として、政府は精神病者監護法を施行し、精神科病棟に収容しきれない精神病者の私宅監置を認可した。一九五〇年のＧＨＱ指導下では、精神疾患の早期発見をめざし、公衆衛生システムを用いた精神衛生法が制定され、私宅監置を廃止し、公立精神病院での治療が図られた。しかし都道府県に課した公立病院の設置数は増

加せず、政府は精神科特例を公布し（一九五八年）[*4]、私立精神病院設置（一九六〇年）を認め、診療報酬制度を改正した。これにより、国内の精神科・精神病院病床数は急増し、一九七〇年代中にOECD参加国のうち、日本の精神科病床数はもっとも多くなった。[*5]一九六四年のライシャワー駐日大使殺傷事件により社会防衛の風潮が強まり、精神病患者家族の過重な負担が注視されていた。

今日でも、日本の精神科病床数は三四・四万床、平均入院日数二九八・一日（厚生労働省 二〇一一a）と、最多で最長である。[*6]入院患者では統合失調症が一八・七万人（五六・三％）ともっとも多く、次いでアルツハイマー症三・三万人（一〇％）、気分障害二・九万人（八・七％）と続く（厚生労働省 二〇一一b）。患者の保護・治療と社会防衛的側面が強調される一方、隔離された施設の環境は劣悪だった。閉鎖病棟の虫の湧いたベッド、錠前付きの鉄柵や冷暖房器具のない大部屋、トイレも寝食も同じ空間で漂う異臭、厳しい通信制限と施設内規律、そして突然叫ぶ患者や床に蹲っている患者。[*7]精神病患者をめぐり、社会犯罪や奇異な行動、暗い病室など、どことなく恐ろしい印象が想起されるのは、隔離収容型治療が主流であった時代の残滓である。

3 もうひとつのアサイラム——社会福祉施設

国連は一九八一年を国際障害者年と定め、一九八三年から障害者の社会参加、機会の平等をめざし、キャンペーンをおこなった（「国際障害者の一〇年」）。この時期に流入したノーマライゼーション思想や自立生活運動は、隔離収容型治療にパラダイム転換をもたらした。一九八四年の宇都宮病院事件の発覚と国際司法機関の介入により[*8]、政府は精神障害者社会復帰施設を制度化した。

精神保健福祉領域では、重度の精神障害者も意志をもつ人間であるとし[*9]、自己決定にもとづく地域生活の実現と、社会資源を用いた生活環境の整備を重視した支援モデルが提唱された。障害者自立支援法では、精神障害者の入所型

事業一七九一ヵ所、通所型事業一三一四ヵ所が登録され[*10]自立生活訓練事業（入居施設）、地域生活援助事業（通所利用、訪問サービス）、就労支援事業により、その支援理念が実践されている。[*11]

しかし、社会復帰施設が社会への出口を提供しているとは言い難い。就労支援事業（通所型）[*12]の精神障害者の月額平均工賃は一・三万円（平成二三年）[*13]で、障害者雇用義務制度で雇われた精神障害者は二・九万人（平成二〇年推計）——これは就労年齢にある精神科通院者数の〇・〇二％である[*14]——と非常に少ない。居住場所では、親との同居率が高く（七六・八％）（厚生労働省 二〇〇三）、入所施設（グループホーム、ケアホーム）の利用者数は二・四万人である（国保連（平成二四年四月））。精神障害者の多くは休職や失業手当、家族の援助を受けて暮らしている可能性が高く、低い雇用率は、偏見を恐れ、服薬、通院歴や疾患名を隠して働く精神障害者の実情を示唆する。

二〇〇〇年に私が訪れた精神障害者通所授産施設では、弁当の調理・配達をおこないながら、仲間作りや定期的な収入の確保、相談できる専門職員との出会い、事業運営への参加を試みていた。統合失調症をもつZさんは、「ここのよいところは強制されないところです。希望者は休みが取れるし、休み時間（昼食・休憩時間）も一時間もあります。病み上がりの人はどうしてもゆっくりですが、仕事がゆっくりでもスタッフは何も言わないんです」と感謝をこめて話していた（間宮二〇〇〇フィールドノート）。ここでは二〇代から六〇代の男女二一人の精神障害者たちが働き、二〇年を超える長期入院経験者もいた。体調に応じた流動的な勤務体制、希望と実情に応じた作業配分がおこなわれ、各成員の生活史が結びつき合う多層的・多声的な場が生まれていた。

しかし、この施設ではアマチュアリズムへの志向性から、暗黙裡に社会規範に準拠し、意志をもつ個人、合理的人格を備えた人間像が所与のものとされるため、言語操作能力が低下した者や情緒記憶操作の難しい者が周辺化される動態も現れていた。幻覚妄想や対人トラブルはプライベートな問題として個別相談により対応された。たとえば解雇への不安と焦燥感を募らせ、確認行動が頻発していた利用者に対しては、職員（精神保健福祉士）は本人の意志確認と体調管理に関する目標設定をおこなうなどしていた。[*15] 幻聴や妄想はとくにプライバシーに関わるとされ、特定の職

員や親友にしか話されなかった。社会復帰施設は閉鎖されていた精神科病棟を開け放つとともに、規律訓練と従順な身体を志向し、病気を私秘化する包摂／排除空間として現れていた。

4　「体が半分、首相官邸に行っちゃった！」

精霊や神々、狐憑きなどの民俗宗教は非科学的なものとされ、医学や福祉の支援パラダイムから排除されてきた。幻聴や妄想を取り入れた文化装置は、国内では一部の地域や宗教にしかない。

フィールドワークで生活を共にすると、彼・彼女たちが外の環境や言葉に敏感で影響を受けやすい、やわらかい身体を生きていることを知る。そうしたやわらかい身体が体験していること（妄想や幻聴）を社会がどのように受けとめているかが注目される。浦河べてるの家のAさんのエピソードは鮮烈である。Aさんは、上京しているMさんに「Mさん大変！　体が半分首相官邸に行っちゃった！」、半身を連れて来てほしいと緊急連絡をした。Mさんは電車や飛行機、車を乗り継ぎ、半身を無事Aさんのもとに返したという。通常では、これは症状の発現として医療的措置が施される。しかしMさんは、官邸へ行き、Aさんの半身を連れて帰った。このエピソードから、周囲の人びとは、体の単独旅行の行き先が首相官邸であったのは、退院してまもないAさんが、当時、斬新な政策で注目を浴びていた首相に親近感を示していたのだろうと、彼女の人柄を思うようになった。

影響を受けやすい身体とは、これまで「症状」とされていた状態にも深く関わっている。長期入院経験のある男性の、次の言葉は印象深い。

「ガチャンという鍵の音が忘れられない。俺の人生、終わったと思った。俺も病人のように振る舞おうと思った」（間宮二〇〇〇フィールドノート、傍点筆者）。

5　幻聴さんとの暮らし

人類学のアプローチに、病いを、状態変化の過程や周囲の態度などとの相互関係から読み取ろうとするものがある。クラインマンは、「病いを経験している自己が、痛みや倦怠感等を経験する身体とともにありながら、身体から疎外される点」に苦悩（suffering）があると述べ、病いの語り（illness narrative）の生成を治療のひとつと捉えた（クラインマン 一九九六）。医療人類学では病い（illness）は疾患（disease）と区別され、多義的・多声的なものと捉える。ところが、やわらかい身体を生きる総合失調症の人びとは、一貫性のある語りをもたないことが多い。

浦河べてるの家の精神障害者たちの多くは、これにかわって独特の慣用句を用いている。たとえば、林さんは脅迫的な確認行為によってくどくなる状態にくどうくどきと名前をつけ、キャラクター化した。くどうくどきとの付き合い方を明確にするため、仲間同士が集まって「当事者研究」を始めたところ、（な）悩みがあるとき、（つ）疲れたとき、（ひ）暇なとき、（さ）寂しいとき、（お）お腹がすいたときやお金がないときに、とくにひどくなることがわかった。林さんは「なつひさお」カードを作り、くどくなったと思ったら自分でチェックをして、対処方法を考えた。彼女は、お腹がすいたときは自分もくどうくどきも好きなキムチチャーハンを食べたりヨーグルトを食べたりすると効果があると述べている（浦河べてるの家 二〇〇五）。

不思議にも、妄想や幻覚を服薬管理や健康管理で対処しようとしている事例より、それらをその人の外部にあるものとし、右往左往する本人の姿が語られている事例の方が、その人となりが見えてくる。

二〇〇八年の秋、清水さんは定時出勤ができないことを気に病み、人を避けていた。清水さんには強い被害妄想と思考伝播があり、引きこもりは彼女の苦労のひとつである。その清水さんが共同住居[*16]のDさんを送迎するため事務所へ来たとき、職員が同じく事務所で働いていたBさんとCさんを呼び「応援ミーティング」を開いた。そのとき清水

さんは、職員の声かけに返事をするのが精一杯だったが、職員はBさんとCさんに、翌朝、彼女の幻聴に挨拶する練習（SST）[*17]をしようと提案した。

Bさん　「あ、清水さんおはようございます。
　　　　えっと『Bさん幻聴さん』は元気ですか」
清水さん「……」（会釈）
Bさん　「えっと、あの『Bさん幻聴さん』、あまり清水さんのこといじめないで、お手柔らかによろしくお願いします」

SSTを終えたとき、職員はBさんとCさんに「今日は思い切ってね。怖くて怖くて、あなたたちに会うことも怖かったんだよ」と述べた。ここでは、清水さんの定時出勤と被害妄想の軽減に結実するかは、主題ではなかった。不安と恐怖で萎縮した彼女が、そのままの状態で仲間と接することに意味があった。

なお、幻聴さんに感謝を伝え、大丈夫だから安心して帰って下さいと伝えるのは、他の仲間が見出した対処方法である。

このように、浦河べてるの家では、幻覚や妄想にかかわらず、病気や行き詰まっている状態を仲間に公開し、自分の特徴を見直す「当事者研究」や、対処方法について考え試みるSSTが、日々、さまざまな場所で展開されていた。症状の軽減や問題行動の改善は二の次である。ここでは身体を対象化しモニターする自律的・合理的な自我とも、精神医学の支配的な権力とその規律権力（イリッチ　一九九八）に対する個人の抵抗とも異なる、自己統治の技法が生み出されている。幻覚や妄想体験を具体的に話し、効果にかかわらず対処することでコミュニケーションが深められる、ユニークなネットワークができている。これは、田辺のいうアイデンティティ化の多様な可能性を促進する、具体的で日常的な実践のコミュニティ（田辺　二〇〇八）に近い。[*18]

6　ささやきかける幻覚・妄想の世界

「幻覚&妄想大会」に立ち返ってみよう。

幻覚妄想は病識のなさや症状悪化の徴候であり、この社会的逸脱状態は専門知識を必要とする治療対象であるとして、社会的にも空間的にも隔離されてきた。人権擁護の議論のなか、重度の統合失調症者に個人の尊厳を見出した精神障害者福祉領域の支援パラダイムは、包摂社会での精神障害者の暮らしを支援する社会復帰施設を提供した。隔離収容型施設という建物からの解放を目指しつつも、社会復帰施設は近代主義的個人主義を根源とし、その人間像に収まらない人びとを周辺化するサバルタン的状態[*19]（スピヴァク　一九九八）を生み出した。

日本の精神障害者福祉施設は拠点ごとに個別に事業が展開され、交流がほとんどない。地域に暮らす精神障害者たちの姿も見えにくい。ロバート・マーフィーは脊椎腫瘍により変容する身体と、自分にむけられた人びとの態度を描き、「本人たちが自分についてどう考えるかにかかわらず、社会は身障者たちに否定的なレッテルを貼りつける」（マーフィー　一九九二：一四八）、身体障害者の取り扱いは境界状態（リミナリティ）の一形態として捉えた方が適切だと述べた。本章で見た精神障害者の状況は、障害を生きる身体と社会に断絶がありながら、また、規律訓練や社会規範に準拠した、見えない隔離空間が存在しているようでありながら、私たちの生活の延長線上に、彼らのいきいきとした営みが現れてきたことを示している。

大きな社会の流れでは二〇〇六年に国連で「障害者の権利条約」が発効され、日本政府は国内法の整備を本格化させている。障害者の社会参加を後押しする風潮はますます強まり、公共空間はその先導を切るべく活用され始めている。さらにテレビ番組などのマスメディアによる取材や、本人たちのソーシャルネットワークの拡大に伴い、精神障害者同士の交流が身近な生活圏に現れる状況が急速に増加している。

私たちは、こうした新しい風潮のなかにいながら、五〇年にわたる隔離収容政策がもたらした社会をも生きているのではないか。空間的区分を超えて彼らが生活圏に現れたとき、無意識に前提としていた包摂の構図が立ち現われ、戸惑うのではないか。社会規範と妄想のせめぎあいのなかで、私たちは救済・忌避・隔離から親近感・協働までさまざまな捉え方が混在している場を生きていることがわかる。

二〇〇八年幻覚&妄想大会の舞台では、名誉委員長の穏やかな笑顔がスクリーンに映し出された。

「僕の幻聴さんです。ご希望の方には、差し上げます」

みなさんはどう応えるだろうか。

注

＊1　昭和三八（一九六三）年全国精神衛生実態調査が実施されたが、人権侵害を及ぼすとの批判が強く、それ以来統計的な調査は実施されていない。身体障害者三六六・三万人（施設入所は厚生労働省（二〇〇六a）より、在宅は厚生労働省（二〇〇六b）より）、知的障害者五四・七万人（施設入所は厚生労働省（二〇〇五a）より、在宅は厚生労働省（二〇〇五b）より）。精神障害者手帳交付者数五四万四三一四人（厚生労働省 二〇一〇a）と、精神科通院人口の一六・八%に留まる（厚生労働省 二〇一〇b）。

＊2　精神科外来者の疾病内訳は、「気分（感情）障害（躁うつ病を含む）」一〇一・二万人（三四・七%）、「統合失調症、統合失調症型障害及び妄想性障害」六〇・八万人（二〇・八%）、「神経症性障害、ストレス関連障害及び身体表現性障害」五八・四万人（二〇・〇%）、「てんかん」二一・二万人（七・二%）で、気分障害が最多である（厚生労働省 二〇一〇b）。

＊3　日本精神神経学会 http://www.jspn.or.jp/ktj/ktj_s/schizophrenia01.html（二〇一一年二月二八日アクセス）。

＊4　厚生省事務次官通知（昭和三三年一〇月二日厚生省発医一三二号各都道府県知事宛）のこと。各都道府県による許可基準の不統一性を補うため、医師は一般病床の三分の一、看護婦・准看護婦は三分の二を定数とした。

＊5　一九六〇年代には神経伝達系物質と受容体の機能を抑える抗精神薬が導入され、大規模な精神科病棟での治療が可能になった

といわれる。一九五二年に用いられたクロルプロマジンをはじめ、定型抗精神病薬のドパミンD2受容体遮断作用は、中枢神経のドパミン経路すべてに及ぶ。このため、思考、言語操作、身体動作に強い抑制をかけた。一九九六年より市販されたリスパダールなどの否定形型抗精神薬（新世代の抗精神薬）は、ドパミンD2受容体作用が緩和され、セロトニン受容体やドパミンD4受容体などの解離速度の差からより高い効果を保ちつつ、錐体外路障害、心血管系副作用などが少ない。服用者は以前より活動性を保持できるようになった。

＊6　ＯＥＣＤ参加諸国の精神科病床数は人口千人あたり最低〇・一床（イタリア）、平均〇・七五床である（OECD Health Data 2011）。イタリアは一九九八年末に精神病院の完全閉鎖を宣言した。日本の精神科病床数は一九八二年三二・七万床であり、緩やかに減少しているに過ぎない。

＊7　精神病院患者たちの生きいきとした営みについて、ゴフマン（二〇〇一）を参照。

＊8　監護士による折檻で入院患者二名が死亡した事件。

＊9　かつて、精神分裂病患者は意志を持たず、他者との有意味な交流はなく、支離滅裂な言動や反復行動を示し、重症な場合は人格的荒廃の末死亡すると捉えられていた。

＊10　二〇〇五年施行の障害者自立支援法にて、施設体系からサービス体系に制度組替がおこなわれ、二〇一二年度末までの移行期にあたるため正確な数値はわからない。なお、二〇一三年四月一日より同法は廃止され、障害者総合支援法が施行された。

＊11　なお地域での受け皿として、法定施設の他に小規模作業所もさかんに創設され、二〇〇〇年に六千ヵ所を超えていた。労働形態の多様性や日中時間の過ごし方を考えるうえで小規模作業所は重要な施設であるが、紙幅の制限により本論では取り扱わない。

＊12　就労継続支援B型事業。利用している精神障害者は五・八万人（国保連（平成二四年四月））。

＊13　厚生労働省 http://www.mhlw.go.jp/bunya/shougaihoken/service/jisseki.html（二〇一二年一〇月一〇日アクセス）。

＊14　身体障害者の同年推計は三四・六万人、就労年齢にある身体障害者数の二七・二％。

＊15　数分おきに感情や人格が入れ替わったり、強い孤独への不安から周囲の期待に即して次々と言動を変えた人もいた。職員は精神障害者たちの態度を「その人らしい生活を実現する諸相」として自己決定するまでのあいだ待った。同時に、戸惑う精神障害者たちのあり方を受け入れる機会は失われた。

＊16　精神障害者のための住宅。衣食に関する支援職員は配置されていないが、対応の要請があれば支援者が介入する。

＊17　Social Skill Training の略。浦河べてるの家では、苦労を課題にあげて、ロールプレイを使ってコミュニケーションの練習を

する。参加者は「よかった点」「さらによくする点」を出し合って、フィードバックする。ロールプレイは本人がイメージに沿って登場人物（幻聴や妄想を含む）を選び、対処の仕方を練習する。選ばれると参加者は喜び、それぞれなりに役柄を演じる。演者と役柄のイメージのギャップに笑い声があがることも頻繁にある。SSTは、本番までに何回も繰り返されるため、話し手も聞き手も、本番のときには心配や不安が気にならなくなるという特徴がある。

＊18　浦河べてるの家の昆布製品制作やミーティングへの参加者は、障害者自立支援法施行前（二〇〇六年）に一四五人、浦河赤十字病院精神科の管轄地域外（新ひだか町、浦河町、様似町、えりも町）からの参加者は九八人、浦河町出身者は二九人である。このうち統合失調症の診断をもつ者は五五人であった（間宮二〇〇八フィールドノート）。これに浦河べてるの家の職員（福祉系四人、事務系三人、家事援助等約一〇人）、浦河赤十字病院の医師、看護師、PSW、入院患者、そして浦河町を訪れる家族、見学者が加わるため、実践のコミュニティの成員は二〇〇人を超えると思われる。二〇一〇年を過ぎると、浦河べてるの家の活動に共感した精神科病院や福祉施設が、九州、中国、京阪神、関東、東北で拠点となり始め、空間を超えたネットワークを形成している。

＊19　スピヴァクは言説の対象に位置づけられた人びとが、言説構築の場で「語る」ことはできないと論じる。

参考文献

イリッチ、I　一九九八『脱病院化社会――医療の限界』金子嗣郎訳、晶文社
浦河べてるの家　二〇〇二『べてるの家の「非」援助論――そのままで良いと思えるための二五章』医学書院。
浦河べてるの家　二〇〇五『浦河べてるの家の「当事者研究」』。
クラインマン、A　一九九六『病いの語り――慢性の病いをめぐる臨床人類学』江口重幸・上野豪志・五木田紳訳、誠信書房。
厚生労働省　二〇〇三『精神障害者社会復帰サービスニーズ等調査』。
厚生労働省　二〇〇五a『社会福祉施設調査』（平成一七年）。
厚生労働省　二〇〇五b『身体障害児（者）基礎調査』（平成一七年）。
厚生労働省　二〇〇六a『社会福祉施設調査』（平成一八年）。
厚生労働省　二〇〇六b『身体障害児・者実態調査』（平成一八年）。
厚生労働省　二〇〇八「患者調査」（平成二〇年）。

厚生労働省　二〇一〇a『平成二一年度　衛生行政報告例結果の概況』（平成二二年三月末現在）。
厚生労働省　二〇一〇b『患者調査』（平成二二年六月）。
厚生労働省　二〇一一a『平成二三年　病院報告』。
厚生労働省　二〇一一b『医療施設（静態・動態）調査・病院報告』。
ゴフマン、E　二〇〇一『スティグマの社会学』石黒毅訳、せりか書房。
スピヴァク、G・C　一九九八『サバルタンは語ることができるか』上村忠男訳、みすず書房。
田辺繁治　二〇〇八『ケアのコミュニティ』岩波書店。
独立行政法人国立精神・神経医療研究センター　二〇一二『目で見る精神保健福祉　六』。
独立行政法人労働政策研究・研修機構　二〇〇八「障害者雇用実態調査」（平成二〇年）。
マーフィー、R・F　一九九二『ボディ・サイレント──病いと障害の人類学』辻信一訳、新宿書房。

第12章 脱施設化は真の解放を意味するのか

有薗真代

1 まやかしの「自由」――現代社会における生の統治

現代社会における規律権力は、私たちに「自由」を錯覚させるようなやりかたで、その網の目を広く深く張り巡らせている。本章では、もっとも露骨なかたちで監視と管理が遂行される隔離収容施設の事例と、より洗練された様式で現代社会全体のなかに埋め込まれている生の統治のありようを相互参照しながら、本書のテーマである排除と包摂をめぐる問題系について考えてみたい。

監獄や強制収容所といった隔離収容施設の管理システムはしばしば、近代社会全体の規律的制御を描写する際の比喩として援用されてきた。たとえばフーコーは、監獄における囚人管理の装置と機能に着目することによって、有名な「主体化＝隷属化（assujettissement）」の機制を明らかにした。この規律訓練型の権力は、パノプティコンという装置に組み込まれた監視のまなざしを個体のうちに内在化させ、それによって人びとが「主体的」に支配体制のなかへと組み込まれるべく作動していた。

現代社会において、この規律訓練型の権力は、新自由主義やポストフォーディズムと手を結び、従来とはやや異なるかたちで個人の内面へと働きかけをおこなうようになっている。

新自由主義やポストフォーディズムは、官僚制やフォーディズム（＝大量生産システム）のような「型にはまった」形式を退け、「融通の利く」「柔軟な」システムを追求する。フォーディズムは、商品を安く大量に生産することを可能にしたが、そこで生産される商品は画一的であり、雇用形態も生産ラインも硬直的であった。それに対してポストフォーディズムは、市場の要求にきめこまかく対応するために、雇用形態を短期化・流動化させ、労働者には消費者のニーズに合わせうる臨機応変の態度を要請する。新自由主義とポストフォーディズムに共通する特徴は「フレキシビリティ（柔軟性）」を推進しようとする点にある（セネット 一九九九）。

フレキシビリティは、現代社会に生きる人びとに「変化に対してオープンであること」を強いる。今日の労働の世界において、個人に期待されている資質は「みずからを自由自在に利用可能な状態にし、いかなる執着ももたず、新たな関係を再創造するために古い関係を断ち切る準備があることを示すこと」である（マラブー 二〇〇五：七七）。そこでは、記憶や過去の経験、厳格にして不屈の意思といったものは、破棄すべきものとして扱われる。かわりに称揚されるのは「融通を利かせること」や「空気を読むこと」であり、つねに「創意」を働かせながら、変化に対して「主体的」に順応することである。そして、それができない人間や、それを拒絶する人間に対しては、排除の恫喝がかけられる。したがって、生き残るためには、自らをフレキシブルでいつでも再スタートが可能な「自由自在な状態」に留めておかねばならないことになる。現代社会における規律権力は、このようなかたちで個体の内面に統制をかけ、個人と集団の自律と自己統治を最大限に活用しようとする。

2　脱施設化とフレキシビリティ

この「自由の強制」ともいえるような事態は、実際の政策のなかに、どのようなかたちで具体化されているのだろうか。障害者政策を例として、この点について考えてみたい。

日本で二〇〇三年一二月に提示された「障害者基本計画」（二〇〇三〜二〇一二年）を見てみよう。この計画では、知的障害者入所整備を「必要なものに限定する」とし、「施設等から地域生活への移行の推進」を図ることが明記されている。この基本計画は、障害者政策の根本的な転換を促すものであり、脱施設化への前進を示すものとして各メディアで紹介された。

たしかに、一見すると「障害者基本計画」は、知的障害者を隔離収容施設から地域へと解放し、それによって彼らの「自由」を保障するものであるかのように見える。しかし、この基本計画の内実をよく見ると、在宅サービスや通所施設などについての言及はいっさいなく、障害者の地域移行は検討課題としてあげられているのみで、財政的な裏づけをもった具体策は提示されていない。ここで断言されていることは、五年間は施設を整備しないという数値目標と、入所施設の縮小・解体にむけた方針のみである。

脱施設化の本来の目的は、障害者の暮らしを地域で保障することであり、施設解体はそのための手段のひとつに過ぎないものだった。しかし、日本で脱施設化が実行に移されるとき、施設解体という手段は目的へと転化され、地域で障害者の暮らしを支えるための社会的資源が整備されないまま、施設解体のみが容認される状況がつくりだされてしまった。

なぜ、このような状況が生じたのだろうか。塩見（二〇〇四：一四）は、脱施設化は、北欧型ノーマライゼーション理念の展開という積極的側面と同時に、社会福祉予算の抑制をねらう新自由主義の政策目標に合致してしまう側面があることを指摘している。とくに日本やアメリカでは、この後者の側面が全面に押し出されるかたちで脱施設化の導入が図られたといえる。

新自由主義政策下においては、社会福祉は自由な経済活動を阻害するものとして抑制の対象となる。この政策の影響下においては、競争と市場の論理が至上のものとされ、社会に内在する諸関係もこのイメージにもとづいて次々と作りかえられていく。ここでは障害者さえも、市場のなかで「消費者」としての位置を占めることが暗黙のうちに期

待されてしまう。このとき脱施設化は、当事者とその保護者が望んでいたかたちではなく、公費（施設運営費や社会保障費）を削減し、あわせて障害者を福祉商品の新たな消費者として迎えるという意図のもとに推進されることになる。

このような情勢のもとで、障害者は、国家の財政状況に応じて、施設から追い出されたり、ある施設から別の施設へとたらい回しにされたりなど、居住地を「臨機応変に」移転することを迫られる。また、当該時期の政策に応じて、あるときは「施設入所者」になり、またあるときは施設から放逐され、自宅で福祉商品を購入する「消費者」になるなど、「自由自在に」自己を変容させることをも余儀なくされる。

現代社会の規律権力は、一般社会の健常者や労働者のみならず、障害と病をもつ人びとや、入所施設で暮らす人びとに対してさえも、容赦なく、「フレキシブルであること」「融通を利かせること」を迫る。もともとは当事者側の切実な要求をもとに構成された「脱施設化」の理念は、このようなかたちで権力側に簒奪され、新たな生の統治のなかに組み込まれる危険性をはらんでいる。

日本の場合、新自由主義が本格的に導入される以前から、具体的には一九五〇年代ごろから、社会福祉予算はつねに削減のターゲットにされてきた。この時代には、「脱施設化」の理念はまだ普及していなかった。しかし、このころからすでに、隔離政策の不当性を告発する声や、入所施設の改善を求める声が、社会福祉予算の削減を正当化する言説へとすりかえられる回路がつくられつつあった。

この時代に施設解体の圧力を受けていたのは、国立病院と国立療養所だった。制度側は、「自由」や「解放」といった理念を巧妙に織り込みつつ、社会福祉予算の削減を正当化する言説を練り上げ、これを政策として打ち出してきた。それに対して、当時の国立病院・国立療養所の職員と患者たちは、「脱施設化」ではなく「合理化」という言葉でこの事態を捉え返し、福祉と社会保障の退行を食い止めるべく抵抗を続けてきた。

この一連の抵抗は、一見すると正当に見える制度側の言説の偽善を見抜き、それをかわして別のものに組み替える

力をもっていた。それゆえ、この時代の抵抗と実践の諸相を参照することは、新自由主義やポストフォーディズムによって称揚される「まやかしの自由」から距離をとり、別様の自己と社会のありようを想像するための手がかりとなるかもしれない。次に、この当時の抵抗と実践の諸相について見ていく。

3　国立ハンセン病療養所における患者運動

私は、日本のハンセン病療養所でフィールドワークを続けている。国立ハンセン病療養所は、名目上は「療養所」であっても、実情としては、患者を隔離収容することそのものを目的として開園された。一九〇七年に制定された癩予防法（一九五三年にらい予防法に改定）によって、国家による終生隔離が基本政策とされたため、病者はいったん療養所に入所すると死ぬまでそこから出ることができなかった。療養所内では施設運営のための労働が強要され、不自由者介護、重症者看護、火葬、糞尿汲取り、開墾など、生活に必要なあらゆる職種で、入所者は働かされ続けた。子どもをもつことは許されず、多くの人が、強制断種・堕胎の犠牲となった。

ハンセン病療養所の入所者は、こうした苛酷な生活状況を改善していくために、一九五一年に患者運動を組織化した（「全国国立療養所らい患者協議会」、以下「全患協」と略）。全患協の結成は、これまで療養所という閉鎖的空間のなかで統治や介入に抗する機会に乏しかった入所者の生活に、大きな変化をもたらす契機となった。全患協を拠点とする異議申し立ての運動により、行政や施設当局の措置に対する直接的な関与・干渉・抵抗が可能になったからである。たとえば、療養所入所時に強制される死体解剖承諾書の記入拒否、断種や強制労働の廃止を求める運動など、患者の療養所生活にとって重要な問題が次々と運動の掛け金となり、実際にいくつかの強制的な制度が廃止となった。

彼らの活動は、伝染病患者の生活を管理下におこうとする行政・施設側の方針に沿わないものであったため、しばしば介入や禁圧にさらされることになった。患者たちは、こうした介入と禁圧をかいくぐって、「国家による管理か

らの自律」と「国家による社会的・経済的保障」を同時に求める集団的活動を粘り強く展開してきた。一九五三年には、ハンセン病運動史上最大の闘争である「らい予防法闘争」が起きる。そのいきさつは次のようなものだった。

戦後、プロミンという新薬の登場によって、ハンセン病は「不治の病」から「治る病」へと変化した。それにもかかわらず、ハンセン病療養所の所長三名は、国会の席で癩予防法の改正に関して意見を求められた際、隔離の強化を求める証言をおこなった。全国の患者たちは隔離政策の緩和を求めて、座り込みやハンガーストライキなどをおこなった。しかし、らい予防法は患者側の要求をほとんど無視したまま「改正」された。従来と同様の強制隔離、許可のない外出禁止は明記されたままとなり、治療が可能になったにもかかわらず、この法には退所の規定が明記されなかった。こうして、ハンセン病が「治る病」になった後にも、強制隔離は継続されることになった。

この「らい予防法闘争」のあとも、患者たちは継続して、隔離収容施設における人権侵害を告発し、不条理な政策に対する異議申し立てを続けていた。しかし、医療行政全体の流れが変化していくなかで、ハンセン病療養所入所者は、隔離政策への反対をストレートに主張できない状況におかれることになる。

その背景には次のような事情があった。一九六五年一月に、事務部長研究委員会（各療養所の事務部長による研究会）が、「らい対策の大綱」を発表した。この大綱は、ハンセン病療養所のあり方を見直すために、同委員会が二四回もの会議を重ねてまとめたものであり、厚生省のハンセン病対策に大きな影響を与えることが予測されるものだった。

この「らい対策の大綱」は、一見すると、隔離政策を段階的に緩和することによって、患者を療養所から「解放」するという理念をもつものであるかのように見える。しかし、ここで提示された具体案は、患者側の立場と要求をまるで無視したものだった。この大綱の原則に移行するまでの暫定措置として同委員会が示した方向性は、「患者の身体的・精神的・社会的萎縮を改善すること」、肢体不自由者と盲人の「勤労意欲向上のための作業場等」を療養所内に設置すること、「所内に農場・牧場等を開き、また、一般企業会社と提携して下請け工場等を誘致し、その作業員

として生産陣営に参加せしめ、おおむね三年程度をもって療養所の処遇を打切り、独立せしめる」ことだった（「らい対策の大綱について」第二二回研究会資料、事務部長研究委員会）。ここで「勤労意欲向上」が露骨にあげられていることからも明らかなように、この大綱は、社会的弱者を「怠惰」な存在と決めつけたうえで隔離収容施設にて労働に従事させるという、一七世紀の救貧法の発想に近いものである。

　これに対して患者側からは、「事務局長研究会は表面上、不当な隔離政策撤廃の美名を掲げて我々の歓心をかいつつ、裏面ではハンセン氏病療養所を最少限度に縮小しようとする厚生省のお先棒をかついでいること明白である。このように『らい対策の原則』は安上がり政策に通ずるものであることが明瞭であっても、理論的には反論しがたい弱身《(原文ママ)》がある」（『全患協ニュース』二四八号、一九六五年二月一日）などの危惧が示された。

　一九六五年九月一日に、全患協は「らい対策の大綱」に対して反対声明を発表した。こうして全患協は、これまで運動の主軸としてきた「らい予防法改正」を、いったん活動方針から外さざるをえなくなった。患者側の隔離政策緩和の要求が、施設運営費や社会保障費の削減を正当化する制度側の言説へと流用される危険性が生じてきたからである。その後のハンセン病患者運動は、療養所の解体ではなく、これを防衛するための動きが前景化するようになる。具体的には、療養所生活の改善、医師の補充、看護婦増員などが運動の要求項目にあげられるようになった。

　隔離政策に反対するという本来の運動の方向性からすれば、当然ながら、療養所は解体されるべき対象となる。それにもかかわらず、なぜ彼らは「防衛」という方向に向かったのか。少し立ち止まって、ここに生じた「ねじれ」を見極める必要がある。

　そもそもハンセン病者の運動には、解決困難な矛盾がはらまれていた。国立ハンセン病療養所はらい予防法を根拠として運営されているため、運動側がらい予防法の廃止を主張し続ければ、最悪の場合、建物も設備も劣悪な療養所の生活状況を改善していく根拠を失うことになりかねない。ともすれば、彼らの住処である療養所の解体をまねくことにもなる。医療行政全体のなかで見ると、国立療養所の運営予算はつねに、社会福祉予算削減のためのターゲット

にされてきた。したがって、きめこまやかな退所者支援策も立てられないまま、ハンセン病療養所は縮小・統廃合される危機にさらされていた。

一般社会に生活の基盤をもたず、差別や偏見のため再就職も困難な入所者にとって、療養所から放り出されることは死を宣告されるに等しいことだった。少なからぬ入所者が、らい予防法を廃止することに反対していたのは、このような理由によるものである。療養所の解体を覚悟してらい予防法を「攻撃」するか、らい予防法については諦めて自らの生活の場を「防衛」するか。ハンセン病者の運動はこのような解決困難な矛盾を抱えたまま進んでゆかざるをえなかった。

「防衛」という表現には保守的響きがあるが、これが闘われていた文脈のなかに置き直してみると、別の意味あいが見えてくる。戦後の国立療養所をめぐる状況と、ハンセン病者の運動と支援協力関係にあった全医労（全日本国立医療労働組合）と日本患者同盟（結核療養所の患者運動組織）の動きをふまえて、この点について確認しておきたい。

国立病院・療養所は、それが誕生した当初から、為政者側にとっては祝福されざる存在だった。厚生省からは、一九六〇年一〇月に「国立療養所再編成計画」が、一九六五年には「国立療養所整備特別会計構想」が打ち出された。これらの政策は、医療への国庫支出の削減、国立病院・療養所の営利化、療養所の統廃合などをねらうものだった。こうした圧力に対して、全医労は「国立病院・療養所の整備拡充」「合理化（職員削減・統廃合）反対」を、日本患者同盟は「療養生活を権利として保障させる」ことを基礎に運動を展開していた。表面的にだけ見ると「反体制的」「変革的」に見えないハンセン病者の戦術――療養所を防衛するという戦術――は、これらの運動体と路線をひとつにし、病者を切り捨てる「合理化」の圧力への抵抗という意味をもっていたといえる。らい予防法闘争後に発行された機関紙などを見ていると、療養所入所者がハンセン病療養所をあたかも守るべき聖域のごとく表現している文章を目にすることがある。この奇妙な表現は、療養所運営予算の削減など、ただでさえ少ない療養所の資源を奪っていこうとする政府側の動きに対して発せられている。あるいは、療養所の統廃合の兆しを捉えたとき、入所者たちは

強制されうる移動に対して、「動かない」ことを宣言している。ここまでくると、「移動」や「変革」は権力側からの呼びかけとなり、根源的な運動の本質は「不動性（immobility）」や「現状維持」にあるようにさえ見えてくる。先に指摘した「ねじれ」とは、このような状況を指している。このとき「動かない」「現状を維持する」という身振りは、葛藤をはらみつつもどこかで、別の現実の到来を引き寄せるための礎石となる。

4 アサイラムからアジールへ――不可侵の効果を招来させること

ハンセン病者の運動と実践は、隔離政策の不当性を告発しつつ、同時に、療養所という生活の場を防衛し、そこを拠点として活動を展開することによって、現状の変革を試みるものだった。彼らは自らに押しつけられた「動けないこと（移動不可能であること）」という条件を、ときに、「動かないこと」という手段として取って返すことによって、不条理を強いる制度側の要求をはねのけ、自らの住処である療養所を守ろうとしてきた。

自らのおかれた状況を目的へと取って返す、このポジティヴな展開の契機はどこにあるのだろうか。この点について、「アサイラム＝アジール」という言葉そのものに込められてきた意味と、現実に療養所入所者が蓄積してきた実践を相互参照しながら考えてみたい。

「アサイラム」は「アジール」の英訳であり、もともとこの言葉は精神病院一般を指す中立的な用語として使用されていた。ゴフマンが『アサイラム』（一九八四）と題する著書で、隔離収容施設の非人道的な処遇を告発したことが契機となり、この言葉は「全制的施設（精神病院・養護施設・刑務所・ハンセン病療養所など隔離性の高い収容所的空間）」を指すものとして、否定的な意味合いを込めて使用されるようになった。

一方「アジール」という概念は、曖昧さを残したままではあるが、どちらかというと肯定的な文脈のなかで使用されてきた。アジール論の古典とされる『アジール』（ヘンスラー 二〇一〇）では、アジールとは、ある人間が持続的あ

るいは一時的に「不可侵な存在」となりうる時間・空間を指すものとされている。また網野（一九九六）は、本質的に世俗の権力とは異質な「自由と平和」の原理によって編成された時間・空間を指すものとして、「アジール」の語を使用している。

このような「アサイラム」と「アジール」の語意の違いを確認したうえで、両者の意味内容が分化する手前の地点に立ち戻ってみるとき、収容所的な空間を、ある種の「自由」が試される空間として想定し直すことが可能になる。

ここでは、網野とヘンスラーによる「アジール」の定義に倣い、「下からの自由と平和」および「不可侵性」という視点から、ハンセン病者の実践の意味をたどりなおしてみたい。

ハンセン病者は療養所の入所に際して、一般社会での成員資格やキャリア、場合によっては戸籍でさえ剥奪されることがあった。さらに療養所内部では、私物の没収、厳しい監視態勢、生活の自己決定権の剥奪など、彼らを無力にし、生の自律性を奪おうとする圧力に日々さらされてきた。その意味において、かつてのハンセン病療養所はたしかに「アサイラム」であり、ゴフマンが指摘したように、そこでは入所者を無力化させる幾重もの周到な装置が張り巡らされていた。

しかし、このような隔離収容施設での劣悪な処遇を、入所者たちはただ黙々と受け入れていたわけではない。隔離政策下の療養所では、そこでの苛酷な生活を少しでも改善していくために、さまざまな集団的取り組みがおこなわれてきた。前節であげた患者運動のほかにも、文学や音楽などの文化的活動、および、療養所の内外で商売を営む相互扶助的な活動などが、全国各地の療養所に多数存在していた。

ハンセン病療養所で文学や音楽活動に携わっていた人びとは、数々の作品を共同制作的に創出してゆく過程で、集団的な自律性を確保するひとつの砦を築いていった。たとえば、療養所内で出版されるサークル誌や文芸誌は、単なる慰安や娯楽といった範疇を超えて、患者自身の言葉とメッセージを隔離壁の向こうへと送り届ける媒体としての役目をもっていた。また、音楽活動に携わっていた入所者は、演奏会などを通じて療養所の外の世界に「現れ」を確保

し、らい予防法の犠牲となった自らの身体と、その法の不当性を告げるメッセージを人びとの前に差し出し続けた(有薗 二〇一二)。

ハンセン病療養所ではさらに、こうした文化的活動に加えて、相互扶助のためのさまざまな生活実践も営まれていた。療養所入所者たちは、自分たちの生活状況を少しでもましなものにするために、療養所内に不足しているモノやサービスを補うかたちで、さまざまな「仕事」や「商売」を発案し実行に移している。たとえば、所内で飼育した家畜を外の業者に販売したり、酒の製造・販売をおこなったり、近郊の農村に出向いてビニールハウスの製造・販売をおこなうことなどが試みられた。こうした「仕事」の場は、入所者による自主管理のもとで営まれ長期にわたって維持された(有薗 二〇〇八a、二〇〇八b)。

このように、ハンセン病療養所という「アサイラム」のなかでは、患者運動に加えて、文化的活動や相互扶助的な生活実践など、多岐にわたる集団的活動が営まれていた。入所者たちは、療養所の内外で多彩な実践を展開することによって、ハンセン病者に押しつけられた「陰惨さ」とは別種の生き方と、それを可能にする別種の時間・空間をつくりあげていたのである。そこでは、自分たちの生がどのようなものでありうるのか、自分たちの身体が何をなしうるのか、その可能性を少しでも押し広げるための実験的な試みがなされていた。彼らはこのような実践を積み重ねることにより、自らの生活そのもののなかから「自由と平和」を立ち上げてきたといえる。

しかし、民衆のあいだで下から生成される「自由と平和」の圏域は、つねに上からの権力によって危険視され、解体の圧力を受ける運命にある。療養所の内外で病者が築いてきた「自由と平和」の圏域もまた、非病者や施設側からのたえざる侵犯と介入にさらされてきた。

「隔離政策」とは、病者と非病者を分断するために、療養所の厚い壁を境界線として設定し、これを絶対化しようとする政策であった。この分割線は、権力の側から、病者を排除することを目的として引かれた線であったといえる。

しかし実際のところ、隔離政策下の療養所において、病者と非病者のあいだの交通は完全に遮断されていたわけで

はなかった。病者が療養所の外に出ることは許されないが、非病者が病者の生活圏に一方的に立ち入ることはできた。たとえば、非病者は時折、研修や見学のために療養所を訪れることがあった。非病者は、療養所内を見学する際、高下駄か長靴を履いたまま、土足で病舎にあがりこむことが許されていた。

また日常的には、療養所には巡視がいて、患者の生活をつねに監視していた。療養所内の各部屋では、毎晩定刻になると療養所職員による人員点呼があり、脱走者がいないかチェックがおこなわれた。このとき部屋にいなかった患者は、のちに暴行を加えられ半殺しにされるか、監獄室に送られた。巡視と人員点呼の職員は、患者の居室に土足であがりこむのが普通であった。

患者は療養所に閉ざされていたと同時に、監視と管理のまなざしに対して、あるいは、ときに「見世物」として、自らを「つねに開いておくこと」をも強制されていたといえる。

生活空間だけではない。身体もまた、「開くこと」を強制されていた。その開いた先にあるものは、新薬の実験台になることであり、断種の犠牲となることであり、自らの死体を解剖に供することであった。

このように「つねに開いておくこと」を強いられてきたからこそ、入所者たちは、権力の側から押しつけられた境界線を、裏側からなぞって自ら線を引き直すこと——アサイラムをアジールへと転回させること——を試みたのではないだろうか。私たちの尊厳と魂に、土足で踏み込むな。私たちの生存の痛みと切迫に、安易に触れるな。私たちが築いてきた自由と静寂を汚すな、と。彼らは自分たちの側から、切断する線をたえず引き直し、不可侵の効果を招来させるための結界をつくり、それによって、自らのおかれた条件を肯定的なものへと転じていったのだ。

本章の一節と二節で述べたように、現代社会に生きる私たちもまた、自らを「つねに開いておくこと」が要請されるようになりつつある。そこでは、生活過程に根ざした信念と社会関係はたえず解体を迫られ、システムの側からの要請に応じて「臨機応変に」動くことや「自由自在に」自己と社会関係を変容させること、つまり「フレキシブルであること」を強いる圧力が働いている。このとき「動くこと（可動性）」や「開くこと」は、不自由を解消しないだ

けでなく、ときに不自由そのものをつくりだす要因になってしまう。この流れに正面から抗するためには、可動性や脱出（エグゾサス）を原理とするものとは別の「自由」の回路を模索する必要があるといえるだろう。

かつてハンセン病者が運動と実践のなかで示したこと——不可侵の効果を招来させること、日常の遊隙から「平和」と「自由」を立ち上げ、これを守り抜くこと——は、フレキシブルであらねばならぬという不自由な「自由」と、セキュリティによる上からの「平和」によって社会が一元化されつつある現代社会の文脈のなかにその痕跡を召喚したとき、かつてとは別の次元において、新たな意味を獲得することになるのではないだろうか。

参考文献

網野善彦　一九九六『無縁・苦界・楽——日本中世の自由と平和』平凡社。
有薗真代　二〇〇八ａ「国立ハンセン病療養所における仲間集団の諸実践」『社会学評論』二三四：三三一—三四八。
有薗真代　二〇〇八ｂ「『生活者』としての経験の力——国立ハンセン病療養所における日常的実践とその記憶」桜井厚・山田富秋編『過去を忘れない』せりか書房、一〇四—一二〇頁。
有薗真代　二〇一二「留まる人びとの『自由』」『contact zone』五：一九六—二一一。
ゴフマン、Ｅ　一九八四（一九六一）『アサイラム』石黒毅訳、誠信書房。
塩見洋介　二〇〇四「脱施設化の思想的系譜と日本での展開」『障害者問題研究』三二(一)：一三—二一。
事務部長研究委員会　一九六四「らい対策の大綱について」事務部長研究委員会第二一回研究会資料。
セネット、Ｒ　一九九九（一九九八）『それでも新資本主義についていくか』斉藤秀正訳、ダイヤモンド社。
全国ハンセン氏病患者協議会『全患協ニュース』。
ヘンスラー、Ｏ　二〇一〇（一九五四）『アジール——その歴史と諸形態』舟木徹男訳、国書刊行会。
マラブー、Ｃ　二〇〇四（二〇〇五）『私達の脳をどうするか——ニューロサイエンスとグローバル資本主義』桑田光平他訳、春秋社。

第Ⅲ部　読書案内

バウマン、Ｚ『新しい貧困――労働、消費主義、ニュープア』伊藤茂訳、青土社、二〇〇八年

貧困に対する社会のまなざしは、時代と社会によって一様ではない。社会学者バウマンは、近代化以降の欧米における貧困に対するまなざしの変化――「失業」から「余剰」へ――を、「生産社会から消費社会へ」という社会変動を手がかりに読み解いていく。決して読みやすい文体ではないし、本書における考察を日本にそのまま横滑りさせることもできないが、近代化をある程度遂げた社会における貧困について考える際に、さまざまな示唆を与えてくれる。

（北川由紀彦）

西澤晃彦『貧者の領域――誰が排除されているのか』河出書房新社、二〇一〇年

高度成長期以降の日本社会において貧困問題が取り沙汰されるようになったのは、おおむね二〇〇〇年代後半に入ってからだが、貧困者はずっと以前から日本社会に連綿と存在し続けてきた。ただ、マジョリティの「一億総中流」幻想の下で、その存在自体が「なかったこと」にされ放置されてきただけのことだ。本書において西澤は、野宿者の社会的世界、東京の都市下層の歴史などを手がかりに、日本社会において貧困者が隠蔽され排除されてきたメカニズムを暴き出している。

（北川由紀彦）

飯田基晴『あしがらさん』ＤＶＤ（ドキュメンタリー）、二〇〇二年

ひとりの男性野宿者をビデオカメラで撮り続けたドキュメンタリー作品。その男性と、彼を取り巻くさまざまな人びと――ボランティア、ケースワーカー、看護師、地域の人びと、そして監督――の関係性が映像のなかに

刻まれる。彼に対するまなざしは、そのまま鏡のように、彼からのまなざしによって反射される。

（山北輝裕）

ヤング、A『PTSDの医療人類学』中井久夫ら訳、みすず書房、二〇〇一年

ＰＴＳＤの疾患概念と治療方法の確立経緯を詳細に読み解き、医学・心理学の学問的あるいは臨床的検証を土俵として、ＰＴＳＤという疾患概念と病態が政治的、社会的に構築されたことを指摘する。病気が、歴史や社会の影響を受け、専門的知識・科学技術を駆使して発現する視点を提供した。

（間宮郁子）

スピヴァク、G・C『サバルタンは語ることができるか』上村忠男訳、みすず書房、一九九八年

サバルタンとは、「従属的・副次的」あるいは「下層の人びと」を指す。スピヴァクはインドの抑圧された人びとを例とし、「機会を与えられたならば、かれらの置かれている状態を語り知ることができるのだろうか」と疑問を投げかけ、知識人が、植民地をめぐる言説を展開しながら、これらの人びとを他者として構築する側面を指摘した。

（間宮郁子）

安積純子・岡原正幸・尾中文哉・立岩真也『生の技法――家と施設を出て暮らす障害者の社会学』生活書院、二〇一二年

重度の身体障害を抱える人びとが、自らの身体を賭して成し遂げた制度変革の記録。彼らは、「施設収容」か「家族介護」かという従来の二者択一的な「常識」に対して、「自立生活」という理念を提示し、実際に自らが一人暮らしを始めることで、それを実行に移した。本書には、彼らの生と運動、障害者をめぐる制度、介助者との関係など、多くの論点からの考察が収録されている。

（有薗真代）

終章　開発／難民／福祉の横断を終えて

山北輝裕

1　「アサイラム空間」というフィールド

世界の開発・難民・福祉という複数領域を横断する旅を終えてみて、読者の皆さんは包摂と排除をめぐってどのような印象をもたれたでしょうか。

「結局のところ世界の包摂と排除はどうなっているの？」と、最初からひっくり返したい方もいらっしゃるかもしれません。私自身も、本書を簡単にまとめることは到底できないというのが率直な思いです。しかし、本書全体を通して見えてきたもの。それは、包摂と排除の複雑なスパイラルとでもいうべき動態ではないでしょうか。

そこで最後に、開発・難民・福祉という領域を横断するうえで、本書全体が基礎にしている「アサイラム空間」（内藤 二〇一二）のアイデアの狙いと、「アサイラム空間」で繰り広げられる人びとの包摂と排除のスパイラルの特徴について、いくつか私なりに補足したいと思います。

特定の人びとを包括社会に統合・包摂する際にしばしば用いられる統治技術は、特定の場所に集住させ、そこで入所者を包括社会の要求する人間に効率よく変容させていくというものです。本書でも何度か言及されているアサイラム＝全制的施設として、病院や学校など身近な施設を皆さんもイメージできたと思います。そこでは、いずれ施設か

ら退所することが想定されています。本書でアサイラムとしてもっともイメージが合致するのは、第九章で北川が扱った「経済的に自立する人」へと変容させる野宿者の自立支援センターではなかったでしょうか。

一方で「アサイラム空間」とは、いわゆる施設のような物理的に建物によって囲われた空間だけを指すのではなく、そうした施設を含みつつ、施設のなかでおこなわれる機制・実践などが「箱物」の境界を越えて世界を覆うというアイデアでした。そしてアサイラムの機制＝「囲い込み」が広がると同時に、ある空間から特定の人びとを閉め出すといった新たな排除をも生み出していくのでした。

この「アサイラム空間」のアイデアにより、垣根はありつつも敷地から出る際にカードが必要となる難民や、あるいはどこに居住しているのかわからない第三国定住者など、国家内や国家間の範囲のなかで、人びとの包摂に伴う権力作用を捉えることができるようになります。グローバリゼーションが進む現代において、内と外の境界線が再帰的にチェックされ、あるいは刷新される様相が先鋭的に明らかになるフィールドといえるかもしれません。

しかしながら施設のなかでおこなわれていたような機制が拡大するということは、「もはや出口がないのではないか」という〝絶望感〟や、居場所の喪失感がふつふつと湧いてくるかもしれません。おそらく本書で扱った当事者からすれば、この感覚が切実なものであることは想像に難くないかと思います。

しかし本書の「アサイラム空間」というアイデアは、資本や労働力の移動といったグローバリゼーションの進行を背景にして、影絵のように世界がアサイラム（の機制）で覆われてしまうということだけを指摘したいがためのものではありませんでした。「廃棄物処理場」（バウマン 二〇〇七）、「例外状態」（アガンベン 二〇〇三）などの現代社会の診断を参照しつつも、「アサイラム空間」が広がっていくプロセスにおいては、当初包摂する側あるいは排除する側が意図していたこととはかけ離れて、意外な事態が往々にして起こってしまうこともある。とくにある事象を長い歴史的な幅で捉えていくと現在の位相が違った意味に見えてしまう。また「排除する側／される側」だけでなく、マイノリティを支援する人びとなどさまざまなアクターが関与する現代型の「アサイラム空間」の場合は、包摂と排除の

スパイラルが顕在化し、当該事象を捉えるフレームすら変容していくダイナミクスを、具体的なフィールドワークから伝えたかったのです。

たとえば第三章で丸山が鮮やかに描いたのは、「先住民」運動の勝利をきっかけに「先住民」の自己決定にゆだねようとした際の、まさに意図せざる包摂／排除という問題群であったといえます。それは「先住民」運動に関わるアクターの広がりが事象のフレームを変えてしまった結果の裏返しとして、それまでの時間的経過のなかで培った生活をおくってきた人びとを排除してしまいかねないという意図せざる結果でした。

また、第一二章で有薗が描いたハンセン病者と療養所のケースでは、権力側が運動側の主張を取り込む際に、さらなる包摂的な排除を生み出すという巧妙さが指摘されていました。それだけではなく、こうした権力側の包摂の動きに対して入所者たちが施設を解体するのではなく防衛していくというさらなる意図せざる結果にいたるプロセス。こうした包摂と排除の止めどないスパイラルのなかで、「包摂／排除のゲームが人間の共同生活がおこなわれるべき唯一の方法なのかどうか」（バウマン 二〇〇七：二三二）を、本書は現場から問う試みだったといえるでしょう。

2 横断と断絶

じつは本書を執筆するきっかけとなっている「〈アサイラム空間〉の人類学」研究会で、私たちが上記のアイデアを議論していくと、開発・難民・福祉といった領域間、あるいは領域内の横断検討可能性と課題が思わぬかたちで見えてきました。

あらかじめ領域を横断することを研究課題として設定したというよりも、むしろ実際に現場の人びとが横断していたことが少なからず存在し、境界を越えて相互作用しているアクターの存在がわかってきたのです。これは旧タイプのアサイラム研究ではあまり着目されてこなかったものではないでしょうか。

たとえば日本の福祉領域内の横断の事例に限っていえば、障害者が施設から地域へと生活の場を移してきた――文字通りアサイラムから退所――こととも密接に関わっています。障害者運動のもたらした自己決定をめぐる「自立」の考え方は、野宿者の運動にも少なからず影響を及ぼしているといえます。あるいは実態としても、野宿者の六割が何らかの精神症状があることや、あるいは児童養護施設の入所経験者の割合が多いことなども指摘されています。[*1] そして、障害者・ホームレスなどのカテゴリーに分類されてきた人びとをそれぞれ支援してきた人びとが合流し、従来の境界を越えた相互作用が展開されています。

にもかかわらず、政策においてもまさにアサイラム的発想によって人びとが分類されてきたといえるでしょう――野宿者は野宿者対策で。障害者は障害者対策でといったように。そして研究もその流れに沿うことが多かったといえるのですが、「アサイラム空間」というアイデアは、それぞれの領域における包摂と排除の論理を追求しながらも、包摂と排除のスパイラルや、アサイラムから広がった（あるいは退所したがゆえの、逆にアサイラムへと交流しにきた外部の人びととの）当事者の出会いの実態を基軸とするからこそ、領域横断の検討可能性の視点に開かれていたというのは言い過ぎでしょうか。

本書で取り扱った難民の領域だけを見ても、難民のおかれた状況と彼らを囲むアクター相互の視点をふまえたうえで包摂と排除を考察せざるをえません。第五章で中山が整理していたように、第三国定住、施設外に住む都市難民、長期化難民、自主的定着難民など、ひとくくりにできない、さまざまな難民の存在が明らかになりました。なかでも長期化難民は、庇護国が現実問題として包摂をおこなうプロセスにおいて、難民と周辺の国内住民が衝突したり、または経済的なパートナーとして関係性を結んでいたりなど、先の包摂と排除のスパイラルを示唆すると同時に、難民の行く末すら示しているかもしれません。こうした知見は福祉と難民といった領域をまたいで、日本国内での外国人と福祉の関係や、第一部で指摘されていた「多文化共生」を批判的に考えていくうえでも、多くの示唆を得ることができるのではないでしょうか。

そうした横断的知見の発掘を見据えるからこそ、「いかにして、それぞれの領域が断絶するのか」「どうして私たちはつながれないのか」といった問いと密接に関わる制度の生成局面の考察も重要であると考えます。その意味で第八章で久保が扱った「第三国定住者」と日本人が「出会えないという社会そのもの」を考察していくなかで、両者の関係性を逆照射していく試みは大変重要であるといえます。「制度による分断と同時に媒介である」という久保の指摘は、飛躍させるならば、たとえば私たちが何気なく食べている食べ物をグローバリゼーションのなかで位置づけて考えてみたり、あるいは日本の貧困と世界の貧困がどのように連続し、また断絶したものとして認識されてしまうのかなど、簡単には両者がつながらないと思いがちなあらゆる事象を考えるヒントにもなっていくのではないでしょうか。とくに開発の文脈では、先進国と開発対象となる国家との関係性は、つねに問われているといえるでしょう。障害者・ホームレスといったようにカテゴリー別に分類され、分け隔てられて、断片的にしか見えなかったものが、じつはつながっていたということがあるからこそ、社会的包摂／排除の概念は、異なった社会問題や格差を読み解く「共通言語」としての有効性があると指摘されてきたのです（岩田 二〇〇六）。

また歴史的な検討もひとつの横断の技法であるといえるでしょう。本書では多くの章で、自分たちの調査するフィールドがいかにして現在の姿になったのかという歴史的検討に費やしていました。日本の野宿者支援の運動を歴史的に振り返っても、一九九〇年代後半ごろは事実上の「無策」であったため、運動体は「屋根や仕事を用意しろ」という要求と同時に「野宿する権利」を訴えていましたが、特措法が施行され支援システムが整えられた後は、そのシステムを利用する運動体と、強制排除に抵抗する運動体に分かれてしまいました。さらに行政は運動体に事業を委託したりと、「国家対運動」といった単純な二項対立が消失していくプロセスがあります。そうした歴史的背景のなかで「野宿」の意味も運動体のなかで問われていくと思うのです。第二章の佐川も、牧畜社会の周縁化の歴史を背景にしながら「開発」の意味を慎重に当事者の視点から問うことの重要性を指摘していました。

このように「アサイラム空間」というアイデアは、領域間の横断と断絶を見ながら、その領域間の対話の論理を追

究していくという課題を提示したといえるでしょう。

3　「隣りにいる他者」との向き合い

「アサイラム空間」の広がりは、その空間の担い手の拡大を伴いました。担い手の拡大は施設内でしばしばとられていた「排除する側／される側」といった単一の関係性を崩壊させていきました。もしかすると私たちは「排除する側」に知らない間にまわっているかもしれません。いや、「排除される側」がある瞬間には「排除する側」にすらなるかもしれなかったのですから……。

たとえば第四章で飯嶋が描いた、すべてのアボリジニがそうではないにしろ、同朋への暴力行為が引き金でさらに包括社会から介入され囲まれてしまう事例のように……。もちろん、こうした困難な関係性は、個人・集団の属性に起因するというよりも、ある種の構造を背景に引き起こされていることが本書で理解していただけたのではないでしょうか。

また「アサイラム空間」が広がる過程で「制度化されたライフ」とでもいうべきものが立ち現れます。統合の前提として日本であれば、「日本型福祉社会論」に代表されるように、結婚して家族をもち、働き、定年して死んでいくというライフコースなど。また牧畜民ではなく定住社会を基本とすることなど。そして、こうした統合の前提から外れる人びとを包摂／排除していく。しかし、そうした自明の前提も、横断的思考によって相対化されていくはずです。

たとえばインドでは興味深い都市開発の完成図があります。図13－1をご覧ください。中央の方に描かれている人が何をしているか、わかるでしょうか。これは「物乞い」をしている人です（写真13－1は実際に完成した場）。日本の都市再開発の完成予想図で野宿者が寝ているものを筆者はまだ見たことがありませ

図13－1　インドにおける都市開発の完成予想図
（©HCP Design, Planning and Management Pvt. Ltd.）

写真13－1　実際に完成した現場の写真
（©HCP Design, Planning and Management Pvt. Ltd.）

ん。タイでは僧院の敷地内にスクウォッターが存在し、水道・電気を敷いている。あるいはイギリスでは空き家や元学校・病院などがスクウォット（占拠）されている……。[*2] 世界中を見渡せば、日本で想定されている野宿者の包摂の前提としての「野宿の考え方」を相対化できるかもしれません。しかし、ここで「インドは寛容だ！」などと感心して終わるのではなく、「なぜインドはこうした前提にいたっているのだろう」と考えたりすること。そして自国の野宿者について考えてみること。このことこそ、横断的検討ではないでしょうか。そして誰が排除し、誰が包摂するのかといった関係性に配慮しながら、実際に現場の人びととの包摂／排除の多様な言葉（＝リアリティ）で考えていくことが今もっとも求められていることではないでしょうか。

統合の前提を相対化することで完結することができないのは、本書でも随所で多文化主義に関わる議論が検討されたように、マイノリティとされる人びとも包括社会の労働や生活に取り込まれ、複雑に絡み合っているためです。第六章で村尾が指摘したように、移動国に統合されたかに見えた「自主的定着難民」も、歴史的に慣習化された土地制度や政治制度のもとでは生活の限界が生じていました。あるいは佐川による第二章でも、ＮＧＯが批判的に捉える開発が、当事者からすれば雇用を生み出す次へのステップとして捉えられていたのですから。

包括社会の前提が相対化された局面において、「選別に伴う包摂と排除の原理はそのまま陥穽を引き起こすだけなのか」という問いの先に何が見えてきたでしょうか。間宮による第一一章では、精神障害をめぐる問題を解決しないまま人びとが向き合うことすら起こりうることを指摘していました。これは単純な包摂と排除の繰り返しではない向き合い方を模索する人びとの実践といえるでしょう。第七章でも岩佐が、包摂と排除というストーリーからはこぼれおちる、生活に根ざしたネットワークをリアルに描いていました。第一〇章で私が少し紹介した野宿者の野菜売りの地域交流なども、規模は小さくても空間変容にむけた実践のひとつといえるはずです。あるいは第五章で中山が指摘していたように難民収容施設が長期化するなかで空間としての意味自体が変わってしまうことや、第一章で内藤が指摘した開発から逃れたさまざまな民族が互いを包摂し合う可能性など……。

そうした意味で、本書には排除されていく人びとを生み出す社会構造・メカニズムの研究や、包摂すべき人びとの分類にもとづいた縦割りの議論からこぼれ落ちてきた、実際の包摂と排除をめぐるダイナミズムや人びとのリアリティが詰め込まれているはずです。おそらくこうした包摂と排除のスパイラルをふまえるからこそ、グローバリゼーション時代の「隣りにいる他者」との共存にむけて、私たちは（あるいは互いに）いかにして向き合っていけるのかという実践的な技法に想いをめぐらせることができると思うのです。

このような本書のさまざまなメッセージが読者の皆さんに伝わっていることを祈るばかりです。皆さんにはさらに論点を見出していただければ、編者としてこれ以上の喜びはありません。

注

＊1　二〇〇八〜九年と二〇〇九〜一〇年の年末年始におこなわれた、池袋で活動するホームレス支援団体や精神医療などの専門家をはじめとする調査によると、六割に何らかの精神症状があり、また半数以上に自殺のリスク、二四％がとくに危険な状態、三二％が過去実際に自殺を企図したことが判明した（特定非営利活動法人メデュサン・デュ・モンド・ジャポン 二〇一二）。また大阪の「若年不安定就労・不安定住居聞き取り調査」（「ネットカフェ調査」）によると、調査対象一〇〇人のうち二〇・三〇歳代が七六人存在し、そのうち児童養護施設入所経験者は一〇人で一三％となっている。妻木進吾は「ネットカフェ難民（＝ホームレス）」として析出される施設経験者の出現率の高さを指摘している（妻木 二〇一一）。

＊2　このインドの都市開発の図は国立民族学博物館公開シンポジウム「福祉と開発の人類学――ひろがる包摂空間とライフコース」で報告された岩谷彩子氏の発表資料（二〇一二）「路上は包摂空間になりうるか――インドにおける露天商政策とSEWAの試みより」から拝借した。なお図はHCP Design, Planning and Management Pvt. Ltd. に著作権がある。著作権者に確認の労をとってくださった岩谷氏の御厚意に御礼申し上げる。またタイの寺院敷地内のスクウォッターは二〇一〇年七月二五日「〈アサイラム空間〉の人類学」研究会における岡本真由美氏の報告「変動する〈アサイラム空間〉の境界――タイにおける開発の進展と僧侶による寺院を越えた社会関係の構築」がもとになっている。またイギリスのスクウォッターについては丸山里美（二〇〇九）を参照した。

参考文献

アガンベン、G　二〇〇三『ホモ・サケル――主権権力と剝き出しの生』高桑和巳訳、以文社（Agamben, G. 1995. *Homo Sacer: Il potere sovrano e la nuda vita*. Torino: Einaudi）。

岩田正美　二〇〇六「ソーシャル・エクスクルージョン／インクルージョンの有効性と課題」『現代の社会病理』二一：五―一六。

釜ヶ崎支援機構・大阪市立大学創造都市研究科　二〇〇八『「若年不安定就労・不安定住居者聞き取り調査」報告書――「若年ホームレス生活者」への支援の模索』。

妻木進吾　二〇一一「児童養護施設経験者の学校から職業への移行過程と職業生活」西田芳正編『児童養護施設と社会的排除――家族依存社会の臨界』解放出版社、一三五―一五五頁。

特定非営利活動法人メデュサン・デュ・モンド・ジャポン　二〇一二『東京プロジェクト（医療・福祉の支援が必要なホームレス状態の人々の精神と生活の質向上プロジェクト）二〇一一年度活動報告書――世界はカラフル』。

内藤直樹、二〇一二、「序　社会的排除／包摂の人類学」『文化人類学』七七（二）別冊：二三〇―二四九。

バウマン、Z　二〇〇七『廃棄された生――モダニティとその追放者』中島道男訳、昭和堂（Bauman, Z. 2004. *Wasted Lives: Modernity and its Outcasts*. Polity Press）。

丸山里美　二〇〇九「新自由主義下の都市居住――イギリスのスクウォット運動」『オルタ』四〇九：三二―三四。

あとがき

この本の内容は、国立民族学博物館における試行的プロジェクト、若手研究者による共同研究「〈アサイラム空間〉の人類学——社会的包摂をめぐる開発と福祉パラダイムを再考する」のメンバーを中心とした議論に基づいています。〈アサイラム空間〉というアイデアをキーに、社会的弱者とされる人びとの支援に関わるさまざまな場所を比較検討しようと思うにいたったのは、次のような経験に基づいています。

私が初めて北ケニア遊牧社会の調査に出発したのは一九九九年夏のことです。当初の調査目的は、第一章でも触れたように乾燥した環境に適応してきた遊牧文化の諸側面について学ぶことでした。それゆえ大学時代と大学院の先生や同期の友人たちとともに、最も「伝統的」に見える集落を調査対象にしたのです。ところが、それから六年後の二〇〇五年に、実はこの集落が一九七〇年代の大規模な開発プロジェクトを経験した複数の民族出身の人びとが、自分たちなりの「発展」を求めて創りあげた新しいコミュニティであることがわかりました。この集落のことは大体わかったとタカをくくっていた私の認識が一気に変わった瞬間でした。それは、たとえば子どものころに迷子になったことを自覚したときのような、意識していなかった景色がある瞬間を境に見慣れないものに変わる体験に似ていると思います。この経験をきっかけに、私は周縁に暮らす人びとが外部の力と相互交渉を繰り広げる場所に注目するようになりました。

博士論文を書き終わったあと、私は調査地をケニア東部にある世界最大級の難民キャンプに移しました。二〇一二年現在、約四〇万人ものソマリ難民が暮らすこのキャンプは、ジグムント・バウマンによる『廃棄された生——モダ

ニティとその追放者』においても、人間ゴミ廃棄場として例示されています。私たちが生きる後期近代の社会は、世界を席巻する市場原理主義のゲームに参加する能力がない人びとや最初から参加資格がない人びとを、さまざまなタイプの人間ゴミを、それにふさわしい廃棄場に追いやるとされています。二〇〇九年にダダーブ難民キャンプを訪れた私は、二〇年以上もの長期にわたって難民キャンプに閉じ込められてきた人びとが、合法・非合法の狡知に富んだ実践によって、その空間を軽々と越えた生きる空間を創りあげているさまを目の当たりにしました。

「〈アサイラム空間〉の人類学」研究会は、このような後期近代が生み出す「廃棄物」が行き着く場所における生の可能性について考えるべく、京阪神の大学に在籍していたポスドクや大学院生のメンバーによって構成されました。そこでは本書の執筆メンバーに加えて、国立民族学博物館（当時）の岡部真由美さんにはタイの僧による開発実践、立命館大学（当時）の山本直美さんには日本の宗教組織による社会的包摂に関する事例報告をしていただきました。この共同研究会の概要については、次のＵＲＬを参考にしてください（http://www.minpaku.ac.jp/research/activity/project/iurp/09jr901）。

この研究会では二年間にわたり、後期近代の廃棄物の「リサイクル場」とされる場所における希望と絶望と向き合ってきました。ですが、本書の各章を見ていただければご理解いただけるように、毎回出される報告は、さまざまな「アサイラム（全制的施設）」を通じた廃棄物の「リサイクル」などという安易な希望を打ち砕く現場のリアリティに富むものばかりでした。一方で、そうした場に生きる人びとの日々の葛藤や実践もまた、安易な悲観論を否定する力強いものでした。では、こうした人びとの生をどのように捉え、理解すれば良いのか？　簡単に答えは出るはずもなく（そして今も答えはないのですが）、研究会後の懇親会は、先の見えない暗澹とした気分から始まるのが常でした。このように二重の意味で「絶望」とつきあってきた私たちは、いつしかこの研究会を「絶望研究会（略して絶望研）」と呼ぶようになりました。国立民族学博物館での研究会は二〇一一年に終了しましたが、私たちは、それぞれのフィールドをわかりやすい「希望」や「絶望」のトーンで理解しない努力にともなう絶望感と、もう少しおつきあい

しようと思っています。

絶望研における議論の成果をこのような形で世に出すことができたのは、国立民族学博物館における「試行的プロジェクト——若手研究者による共同研究」制度はもちろん、機関研究「包摂と自律の人類学」国際シンポジウム「日常を構築する——アフリカにおける平和構築実践に学ぶ」や、機関研究「ケアと育みの人類学」公開シンポジウム「福祉と開発の人類学——ひろがる包摂空間とライフコース」において研究成果をまとめる機会をいただいたおかげです。同博物館では、岸上伸啓先生、鈴木七美先生、鈴木紀先生、丹羽典生先生、森明子先生をはじめとする多くの先生やスタッフのみなさまにご支援いただきました。昭和堂の松井久見子さんには、段取りができない編者を非常に寛容な態度でもって遇していただき、本当に有り難く思っております。執筆者を代表して、心より御礼申し上げます。

二〇一三年一一月一一日　ウガンダから帰国した徳島の夜

内藤直樹

ま行

や行

ら行

略語・欧語

た行

な行

は行

さ行

索　引

あ行

か行

■執筆者紹介（執筆順）

内藤直樹　＊編者紹介参照

佐川徹（さがわ とおる）
慶應義塾大学文学部准教授。博士（地域研究）。専門は人類学。おもな著作に『暴力と歓待の民族誌――東アフリカ牧畜社会の戦争と平和』（昭和堂、2011年）など。

丸山淳子（まるやま じゅんこ）
津田塾大学学芸学部准教授。博士（地域研究）。専門は人類学・アフリカ地域研究。おもな著作に『変化を生きぬくブッシュマン――開発政策と先住民運動のはざまで』（世界思想社、2010年）、『先住民からみる現代世界――わたしたちの〈あたりまえ〉に挑む』（共編著、昭和堂、2018年）など。

飯嶋秀治（いいじま しゅうじ）
九州大学大学院准教授。博士（人間環境学）。専門は共生社会システム論。おもな著作に『社会学のアリーナへ』（分担執筆、東信堂、2007年）、『アクション別フィールドワーク入門』（分担執筆、世界思想社、2008年）など。

中山裕美（なかやま ゆみ）
東京外国語大学大学院総合国際学研究院准教授。博士（法学）。専門は国際関係学・国際移動研究。おもな著作に「アフリカにおけるリージョナリゼーションの展開――難民問題を扱う制度的枠組みの変容」（『国際政治』159、2010年）など。

村尾るみこ（むらお るみこ）
総合地球環境学研究所研究員。博士（地域研究）。専門は人類学・アフリカ地域研究。おもな著作に『創造するアフリカ農民――紛争国周辺農村を生きる生計戦略』（昭和堂、2012年）など。

岩佐光広（いわさ みつひろ）
高知大学人文社会科学部准教授。博士（学術）。専門は医療人類学・生命倫理学・ラオス地域研究。おもな著書に『高齢者のウェルビーイングとライフデザインの協働』（共編著、御茶の水書房、2010年）、『メディアのフィールドワーク』（共編著、北樹出版、2012年）など。

久保忠行（くぼ ただゆき）
大妻女子大学比較文化学部准教授。博士（学術）。専門は文化人類学・難民研究。おもな著作に『難民の人類学――タイ・ビルマ国境のカレンニー難民の移動と定住』（清水弘文堂書房、2014年）など。

北川由紀彦（きたがわ ゆきひこ）
放送大学教養学部教授。博士（社会学）。専門は社会学・都市下層研究。おもな著作に『不埒な希望――ホームレス／寄せ場をめぐる社会学』（分担執筆、松籟社、2006年）など。

山北輝裕　＊編者紹介参照。

間宮郁子（まみや いくこ）
国立障害者リハビリテーションセンター研究所研究員。専門は医療人類学・障害者福祉研究。おもな著作に『支援のフィールドワーク――開発と福祉の現場から』（分担執筆、世界思想社、2011年）など。

有薗真代（ありぞの まさよ）
龍谷大学社会学部専任講師。博士（文学）。専門は社会学・運動史。おもな著作に『隔離壁を砦に――ハンセン病療養所における集団と実践』（世界思想社、2014年）、「物語を生きるということ」（『ソシオロジ』49、2004年）、「国立ハンセン病療養所における仲間集団の諸実践」（『社会学評論』234、2008年）など。

■編者紹介

内藤直樹（ないとう なおき）

徳島大学大学院社会産業理工学研究部准教授。博士（地域研究）。専門は人類学・アフリカ地域研究。おもな著作に『政治的アイデンティティの人類学――21世紀の権力変容と民主化にむけて』（分担執筆、昭和堂、2012年）、『メディアのフィールドワーク――ケータイとアフリカの未来』（共編著、北樹出版、2012年）など。

山北輝裕（やまきた てるひろ）

日本大学文理学部教授。博士（社会学）。専門は社会学。おもな著作に『はじめての参与観察――現場と私をつなぐ社会学』（ナカニシヤ出版、2011年）など。

社会的包摂／排除の人類学――開発・難民・福祉

2014年2月25日　初版第1刷発行
2021年3月 1 日　初版第2刷発行

編　者　内 藤 直 樹
　　　　山 北 輝 裕

発行者　杉 田 啓 三

〒607-8494　京都市山科区日ノ岡堤谷町3-1
発行所　株式会社　昭和堂
振替口座　01060-5-9347
TEL（075）502-7500／FAX（075）502-7501
ホームページ　http://www.showado-kyoto.jp

印刷　亜細亜印刷

ISBN978-4-8122-1341-4

＊乱丁・落丁本はお取り替えいたします。

Printed in Japan

上水流久彦
太田心平
尾崎孝宏
川口幸大 編

東アジアで学ぶ文化人類学

本体2200円

梅﨑昌裕
風間計博 編

オセアニアで学ぶ人類学

本体2300円

松本尚之
佐川徹
石田慎一郎
大石高典
橋本栄莉 編

アフリカで学ぶ文化人類学

本体2200円

深山直子
丸山淳子
木村真希子 編

先住民からみる現代世界
わたしたちの〈あたりまえ〉に挑む

本体2500円

福西征子 著

語り継がれた偏見と差別
歴史のなかのハンセン病

本体6000円